基金项目：河南省软科学研究计划项目（项目编号：212400410251）；安阳市重点研发与推广专项（项目编号：2019-256）；河南省高等学校青年骨干教师培养计划（项目编号：2020GGJS233）

我国低碳物流高质量发展与绩效评价研究

尚　猛　著

中国原子能出版社
China Atomic Energy Press

图书在版编目（CIP）数据

我国低碳物流高质量发展与绩效评价研究 / 尚猛著
. —— 北京：中国原子能出版社，2022.1
ISBN 978-7-5221-1608-2

Ⅰ．①我… Ⅱ．①尚… Ⅲ．①物流－节能－研究－中
国 Ⅳ．① F259.2

中国版本图书馆 CIP 数据核字 (2021) 第 227627 号

内容简介

本书是物流研究类专著。本书以我国低碳物流高质量发展与绩效评价为研究对象，从低碳物流的基本理论入手，分析了低碳物流体系及其发展，阐述了低碳物流的运作管理并进行了案例分析，详细探究了低碳物流的实现路径，随后阐述了物流绩效的基本理论与方法，以及物流成本控制、物流服务、社会物流、循环物流、供应链五个方面的绩效评价，最后提出了对 21 世纪低碳物流的展望。本书适合研究低碳物流发展与绩效评价的人群及学者阅读与参考。

我国低碳物流高质量发展与绩效评价研究

出版发行	中国原子能出版社（北京市海淀区阜成路 43 号　100048）
责任编辑	王齐飞
装帧设计	河北优盛文化传播有限公司
责任校对	宋　巍
责任印制	赵　明
印　　刷	三河市华晨印务有限公司
开　　本	710 mm×1000 mm　1/16
印　　张	15.25
字　　数	270 千字
版　　次	2022 年 1 月第 1 版　2022 年 1 月第 1 次印刷
书　　号	ISBN 978-7-5221-1608-2
定　　价	79.00 元

前　言

　　面对全球气候变暖，以低能耗、低污染、低排放为基础的"低碳经济"逐渐成为世人关注的热点。低碳物流是低碳经济发展的重要组成部分，因此开展低碳物流理论、运作管理方法、模型工具研究具有十分重要的理论与现实意义。

　　进入 21 世纪以后，我国物流业迎来了飞速发展的黄金时期，过去落后且混乱的物流企业逐步朝现代化、规范化、产业化方向转变，但在物流业取得显著成绩的同时，我们应当清醒地看到，物流行业在高速发展的同时带来了不可忽视的环境问题，对物流全过程运作进行优化，建立高效的低碳物流系统已势在必行。

　　随着社会经济的不断发展，我国企业已经进入快速发展阶段。学界和企业对物流绩效评价体系的重要性已经有了充分认识，一个科学高效的物流绩效评价体系是能够让企业占领市场的条件之一，也是能够促进企业取得更好的经济效益的途径。因此，如何建立一个完整有效的物流绩效评价体系成为物流领域的一个重要研究课题。

　　本书在内容和形式上均有较大的突破和创新，不仅注重提高读者的理论素养、操作与创新能力的培养，还注重传播知识。此外，本书在撰写过程中力求语言流畅、深入浅出，适合关注低碳物流的人士阅读。但由于时间仓促且笔者水平有限，书中的缺点和错误在所难免，恳请读者批评指正。

目　录

第一章 低碳物流的基本理论

第一节 低碳经济概述

一、低碳经济的产生与发展

（一）低碳经济的发展历程

低碳经济是在人类温室效应及由此产生的全球气候变暖问题日趋严重的背景下提出的。1992年，在巴西里约热内卢举行的联合国环境与发展大会上，150多个国家和地区制定了《联合国气候变化框架公约》，确定了"共同但有区别的责任"这一核心原则，即发达国家率先减排，并向发展中国家提供资金和技术支持。发展中国家在得到发达国家的技术和资金等支持下，采取措施减缓或适应气候变化。这是世界上第一个为全面控制 CO_2 等温室气体排放的国际公约，其目标是减少温室气体排放，减缓气候变化，增强生态系统对气候变化的适应性，确保粮食生产和经济的可持续发展。

截至2021年3月，缔约国进行了多次会议，通过讨论、谈判达成部分协议，有效推进了各经济体减少温室气体排放的进程，取得了显著成就。事实证明，低碳经济是最具有现实性和最有效的发展模式。为了应对气候变化，人类进行了不懈努力。

2003年，英国政府发表《能源白皮书》，题为"我们未来的能源创建低碳经济"，首次提出"低碳经济"概念。这一概念的提出引起了国际社会的广泛关注。

2005年，《京都议定书》正式生效。该议定书以控制温室气体排放、减缓气候变化为目的。

2007年，联合国气候变化大会在印尼巴厘岛举行，达成了"巴厘岛路线图"，要求发达国家在2020年将温室气体减排25%～40%。美国提出《低碳经济法案》，设计了减少温室气体排放的战略目标。英国颁布了《气候变化法案》草案，承诺2020年之前减少26%～32%的温室气体排放。

2008 年，联合国环境规划署将当年的"世界环境日"主题设为"转变传统观念，推行低碳经济"。

2009 年的哥本哈根气候大会与会各国虽然没能就如何应对气候变化达成更加广泛的共识，但进一步掀起了各界"低碳经济"的热议。

2015 年 6 月，中国政府向《联合国气候变化框架公约》秘书处提交的应对气候变化国家自主贡献文件明确提出于 2030 年左右 CO_2 排放达到峰值，到 2030 年非化石能源占一次能源消费比重提高到 20% 左右，2030 年单位国内生产总值 CO_2 排放比 2005 年下降 60% ~ 65%，森林蓄积量比 2005 年增加 45 亿立方米左右。

2015 年 12 月在巴黎气候大会上，我国按照"共同但有区别的责任"原则、公平原则和各自能力原则，承诺中国所应承担的责任和履行的义务。"十二五"期间，中国非化石能源占一次能源消费的比重达到 11.2%，比 2005 年提高了 4.4 个百分点。森林蓄积量比 2005 年增加了 21.88 亿立方米，原来我们对外宣布的承诺目标是 15 亿立方米，现在已经达到了 21.88 亿立方米。

2016 年 4 月 22 日，中美同时签署《巴黎协定》；同年 11 月，《巴黎协定》正式生效，成为继《京都议定书》后第二个具有法律约束力的气候协议。

2021 年 3 月 11 日，中国气候变化事务特使解振华应邀出席视频会议，与《联合国气候变化框架公约》执行秘书埃斯皮诺萨对话，双方围绕推动第 26 次缔约方大会（COP26）取得成功进行了深入交流。

（二）对低碳经济的基本认识

从世界范围看，低碳经济是一次新的产业革命；从国家范围看，低碳经济是经济增长点和新的经济发展模式。低碳经济正逐步成为应对包括能源、环境和气候变化等多重危机的有效举措，是人类迈向生态文明的重要步骤。为此，我们有必要把发展低碳经济作为推动经济发展方式转变的重要途径，在各相关产业中倡导低碳运作方式。

1. 低碳经济的内涵

低碳经济（low-carbon economy）的概念起源于英国；在美国称其为"低碳能源技术"（low-carbon energy technology）或"绿色能源技术"（green energy technology）；中国环境与发展国际合作委员会在 2009 年发布的《中国发展低碳经济途径研究》中将低碳经济界定如下："一个新的经济、技术和社会体系，与传统经济体系相比，在生产和消费中能够节省能源，减少温室气体排放，同时能保持经济和社会发展的势头。"

这些概念都有各国的特色和借鉴意义。中国是一个发展中国家，发展经济仍是当务之急，因而兼顾经济发展与碳减排最适合中国国情，用"低碳发展"的概念更符合中国国情，因为其涵盖了经济增长、环境保护、教育与人力资源、收入分配、人民生活质量等广泛的内容。

低碳经济涉及广泛的产业领域和管理领域，包括以下几方面内容：低碳生产（low-carbon production）、低碳能源（low-carbon energy）、低碳技术（low-carbon technology）、低碳交通（low-carbon transportation）、低碳消费与生活方式（low-carbon consumption and life style）、低碳建筑（low-carbon housing and building）、低碳农村（low-carbon farm）、低碳城市（low-carbon city）等。例如，低碳物流统属于低碳交通领域。

低碳经济是一种经济模式，具有以下三个显著特点：低排放、低能耗、低污染。低碳经济的本质在于追求绿色 GDP、提高能源的利用率、开发新型清洁能源等，其核心功能是转变人类的生存发展观念、创新减排技术与能源技术、推动产业结构和制度的创新。低碳经济是一种对能源应用和经济价值进行转变的结果，为我国生态文明的可持续发展开创了新的道路。在转变 20 世纪传统增长模式的基础上，创新融入 21 世纪的技术与机制，以实现低碳经济与低碳生活方式。

综上所述，低碳经济的内涵在于通过制度创新、技术创新、开发新能源等手段减少石油、煤炭等高碳能源的消耗，在可持续发展理念的引导下实现维护生态环境与社会经济稳定发展两大现实目标。低碳经济是以低能耗、低污染、低排放为基础的经济模式，是人类社会继农业文明、工业文明后得又一次重大进步。

2. 低碳经济与其他经济形态的关系

在国际低碳经济发展的影响下，我国与碳排放和环境保护有关的发展已经有了较大的进步，逐步形成了一些稳定概念和经济形态，如可持续发展、循环经济、生态经济、绿色经济等。那么，低碳经济与这些概念和经济形态有何区别呢？

可持续发展是发展的一种理念和目标，但它不是发展模式和发展载体，而低碳经济既是一种发展模式，又是一种经济发展载体。

循环经济是通过废弃物的再利用实现资源的节约和各种污染的减少，但它不是一种发展模式，而是实现低碳经济的重要方法或手段。

生态经济是指通过应用生态经济学原理和系统工程办法转变人们的生产和消费方式，同时在生态系统可承载的范围内合理开发具有发展潜力的新资源，构建体制健康、社会文化与生态环境相适宜、和谐稳定的人类发展环境。当前，全球生态环境逐步恶化，高碳经济是造成这一社会现象的根本诱因，从生态问题解决角度出发只能治标，想要治本则需要发展低碳经济。

绿色经济以构建经济和环境和谐统一发展为根本目标，以转变清洁生产工艺、环保技术等绿色科学技术为生产力，由益于环境和不与环境产生对抗性的经济行为实现经济的稳定发展。绿色经济是一种平衡式的经济，具有保护资源与生态能源、构建稳定生存环境、促进经济发展与人类健康等功能，是一种低碳式的经济发展模式。

3. 低碳经济与其他经济形态的区别

低碳经济源于循环经济、绿色经济、生态经济，但又互不相同。其主要表现在以下几个方面。

（1）研究的侧重点不同

低碳经济可在采用清洁能源的同时提高能源的利用率，是一种可以在维持较高经济发展水平的基础上降低二氧化碳等温室气体排放量的健康经济形态。循环式经济的发展侧重对社会的物质循环，在经济活动中利用 3R 原则，即减量化（reducing）、再利用（reusing）、再循环（recycling），创建节约型的环境，提倡建设能源消耗少、资源合理分配利用的生产、流通、消费方式；绿色经济是应用创新科技专注于绿色生产、绿色流通、绿色分配等环节，展现对生命、生态的关爱；生态经济的核心则是强调经济和生态的协调性，其主要发展方式是在生态学相关理论的引领下将生态系统与经济系统有机结合，如以太阳能或氢能为基础，协助产品生产、消费和废气的全过程密封循环，这需要经过长期的实验创新研究。

（2）解决危机的突破口不同

四者的发展路径都坚持以人为本的发展重心，在解决问题的过程中寻觅不同的问题突破口。低碳经济通过限制碳排放量来降低二氧化碳等温室气体对大气层的破坏程度，帮助人类在稳定的自然生态系统中得以健康生存；循环经济通过对资源的合理分配利用解决生态环境问题；绿色经济是一种关注人体健康的平衡经济，可在维护人类生存环境的同时保护自然资源与能源；生态经济则是通过转变人类的生产思路，与自然环境共同营造适宜的人类经济发展系统，力求通过协同进化的关系实现经济系统的可持续发展。

（3）发展核心不同

低碳经济核心发展思路为转变人类消费观念，在创新制度和技术的基础上以低能耗、低污染为经济发展基础；循环经济核心发展思路为对物质的循环利用，以提高资源的循环利用率和环境效率为根本目的；绿色经济发展思路以提高全民的生活质量和水平，确保人与自然、人与环境的和谐共存为核心，最大限度地实现人与人之间的社会公平关系；生态经济现阶段的发展现状主要以农业生态经济学为基底，围绕可持续发展的经济学进行研究。

二、低碳经济理论基础

（一）低碳经济相关研究内容

人类能源利用的发展轨迹就是一个从高碳时代逐步走向低碳时代的过程：从不清洁到清洁、从低效到高效、从不可持续走向可持续、从高碳经济走向低碳经济的发展过程。

实践总是先于理论，低碳经济也是如此。但是，发展低碳经济需要理论指导，因此我们还要总结实践，研究低碳经济理论。从历史上看，新的经济理论总是在大事件和激烈的世界经济竞争中产生，目前世界经济正在向低碳经济转型，围绕新能源和低碳技术的国际竞争日趋激烈，有关低碳经济理论的研究也越来越得到重视。下面介绍几种各国学者提出的低碳经济理论，这些理论的切入点不同，揭示的规律对象不同，但都是围绕低碳经济进行讨论和研究的。目前，低碳经济的相关研究主要包括对低碳经济理论体系、评价理论体系的研究。

1. 低碳经济理论体系研究

地摊经济理论体系研究主要包括以下内容。

（1）碳排放影响因素研究

具体包括影响碳排放的基本因素、各产业碳排放量差异、国际碳排放量对比、我国碳排放区域差别、碳排放动态进程演示等。

（2）碳排放与进出口贸易联系性研究

具体分析碳排放量与进出口贸易量的关系，并提出针对性的碳排放贸易效益解决办法。

（3）碳排放交易市场研究

具体包括碳排放交易的效应、碳排放与市场机制的关系、国际市场规则与碳排放贸易等。

（4）碳排放与能源演进关系研究

具体包括能源碳排放预估、交通运输部门的能源发展、能源消费与碳排放协调举措、可持续能源开发与发展。

（5）碳排放与经济增长之间的协同关系研究

通过对比碳排放与经济增长之间的关系，明确两者的协同关系，并融合分析国家之间的差异性、碳排放与经济增长的演化分析。

（6）碳排放实施机制研究

主要包括碳排放清洁发展机制与外贸关系分析，以及发展前景预估。

（7）碳排放的利益关系研究

主要从利益关系角度利用博弈论等手段对碳排放进行分析。

2. 低碳经济评价理论方面的研究

根据不同的评价方法和评价对象可以构建不同的评价指标体系。其目的是通过建立的评价指标体系并借助适当的评价计算方法来衡量社会发展的低碳程度，如利用层次分析法（analytic hierarchy process，AHP）构建的低碳经济评价指标体系，如表 1-1 所示。

表 1-1　基于 AHP 的低碳经济评价指标体系

一级指标	二级指标	三级指标
低碳经济水平	碳排放	碳排放总量（定量） 人均碳排放量（碳足迹）（定量） 能源强度（定量） 碳强度（定量） 化石能源消耗总量（定量）
	碳源控制	煤炭在能源消耗结构中占比（定量） 可再生能源在能源结构中占比（定量）
	碳汇建设	森林覆盖率（定量） 城市绿化覆盖率（定量）
	低碳产业	低碳产业产值占比（定量） 低碳技术（定量、定性） 低碳产品出口与对外服务总额（定量）
	碳交易与合作	"碳单量"交易额（定量）

从低碳经济体的国内外研究看，西方国家在经济学界的范畴内对碳排

放经济的内涵，以及驱动因素研究取得了重大突破，主要研究内容可分为低碳政策工具、碳排放交易制度等。经济活动对碳排放的影响是西方国家当前研究的热点方向，而国内更注重对低碳发展路径的糅合分析，但是在研究过程中常借鉴国外的研究成果，不能完全适应自身的发展需要，创新性不强。低碳经济作为较前沿的研究方向，国内外不乏大量的研究实例，但绝大多数都是围绕实证进行的分析研究，缺少对碳排放经济发展理论的归纳，并未从运行规律、理论特征等方面进一步深入分析，碳排放经济发展的理论内涵还有待完善。

（二）低碳经济增长理论

低碳经济增长理论旨在通过介绍低碳经济的增长模型为低碳经济发展提供一种理论解释。由于 CO_2 也是一种污染物，碳排放属于环境污染问题，因此以环境库兹涅茨曲线作为分析的基础。在假设没有环境治理技术和低碳技术的条件下，分析环境污染需要付出的代价，以及高碳经济对经济增长的潜在影响；在假设有环境治理技术和低碳技术的情况下，经济可持续增长的可能性；在分析碳排放的环境库兹涅茨曲线时，引入"隧道效应"概念，期望通过低碳技术推动和发展低碳经济，缩短碳排放的路径，提前实现低碳经济，最后将低碳经济的因素引入经济发展的"雁型模型"，介绍新的"低碳雁型发展模式"，为低碳经济提供理论依据。

1. 传统的环境库兹涅茨（Kuznets）曲线及其含义

环境库兹涅茨曲线源于描述经济增长与收入分配关系的理论假说。20世纪 70 年代后，这一假说常出现于环境与经济增长的关系分析过程中，如环境在被破坏后会对经济发展产生哪些不良影响，以及经济发展过程中会对环境造成何种问题。

美国普林斯顿大学的经济学家格鲁斯曼等经过研究发现，大多数污染物的变动趋势与人均国民收入的变动趋势之间呈现倒 U 形关系。经济发展对环境污染水平具有很强的影响力，在经济发展的过程中，生态环境会不可避免地出现各种各样的问题，但只有在人均 GDP 提高至一定水平的情况下，环境污染才能随之得以改善。鉴于此，他提出了环境库兹涅茨曲线假说，这一假说描述了经济增长与环境的关系。一般将经济增长与环境污染关系变化分为四个阶段：第一阶段是经济缓慢增长阶段，表现为经济低增长和低污染排放；第二阶段是经济起飞阶段，表现为经济高速增长和环境破坏剧增；第三阶段是转折阶段，即经济趋于稳定增长，但环境污染在高位也基本趋于稳定，不再加剧；第四阶段是环境污染达到峰值后开始下降，处于环境污染逐步下降与经济稳定增长阶段，相当于可持续发展阶段。具体如图1-1所示。

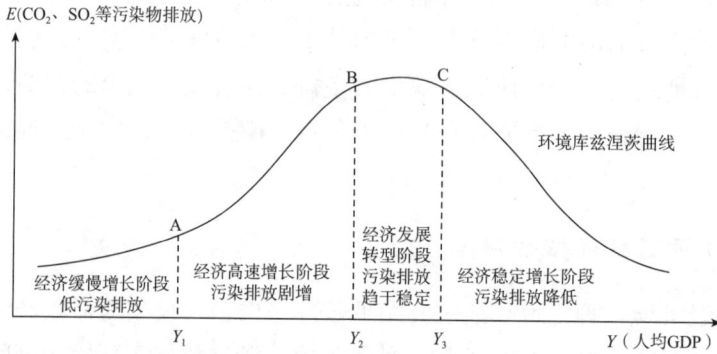

图1-1　传统的环境库兹涅茨曲线

$$Y=F\ (K,\ L,\ E)\qquad\qquad(1-1)$$

在此，我们假设生产函数为式（1-1）：

Y——产出（人均 GDP）；

K——资本投资；

L——劳动力；

E——污染排放物。

此生产函数的反函数就是库兹涅茨曲线。

由环境库兹涅茨曲线假设可知，第一、二阶段是经济缓慢增长至高速增长阶段，环境破坏逐渐加剧，库兹涅茨曲线斜率大于零，故它的倒数也大于零；在第三阶段，随着环境治理技术逐渐成熟，环境状况开始好转，库兹涅茨曲线的斜率趋于零，故它的倒数趋向于无穷大，说明经济在增长，但污染、排放不再增加；在第四阶段，整个经济达到一种环境污染逐渐降低、不污染也能发展的状态，库兹涅茨曲线的斜率小于零，故它的倒数也小于零。

第一、二阶段：

$$\frac{\mathrm{d}E}{\mathrm{d}Y}>0\Rightarrow\frac{\mathrm{d}Y}{\mathrm{d}E}>0\qquad\qquad(1-2)$$

第三阶段：

$$\frac{\mathrm{d}E}{\mathrm{d}Y}\to 0\Rightarrow\frac{\mathrm{d}Y}{\mathrm{d}E}\to\infty\qquad\qquad(1-3)$$

第四阶段：

$$\frac{\mathrm{d}E}{\mathrm{d}Y} < 0 \Rightarrow \frac{\mathrm{d}Y}{\mathrm{d}E} < 0 \qquad\qquad (1-4)$$

环境库兹涅茨（Kuznets）曲线以市场经济原理为基础原型，建立于市场环境会对环境产生问题这一假设的基础上，所以无须受政府下发政策的影响。

但是通过既往的理论研究可知，如果缺少政策的支撑，那么第一阶段过渡至第三阶段的时间就会被延长，市场经济机制的转变可能会导致产品价格发生扭曲，从而降低技术使用的效率，成为导致环境污染与治理的诱因。但若始终坚持这一发展路径，则环境会受到大面积的破坏，从而影响环境库兹涅茨曲线的增长路径，直接影响经济的发展走向。

我国的相关案例研究发现，环境的破坏主要受到以下三种因素的影响：能源的消耗、经济的飞速增长、政府提倡以优先发展的经济政策。所以，在环境库兹涅茨曲线第三阶段向第四阶段迈进的过程中，不能仅等待市场机制的引导，而应该适时创建新的环境库兹涅茨理论。在探索新的可持续发展办法的过程中，针对性地根据高碳排放、高污染、高增长等现实问题寻求新的发展方向。

2. 有环境制约的环境库兹涅茨（Kuznets）曲线及其含义

为了说明经济增长与环境变化的关系，在环境库兹涅茨曲线讨论中加入环境治理技术因素，从而将环境库兹涅茨曲线演变成一个有环境约束型的模型。这一模型显示：当经济加速增长时，由大量的能源消耗所产生的副产品，即环境污染和温室气体排放物（如 SO_2 和影响气候变化的 CO_2）成为越来越严重的问题，这些问题不仅影响自然、人类社会，还会对未来的经济增长产生负面影响，而要维持经济增长和人类的生活质量，我们必须治理环境污染，但治理环境污染的费用将给经济增长带来沉重的负担和深远的影响，甚至制约潜在的经济增长。

根据对式（1-4）的推导，当环境负荷对生产函数的贡献超过资本和劳动力对生产函数的贡献时，即 $\mathrm{d}E \to \infty$，则有 $\frac{\partial Y}{\partial E} \to 0 \Rightarrow \frac{\partial E}{\partial Y} \to \infty$。此时，环境库兹涅茨曲线的斜率趋向于无穷大，人均 GDP 增长处于停滞状态，经济无法达到第四阶段。

在通过图形表示污染物和人均消费水平关系时，向上弯曲的曲线表示经济增长环境所承受的代价，可发现在经济飞速发展的过程中，若发生环境污染但没有技术的支持，则会阻碍其发展，进而呈现向上弯曲的曲线。这种现象的发生会在人均 GDP 还未达到第四阶段时制约经济的发展，延缓了人均 GDP 达到顶峰的时间，在经济发展的过程中形成阻碍屏障，制约经济的发展，造成经济低增长、高污染、高碳排放的现象。

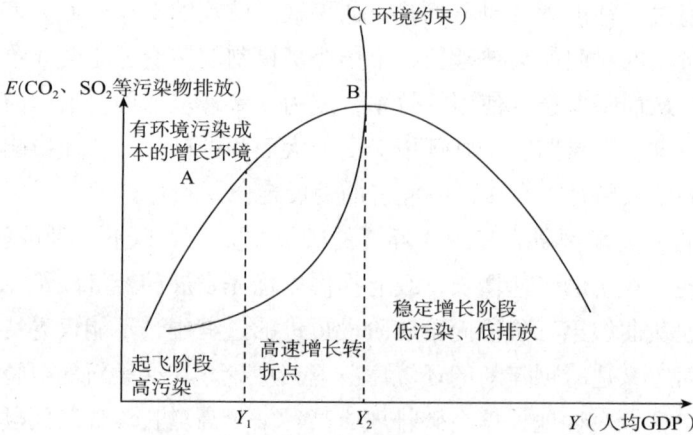

图 1-2　有环境约束的库兹涅茨曲线

3. 有环境治理技术的库兹涅茨（Kuznets）曲线及其含义

没有环境治理手段和技术干预的库兹涅茨曲线将会使经济发展处于停滞不前的局面，引入技术进步因素 A，从而导出一个库兹涅茨曲线。

（1）有环境治理技术的经济增长模型

在环境库兹涅茨曲线中增加一个环境治理技术因素，可以得到一个可持续发展的经济增长模型。

假设环境保护技术可以带来持续发展的结果。基于这个假设，把式（1-1）的生产函数改为

$$Y=F(K,\ L,\ E,\ T_E) \tag{1-5}$$

式中：T_E——环境治理技术；其他参数含义同式（1-1）。

将式（1-5）取全微分，有

$$dY = \frac{\partial Y}{\partial K}dK + \frac{\partial Y}{\partial L}dL + \frac{\partial Y}{\partial E}dE + \frac{\partial Y}{\partial T_E}dT_E \tag{1-6}$$

将式（1-6）两端同时除以 y，得

$$\frac{dY}{Y} = \frac{\partial Y}{\partial K} \cdot \frac{K}{Y} \cdot \frac{dK}{K} + \frac{\partial Y}{\partial L} \cdot \frac{L}{Y} \cdot \frac{dL}{L} + \frac{\partial Y}{\partial E} \cdot \frac{dE}{Y} + \frac{\partial Y}{\partial T_E} \cdot \frac{dT_E}{Y} \qquad (1-7)$$

令资本贡献率为 θ，则劳动贡献率为 $1-\theta$，式（1-7）可得

$$\frac{dY}{Y} = \theta \frac{dK}{K} + (1-\theta) \frac{dL}{L} + \frac{\partial Y}{\partial E} \cdot \frac{dE}{Y} + \frac{\partial Y}{\partial T_E} \cdot \frac{dT_E}{Y} \qquad (1-8)$$

令 $\omega = \theta \frac{dK}{K} + (1-\theta) \frac{dL}{L}$，整理式（1-8）得到

$$\frac{\partial Y}{\partial E} = \frac{\dfrac{dY}{Y} - \omega - \dfrac{\partial Y}{\partial T_E} \cdot \dfrac{dT_E}{Y}}{dE/Y} \qquad (1-9)$$

由于环境技术对 GDP 的贡献是正的，即 $\frac{\partial Y}{\partial T_E} \cdot \frac{dT_E}{Y} > 0$，而 $\frac{dY}{Y} - \omega < 0$，因此环境技术促进了经济增长，即

$$\frac{dY}{Y} - \omega - \frac{\partial Y}{\partial T_E} \cdot \frac{dT_E}{Y} < 0 \qquad (1-10)$$

同时，环境技术减轻了环境负荷，使 $dE>0$ 或者 $dE \to 0$。此时，$\frac{\partial Y}{\partial E} < 0$ 或者 $\frac{\partial Y}{\partial E} \to \infty$，库兹涅茨曲线的斜率 $\frac{\partial E}{\partial Y} < 0$，或者 $\frac{\partial E}{\partial Y} \to 0$，即库兹涅茨曲线趋于下降或稳定。它表明一个经济体可以平缓地经历第一、二阶段，利用隧道走捷径，缩短路径，尽快达到库兹涅茨曲线的第二阶段或者第三阶段，如图 1-3 所示。

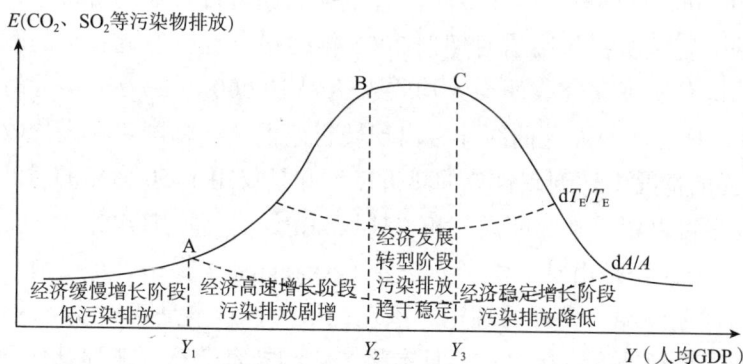

图 1-3 有生产技术和环境治理技术的库兹涅茨曲线

新的环境库兹涅茨曲线显示，如果在经济增长中引入环境技术进步因素，人均 GDP 增长的路径会逐渐向前推进。与此同时，污染物排放也会逐渐从轻度增加到逐渐下降，在短时间内达到高峰后，顺利达到第三阶段，实现理想的、可持续的发展。

这个模型主要揭示的是，要想实现环境污染控制的增长，必须保持一种合理而不是超过环境负荷的高速增长。

（2）"隧道效应"低碳经济增长模型

近年来，在应对全球气候变化时，低碳经济发展成为一种有效的发展模式。这一模式可以用"隧道效应"理论来描述，具体如图 1-4 所示。它表明一个经济体可以利用隧道来走捷径达到库兹涅茨曲线的第三阶段。

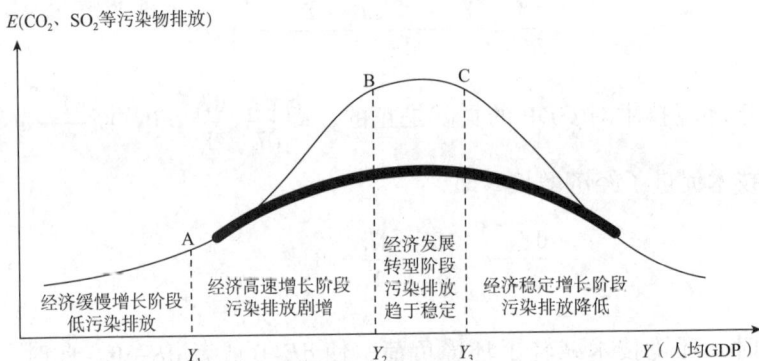

图 1-4　隧道效应

（3）"雁型模式"与赶超效应的低碳经济增长模型

据经济史料记载，多数国家在发展的过程中常受到高碳排放量、环境污染、经济增长速度三大元素的制约。例如，美国从碳排放增长到降低用了 135 年的时间，英国则用了 185 年。日本虽然创造过东亚经济奇迹，但出现了严重的公害危机，从明治时期到 2005 年的拐点也历经近百年的时间。与此同时，部分实证研究表明当人均收入达到 10 000 ～ 23 000 美元时（1990 年价格），环境库兹涅茨曲线才会出现转折。但是，韩国曾在人均收入只有 4 114 美元的情况下达到碳排放的转折点，并且仅用了 50 多年的时间。这一现象的发生可以用"雁型模式"和"赶超理论"进行详细分析。

"雁型模式"是由日本学者赤松要（Akamatsu）提出、小岛清总结而成的一种描述亚洲经济发展的理论。该理论认为，日本是亚洲经济的领头雁，通过对外贸易和外国直接投资，日本将产业和技术转移到亚洲其他国家，其他国家则通过类似的产业和技术转移实现了亚洲经济的整体发展。运用这一模型我们可以解释韩国是通过引进外资和来自发达国家的技术转移来实现外向型的经济增长，走捷径实现了环境库兹涅茨曲线的拐点。我们可以将引进外资对加速达到环境库兹涅茨曲线拐点的作用归纳为以下几个方面。

第一，外国资本和外国企业可以实现向发展中国家的技术转移。跨国公司在向发展中国家的投资过程中带来了产品和资本，同时带来了体现在产品中的技术，包括环境技术、节能技术和低碳经济技术。通过新产品的引进和生产，发展中国家可以节省新产品研发的时间、资本和人力，从而实现赶超，特别是环境技术的赶超。

第二，外国资本和外国企业通过生产环境友好型产品和产品的进出口引进了国际环境标准，健全了投资国的环境标准，从而改进了投资国的环境治理。

第三，外国资本和外国企业带来了国外先进的环境管理经验和方法，改进了发展中国家的环境治理方式。

第四，外国资本和外国企业通过与国内企业的竞争促进了国内企业开发环境友好型产品，增加了环境治理投资。

第五，外国资本和外国企业的生产和投资活动可以增强当地民众的环境意识，改变人们的消费行为，而这又会反过来促进生产活动。

以上这些正面现象可以产生赶超效应，在短期内提高投资国的生产率、改善投资国的环境。

但在引进外资产生正面效果的同时，如果外资和外企引进的是在发达国家不能生存的淘汰产品或高污染、高排放的产品，那么它们在发展中国家的经济活动也会带来负面效果——破坏环境。例如，在发展低碳经济过程中，一些发达国家利用光伏发电开发新能源，大力发展低碳经济，但生产光伏发电的太阳能多晶硅板大多是从发展中国家进口的，而发展中国家在生产低碳经济的设备时需要使用大量的能源，产生大量的碳排放，是一种典型的高碳经济。

另外，实现"隧道效应"需要一定的条件，具体如下。

条件一是发达国家向发展中国家的技术转移。低碳经济是以节能减排、新能源、低碳排放为特征的一种新的经济发展模式，其核心是能源革命，即节能技术和新能源技术的开发与利用。这就需要高新技术，而对于这种成本高、耗时长、水准高的技术开发，发展中国家很难做到。如果发达国家可以遵守《京都议定书》中的约定向发展中国家提供技术支持和资金援助，那么"隧道效应"就可能尽快实现。

条件二是技术接受国家的吸收能力。先进技术的引进和消化需要相当水平的人力资本、管理、制度革新、技术应用能力。

条件三是发展中国家自身需要具备能够匹配新技术的能力。在获取与技术相匹配的能力后，可以在革新先进技术的过程中最大限度地发挥技术的能效，逐渐由借助他人技术力量转变为依靠自身力量实现可持续发展。

条件四是政策导向，如制定低碳经济发展的战略和路径等，引导并扶持低碳经济的发展。

（三）"城市矿山"理论

"城市矿山"理论的主要内容为通过回收城市生活中的废旧电器、机电设备、废料中留有的金属实现资源的循环利用，该理论最早由日本东北大学选矿精炼研究所教授南条道夫等提出。按照"城市矿山"的理念对各国所回收的生活废料进行换算可知，日本本国的稀有金属铟储藏量约占世界总存贮量的 38%，而稀有金属铟是制作液晶显示器和发光二极管的原料；黄金的回收量为 6 800 吨，约占世界黄金总量的 16%；银的回收量可达到 60 000 吨，超越了银储藏量世界第一的波兰，约占世界总储存量的 23%，居世界首位。

日本虽是一个资源匮乏的国度，但从这些数字看，其又可以说是一个"城市矿山"。目前，这些"城市矿山"资源大多数是使用完被丢弃，被当作"垃圾、废物"处理，而城市中这样的废物数量巨大，因而被称之为沉睡在城市中的"矿山"，它比真正的矿山更具有价值。日本已经对包括液晶显示器和汽车在内的多种产品提出了金属回收计划。实际上，"城市矿山"理论与中国学者提出的"再生资源综合利用""循环经济"是相通或相近的。它为我们依靠技术创新和政策支持综合利用再生资源、提高能源效率、实现经济发展的转型提供了重要的参考和思路。

（四）"生态足迹"理论

"生态足迹"理论于 1992 年由加拿大生态学家 W. 雷斯所提出。"生态足迹"主要指在某类人口群体所生活的地域环境中可以吸纳这些人口所消费的物质资料与生活废料所占据的空间范围。"生态足迹"将消耗的资源平均到每个人，通过计算具有生产力的地域面积，从而得到总供给与总需求之间的差值，即生态盈余和生态赤字。"生态足迹"既能够反映生产力地域供给的资源以及消耗的资源，又能够反映不同人群所消耗的资源类型，是揭示生态环境可持续发展的有力工具。通过运用"生态足迹"这一理论可以对区域内的生态环境可承载能力进行预估。当"生态足迹"小于生态承载能力时，这个区域内的生态环境就可以支撑社会经济的稳定发展；当"生态足迹"大于生态承载能力时，则该生态环境具有不稳定性，不能支撑社会经济的可持续发展。依据"生态足迹"理论，"碳足迹"逐渐得以引申，"碳足迹"成为衡量温室气体排放量与人类生产活动关系的标准。"碳"的消耗量越多，破坏地球生态平衡的温室气体也随之增多，"碳足迹"显示数字就越大。

第二节　低碳物流的来源与概念

一、低碳物流的来源

近年来，一种旨在降低二氧化碳排放量的低碳经济模式越来越引起人们的关注。低碳经济一词最早见于 2003 年英国能源白皮书《我们能源的未来：创建低碳经济》。其基本概念可理解为在可持续发展理念的指导下通过技术创新、产业转型、能源开发等手段减少对石油、煤炭等高碳能源的消耗，以达到从源头减少温室气体排放的目的，是一种能够实现生态环境保护和促进经济发展的新型经济发展形态。低碳经济的核心是实现制度和技术的创新和转变，通过提高能源的应用效率创建创新清洁能源结构。低碳经济不仅是一场关乎生产、生活环境的生态变革，还是一场能够维护国家权益和发展路径的革命。

低碳经济的提出为人们应对温室效应和全球气候变暖提供了具体的科学理论指导。以低碳经济为目标，人们提出了遏制全球气候变暖、降低二氧化碳排放的众多具体而行之有效的措施和理论框架。国内外理论研究与实践经验均表明，通过改善物流管理，构建低碳物流服务体系，能够有效降低能量消耗、减少二氧化碳等温室气体的排放量，实现国民经济低能耗、低污染、低排放的持续发展。因此，为与低碳经济发展目标相适应，低碳物流的思想观念随之产生。

（一）发展低碳经济的紧迫性

1. 全球气候变化的需求

人类始终需要直面在发展过程中遇到的挑战。18 世纪 60 年代以来，全球人口数量在经济规模不断发展的过程中得以扩增，以至于发达国家在工业化进程中消耗了大量的能源，引起了地球生态的变化。最为显著的生态特征是全球变暖，问题产生的原因主要是大量温室气体（二氧化碳、氟利昂、甲烷）的排放。科学研究表明，全球地表温度近百年来已经升高了 0.74℃，预计 21 世纪末可能会达到近 1 300 年以来的最高气温。联合国气候委员会在报告中明确指出全球变暖等生态环境破坏的诱因在于人类不断消耗能源所排放的温室气体。

中国作为发展中的人口大国，化石能源消费速度逐渐增长。在经济得以飞速发展的过程中，温室气体排放量在世界也居于前列。根据专家预测，我国的二氧化碳排放总量于 2030 年极有可能位列世界第一。所以，中国的气温变暖趋势与全球趋势基本呈现出协同状态。根据中国气象局发表的研究数据可知，近 50 年以来，中国的降水分布格局发生了很大的变化，华北地区和东北部分地区降水逐渐减少，而华南地区和西部地区的降水量明显增加。极端恶劣的天气时常出现，中国西部地区雪灾发生的概率大大增加，南方地区的降水量逐渐增多，北方局部地区则是干旱加剧。中国自 1986 年以来经历了 21 个暖冬，1998 年和 2005 年气温显著增高。近 30 年以来，中国沿海海平面上升了 90 毫米，海表温度上升了 0.9℃。根据我国科学家的调查研究，中国在未来会频发极端天气气候，国内气温会进一步提升，同时降水分布不均的现象更为明显，强降水与干旱在同一时期内会共存，沿海海平面会进一步上升。中国在农牧业、水资源和森林与自然生态系统等方面较易因为气候的变化受到影响，是最易受到生态环境影响的国家之一。

（1）气候变化对农牧业的影响分析

中国农牧业在现阶段已经受到气候的影响显现出一定的负面问题：一是草原产量和质量都有所下降；二是局部地区受到高温的侵扰发生干旱；三是全球气候变暖会造成农作物提前进入生长发育期，极易受到早春的冻害；四是农业生产总量极易受到影响，恶劣天气会增加农牧业的损失。天气气候变化极易对农牧业的发展产生影响，直接体现在小麦、水稻、玉米等农作物的生产过程中，这对我国的农业生产布局发出了挑战，土壤里所蕴含的有机物质在受到环境影响时会加快自身的分解效率，农作物出现病虫害的范围会随之扩大；五是草原逐渐呈现出荒漠化的趋势，草原火灾的发生概率提高；六是畜禽的繁衍能力受到影响，同时有疫情发生的风险。

（2）气候变化对自然生态系统的影响

气候变化对中国的自然生态系统产生了一定的影响，具体表现在以下几个方面：第一，全中国发生病虫害的区域逐渐扩增，且分布范围呈现不可控的趋势，生物性减少；第二，山地冻土面积减少，冻土海拔下限升高；第三，部分地区林带下限上升，森林病虫害的爆发概率与范围扩大，火灾发生频率和受灾面积不受控制，珍稀的森林动植物资源分布范围逐渐缩小；第四，西北地区的冰川面积呈现全面缩退的趋势，冰雪的融化速度加快，使其周遭的生态系统受到潜在威胁，生态系统的脆弱性进一步扩散，形成恶性循环的现象，如青藏高原的冻土空间分布格局发生了较大的变化；第五，极不稳定的气候变化致使内陆湖泊资源丧失原有的功能性，且湖泊面积进一步萎缩；第六，东部位处亚热带的地区与温带地区的北界发生北移。

（3）气候变化对水资源的影响

气候变化引起了中国水资源分布的变化，在国家相关水务部门长期水资源监测过程中发现，包括辽河、海河、黄河、淮河等在内的北部地区的水资源在近20年变化幅度较大，水资源总量整体呈下降趋势，而南方水系的表现恰恰相反，水资源总量呈不断攀升趋势。在这一发展背景下，南北方呈现出干旱灾害和洪涝灾害两大极端性气候格局，并且这种灾害发生率逐年递增。相关专家预测，针对我国水资源时空分布差异大的特点，气候非规律性的变化无疑会进一步加重这一差异性，水资源年内变化和年际变化频率增加，各类极端自然灾害发生概率直线飙升，如水涝、旱灾等，再加上受到全球气候变暖的影响，我国西部高原地区的冰川融化速度加快，融水量的增多使地区冰储量和冰川面积锐减，一定程度上影响了部分以冰川融水为主的河川径流的总流量。对于北方地区而言，气候变暖可能使干旱地区旱情加重，滋生一系列矛盾，如水资源严重短缺与水资源需求量持续增长。

（4）气候变化对海岸带的影响

据海洋研究所相关研究人员介绍，20世纪90年代末至今，我国海平面始终呈波动上升趋势，且这一趋势在未来30年有加重的趋势，《2019年中国海平面公报》预计，未来我国沿海海平面将上升51～179毫米。沿海地区不断上升的海平面使海岸线被海水侵蚀，并且海水中的盐碱等成分加剧了海岸土壤的盐渍化程度，由红树林、滨海湿地、红珊瑚礁等构成的海洋生态系统遭受严重损害，在削弱海岸带生态系统服务功能的同时，使海岸带多样化的生物保护体系濒临崩溃；持续变化的气候条件导致海洋水温度升高、海水酸化严重，使局部海域形成贫氧区，海洋珍稀濒危生物生境退化，以及渔业资源整体衰退。另外，海平面升高有可能降低沿海城市市政排水工程的综合排水能力，在某种程度上不利于港口功能的发挥。

（5）气候变化对社会经济等其他领域的影响

气候变化与社会经济两者存在某种特殊的联系，既相互制约，又相互影响。一方面，气候变化会引起国民经济水平巨大波动；另一方面，只有不断提高在经济和社会方面的成本投入，才可实现灵活应对气候变化。气候的无端变化为各种现有和新兴疾病的滋生与传播创造了"有利"环境，是人类健康的隐性天敌；各种灾害现象的形成概率增加，如地质灾害、气象灾害等，对各类重大工程的安全开展形成了严重阻碍；打破了国家公园、国家自然保护区生物物种的多样性与自然环境的生态性，影响了自然和人文旅游资源的和谐发展；严重威胁公众的生命财产安全，增加了社会生活秩序的不稳定性。与此同时，自进入"后工业化"阶段后，国际上特别是一些发达国家开始将关注点转移至气候层面上来，气候问题还渗透于外交、政治等多个领域，再加上受国际贸易保护主义的影响，碳排放和气候变化问题逐渐成为发达国家制造国际贸易壁垒的新结构，其中以"碳关税"最为典型。

"碳关税"一词出自法国前总统希拉克，早期实施对象为欧盟国家，主要是针对欧盟违背《京都议定书》进而对这些国家的商品征收一定的进口税额。美国于 2009 年针对"碳关税"提出并通过了一项新法案，即《清洁安全能源法案》，法案规定"碳关税"于 2020 年正式实施，明确指出对一些进口铝、水泥、钢铁等不符合污染物减排标准的产品，征收特别的二氧化碳排放关税。据了解，我国出口市场中，机电、化工、钢铁、建材等高碳产业占比超过总出口量的 1/2。以 2007 年为例，中国所出口的高耗能、高二氧化碳的纺织品、金属制品、机电设备等产品占中国对美出口的 80% 左右，一旦美国履行这一法案，要求我国做出减排承诺，势必会增加国内生产成本，产品在美国市场份额和销量急剧退化，甚至可能转移贸易，切断与中国供应商的合作，给国内相关行业带来严重的负面影响，威胁整体经济发展。

2. 发展低碳经济成为世界共识

在可预见的将来，如果大气中温室气体浓度不断升高，可能导致气候变暖，严重影响社会正常生产生活等活动的开展。在这一严峻形势下，为放缓气候变化的脚步，维持人类社会发展的可持续性，"低碳经济"这一新概念被提出。"低碳经济"最早源自 20 世纪初英国的《我们能源的未来：创建低碳经济》这一能源白皮书中，英国作为第一次"工业革命"的发源地，打开了现代工业化和机械化的大门，但从生态环境视角看，工业革命也造成了严重的环境污染问题。在意识到这一生产与自然的矛盾关系后，英国开始尝试转变生产方式，摒弃了自给自足的能源供应，开始转向能源进口。目前，英国能源进口份额占全国总能源的 80% 左右。

前世界银行首席经济学家尼古拉斯·斯特恩（Nicholas Stern）在其所牵头的《斯特恩报告》中指出，全球每年投入 1% 的国内生产总值，即可避免损失 5% ～ 20% 的年均 GDP，倡导全球不断朝低碳生产方式转型。在美国早先提出的《低碳经济法案》中，低碳经济在美国未来战略发展中具有指向性作用。在 2007 年联合国气候变化大会上，各国展开了详细的谈判，一致认为应共同面对不断变化的气候问题，"巴厘岛路线图"是此次大会所制定的应对气候变化的方案。"巴厘岛路线图"对发达国家温室气体减排量做出了明确规定，需达到 25% ～ 40% 的标准，并且该"路线图"在一定程度上推动了全球向低碳经济的转型，具有里程碑式的重要意义。

作为《联合国气候变化框架公约》和《京都议定书》的缔约国和成员国之一，中国在社会主义发展道路上对气候变化与国内经济发展的紧密性有着独特的见解和认识。为扭转以往中国在国际上的工业生产大国的形象，凸显大国在应对气候变化上的责任，中国制定了一系列应对气候变化的可持续发展战略，始终强调建设资源节约型、环境友好型社会与建设创新型国家有效结合，尝试通过各种途径发展低碳经济，将重点转移至节约能源、结构优化、生态保护等层面，充分发挥科技在经济转型过程中的支撑作用，将温室气体排放量降至最低，提升国家对复杂多变气候条件的应对能力。

2005 年颁布的《中华人民共和国可再生能源法》中要求进一步降低对煤炭等化石能源的消耗，大力发展各种可再生能源，如风能、太阳能、水能、生物质能等。2006 年，国家六个部委联合发布了《气候变化国家评估报告》。2007 年《中国应对气候变化国家方案》随即发布。同年的亚太经合组织第 15 次领导人会议上，中国领导人提出了"发展低碳经济"、研发和推广"低碳能源技术""增加碳汇""促进碳吸收技术发展"4 项主张和建议。2007 年，《中国的能源状况与政策》中着重提出了要积极推动能源不断朝多元化方向发展，并且将可再生能源发展作为一项国家能源发展战略。2009 年召开的国务院常务会议明确到 2020 年我国单位国内生产总值二氧化碳排放比较 2005 年下降 40% ～ 45%，作为约束性指标被纳入国民经济和社会发展中长期规划，并围绕此制定相关的统计办法、监测办法、考核办法。

（二）物流在发展低碳经济中的特殊作用

低碳经济作为一项复杂的系统工程，在国内全面贯彻落实的过程中，需要大量系统从中发挥支撑和保障作用，如技术、法律、政策、物流等相关系统。其中，在整个经济系统中，物流作为子系统在低碳经济发展中的地位和作用不可忽视，各系统相互之间的关系如图1-5所示。

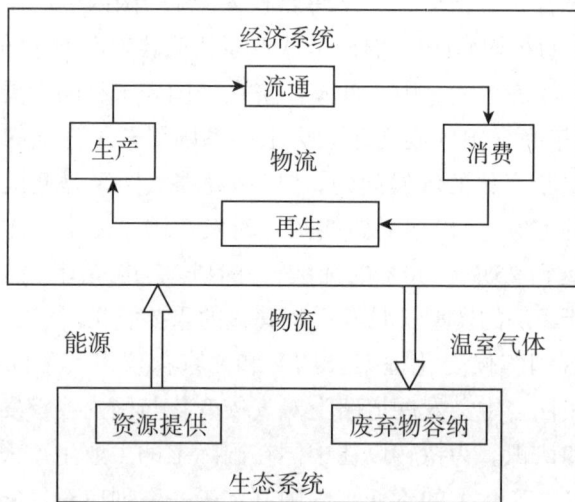

图1-5　物流系统的作用

从系统内部组成看，物流系统包括4个基本过程，即生产过程、流通过程、消费过程、再生过程，系统通过多种手段，如包装、装卸、储存、信息处理、运输等，对不同过程之间的时空差异进行有效消除，推动物质资源不断进阶。物流系统所构建的整体运作目标具有准确性、及时性、安全性、节约性的特点，契合低碳社会发展标准下对社会物资高效化、合理化利用的构想。同时，物流系统凭借自身网络优势的全面发挥，可以实现对各类物资流向和流量的全面检测；更加精确地掌握生产、流通、消费、再生产过程中各种能源的消耗与使用特性，及时向经济系统所对应的各环节传递能源使用规范和具体的管理要求。确保整个物流系统运行过程的科学性与合理性，不仅可以改善由物流所延伸出的一系列活动的经济效益，还可协助社会获取更多有利于经济发展和整体进步的经济效益，提高现有能源使用的合理性，达到"少投入，大回报"的经济发展目标。此外，物流系统的规划与建立可以实现剖开潜藏于社会经济发展过程深层次的制约性能，为低碳经济发展政策的制定提供良好的决策支撑。

物流系统在经济与生态两大系统中发挥着良好的衔接和桥梁作用，不仅可以形成对过量开采不可再生能源的有效抑制，还可以维护生态系统的正常运转。因此，进一步协调和优化物流系统可以形成对社会生产和生活消费过程中能源使用和能源废弃的有效指导，将其产品的源头切断，降低废弃物的产生，从根本上达成低碳经济发展目标。

（三）物流现状与低碳经济需求的差距

发展低碳经济的核心问题是涵盖了能源的清洁使用与高效利用的新型能源安全问题。能源是人类社会赖以生存和发展的物质基础，能源安全问题是关系国家政治安全、经济安全的重大战略性问题。进入 21 世纪，随着工业化、城镇化进程加快，我国能源安全形势发生了显著变化，出现了一系列新问题与新需求。国内方面，能源安全的主要矛盾由供需总量平衡矛盾转化为由温室气体排放与环境保护压力引发的能源结构矛盾，石油尤其是优质石油供需缺口持续扩大、价格不断攀升。国际方面，随着石油进口量逐年增长，我国能源对外依存度接近 50%，这意味着能源供应的脆弱性也越来越明显，国际政治、经济等方面的干扰极易威胁我国的能源安全。

2006 年，中国提出了"互利合作、多元发展、协同保障"的新型能源安全观，为解决低碳经济背景下的能源安全问题指明了方向。传统能源安全观以能源供应的充足、持续和价格合理为基本内容，反映的是高碳经济的时代特征，目前仍是世界各国作为能源安全的理论基础；新型能源安全观以可持续发展为出发点，强调环境安全是能源安全战略中的重要组成部分，维护能源安全需要超越高碳能源极限不断进行多元化发展。2007 年 12 月，国务院发布了《中国的能源状况与政策》白皮书，强调节约优先，着重能源多元化发展，将可再生能源正式列为能源发展战略的重要组成部分；2009 年 11 月，国务院常务会议制定了能源与环境协调发展的具体目标，要求通过节能减排实现到 2020 年单位国内生产总值二氧化碳排放量比 2005 年下降 40% ～ 45% 的目标；2010 年 1 月，国家能源委员会成立，其主要负责研究拟定国家能源发展战略，审议能源安全和能源发展中的重大问题，统筹协调国内能源开发和能源国际合作的重大事项等，为解决能源安全问题奠定了组织基础。

但是，同新型能源安全观的要求相比，我国的能源安全保障工作尚有不小差距，尤其体现在物流服务体系建设上。物流服务体系是以物流产业为主导，提供满足特定目标的物流服务，由功能上相互联系、相互作用的各种物流要素和系统组成的复杂大系统。当前，我国物流产业由于存在市场集中度低、设施规模小且布局分散、信息化水平低下、管理体制割裂等关键问题，其物流服务体系建设严重滞后于保障能源安全的需要，主要表现在以下方面。

（1）在能源生产上，物流成本过高是制约生物质能等可再生能源产业发展的主要因素。例如，我国目前每年约产生 7.7 亿吨秸秆，可折合标准煤 3.8 亿吨，但是由于秸秆收集过程中的物流成本过高，能源化利用率不足 40%，大量秸秆资源被就地焚烧，这样既浪费能源，又造成了严重的环境污染。

（2）在能源流通上，物流能力不足是影响煤炭、石油等能源稳定供应的关键因素。对于煤炭而言，铁路、公路、水路等运输方式能力不足，以及衔接不顺畅、储备不合理严重制约了供需平衡，是造成近几年部分地区"电荒"的关键。

从石油能源角度看，我国年进口石油量可达上亿吨，其中需国外游轮运输的石油占 90% 以上，运输自主化程度尚无法超过 10%，与国际所认定的 30% 的"警戒线"相差甚远。与此同时，我国进口石油在运输过程中有 85% 是按照印度洋 → 马六甲海峡 → 南中国海航线这一运输线路进行运输的，该航线风险巨大，遭受控制和封锁的概率较高。

（3）通过对能源消费的调查与统计发现，能源消耗排行前几位中就包括物流，同时物流过程中产生了大量碳排放。据相关研究人员测算，在我国能源消费总量中，有近 10% 为物流过程中所产生的能源消耗，仅次于重工业生产产生。物流能源消耗增长速度远超国家平均水平，浪费现象十分严重，节能减排形势严峻，未来产业发展空间巨大。比如，回程空驶率高是我国公路物流普遍存在的问题，不但无法实现对能源的有效节约，徒增尾气排放量，而且不利于环境保护。

二、低碳物流的基本概念

（一）低碳物流的起源

低碳物流在全球范围内的兴起源于低碳革命和绿色环保，但从时间跨度上看，其属于较为新鲜的词。尤其是在全球经济不断多元化和现代化的今天，人类在工业生产活动过程中消耗了大量化石能源，排放出了大量含有二氧化碳等物质的温室气体，全球气候变暖问题日益严峻，由此引发的一系列问题开始威胁人类赖以生存的环境。

尤其是 20 世纪 60 年代以来，人类环保意识逐渐觉醒，各国政府和绿色环保组织也加大了环保宣传，人类对环境保护慢慢有了更深刻的认识。为了避免全球气候变暖而导致的灾难性后果，促进人类社会的健康持续发展，一场世界范围内的"低碳革命"逐渐兴起。

物流是支持国民经济发展的"血脉"，由于自身的行业特点，物流业在低碳经济发展中发挥着举足轻重的作用。从微观层面看，物流行业本身就是化石能源消耗大户，碳排放量巨大，合理设计物流系统能够有效地减少能源消耗和碳排放。从宏观层面看，物流是连接经济系统和生态系统的"桥梁"，在社会经济活动中，物流连接着生产、流通、消费、回收的全部过程，物流管理的改进可以直接提升社会资源的利用效率，减少资源浪费，降低污染损耗，这与低碳经济的发展目标是完全一致的。在世界"低碳革命"的时代背景下，发展低碳物流不仅是低碳经济建设的重要组成部分，还是未来物流发展的必然趋势。

（二）低碳物流的基本内涵

低碳物流是现代物流在低碳经济理论的基础上发展而来的，由于低碳物流的概念常常与可持续发展、生态经济、绿色经济等概念联系在一起，从宏观层面看，低碳经济与可持续发展、绿色经济、生态经济的理念是相通的，如果进行绝对意义上的区分，其实际意义相差并不大。虽然有一部分学者在研究中从物流过程的角度将"低碳物流"和"绿色物流"进行了详细的比较分析，但从概念本质、发展方向、发展目标上看，绿色物流和低碳物流的概念是一致的。

国内很多学者都对低碳物流进行了定义，但由于研究视角和侧重方向的差异，学者对低碳物流还没有形成一个统一的概念。例如，王长琼在经过实际研究考察后认为，低碳物流的主要目标是为了遏制人类对赖以生存的环境的持续污染，降低社会生产生活对各类能源的消耗，在借助先进物流技术的基础上进行各项物流活动的详细规划和有效实施，如物流运输、物流储存、物流包装、物流装卸、流通加工等。李蜀湘和陆小成在其所发表的相关著作中明确指出，低碳物流就是在全球气候变暖的大背景下，以科学发展观、物流管理、低碳经济等相关理论为前提，以节能减排、低碳发展要求为参考，对物流活动过程中所滋生的一系列环境污染问题进行有效抑制，降低对各类资源的过度消耗，并通过对各种先进低碳物流技术的有效运用进行现代化低碳物流活动的规划与实施。王国文则认为，低碳物流就是在整个物流和供应链环节融入各种低碳思维和环保思维，进而搭建贯穿材料采购、产业设计、生产制造、交付等全过程的绿色供应链体系。苏明认为，低碳物流重点突出了对物流过程中碳排放的控制，从物流环节的组成看，就是要实现低碳运输、低碳储存、低碳配送、低碳包装和低碳流通加工。徐旭认为，低碳物流就是以低能耗、低污染、低排放为目标的物流，低碳物流主要是物流环节和物流管理全过程的低碳化。

在重新梳理目前所掌握的各种资料信息后发现，绝大部分学者在界定低碳物流时均离不开对物流环节以下两个方面的思考，一是低碳控制优化设计，二是物流系统优化设计。尽管细化的概念界定可以增强其专业性和针对性，但纵观整个低碳经济政策，则略显狭隘。因此，在对当前各专家学者相关研究观点进行综合整理后，本书认为在界定低碳物流本质时，如果从物流角度出发，应跳出单一物流环节的优化和设计，将物流系统作为一个整体进行全面化、统筹化的思考，从三个方面出发，即技术、管理、规划方面加快物流系统整体运行效率的全面提升。从环境政策角度分析时，低碳物流则不再局限于单纯物流领域的低碳化，而是要将目光转向整个物流活动，降低物流活动对整个生态环境的污染和破坏；从经济效益角度看，低碳物流并非抛弃国家和社会在经济利益层面的追求，一味谋求各方对环境的维护，而是两者兼顾，在降低能源消耗、减少各类环境污染的同时，确保社会物资利用率可以得到有效改善和提升。

基于广大学者的相关研究结果，本书将低碳物流进行如下定义：低碳物流是结合现代物流技术，重新设计规划物流系统，创新物流管理方法，对整个物流系统运行效率进行全面优化的过程，其目的在于避免物流过程中产生重大环境污染，降低对各类不可再生能源的过度消耗，是一种以可持续发展观为思想核心的现代化物流理念。

（三）低碳物流的特征分析

从低碳发展的理论内涵看，物流企业追求低碳发展不仅适应人们对低碳减排的环保需求，还能保证企业实现可持续发展的经济需求，这是一个双赢的结果。这也点出了物流企业发展低碳物流的实质，即实现环境保护、经济效益、社会责任三者之间的协调统一。

其一，低碳物流的全面推行使物流企业在环境保护与自身经济发展两个层面的矛盾不再持续激化。当下，日益延缓的环境形势一次次地告诫着我们，在传统经济粗犷式的经济发展模式下，以对环境的破坏换取经济发展的做法不被世人所接受，正确的选择应该是坚持走可持续发展道路，努力朝低碳经济转型。低碳经济与我国所倡导的可持续发展道路相适应，对物流企业环境保护和经济发展两个发展目标之间的矛盾具有良好的缓和作用。纵观我国物流产业整体发展态势，目前尚处于传统物流向现代物流过渡的关键时期，物流企业在实际运作过程中对化石等能源仍具有强烈的依赖性，这使整个物流仍存在能源消耗所带来的巨大排放量问题。大力推进低碳物流，不但有助于物流企业系统整合内部资源，系统优化各个物流环节，促使物流企业整体运作效率的全面提升，而且能够在一定程度上降低对能源的过度消耗，协助物流企业扳倒矗立在经济效益和环境保护之间的"无形的墙"。

其二，积极发展低碳物流是确保物流企业未来发展保持可持续性的根本路径。目前，我国物流行业处于一种高速发展态势，相关配套体系不断完善，但在其快速发展背后还隐藏着各类内部问题，如何通过各种措施的有效实施对物流行业内部进行有效整顿成为当前广大物流企业共同面临的问题。从某种程度上看，物流企业发展的健康性与稳定性很大一部分取决于物流企业内部环境和外部环境的变化。从物流企业外部环境看，由于国家不断强化对环境保护的管制无形中加剧了市场上的各种竞争，加上消费者逐渐觉醒的绿色消费理念，物流企业所面临的发展压力越来越大。从企业内部环境看，为顺应现代化发展趋势，各大物流企业纷纷调整和优化传统管理模式，革新物流技术，通过加大培训力度来提升员工素质、拓宽营销渠道等，为物流企业的发展增添了新动力和新活力。从未来整体发展走向看，竞争日益激烈的市场经济必将淘汰一批"问题"企业，如基础设施不完善、发展模式过于粗犷、污染较高的物流企业。面对这一现实，各大物流企业需要加快实现"低碳物流"，提高自身对外部竞争环境的适应性，对企业当前的发展战略进行系统调整，确保企业发展的可持续性。

其三，低碳物流的全面发展可满足物流企业承担社会责任的基本要求。在整个社会体系中，企业是不可或缺的基础组成部分之一，企业生存与发展在很大程度上取决于其所处环境，特别是在现代企业发展过程中，对企业社会责任的重视程度较高，企业除了要通过各种途径获取经济效益以外，对社会发展也具有不可推卸的责任，当一个企业的能力达到一定界限后，其所承担的社会责任范围也更加广泛。对于物流企业而言，其社会责任在于保证人民基本的物流需求，而在社会责任履行过程中，还需将节约能源、减少污染排放等因素纳入考虑范围。在一定程度上说，加快推动低碳物流可满足物流企业承担社会责任的基本要求，有利于企业在经济和社会两种效益层面的双重获得。

第三节　低碳物流的基础理论

一、低碳与低碳化

全球变暖是人类活动行为造成地球气候变化的后果。"碳"是地球上一种十分常见的非金属元素，是煤炭、木材、石油等由碳元素所构成的自然资源。其全球消耗量较大，是全球变暖的"元凶"之一。随着人类的活动，全球变暖改变（影响）着人们的生活方式，同时带来了越来越多的问题。

自工业革命以来，全球开始进入"高碳"时代，其中煤炭和石油是高碳消耗与排放的主要来源，也是全球气候变暖的真正推手。全球气候的变化进一步证实了"碳"的高排放需要以较高的社会成本作为支撑条件。在这一背景下，由"高碳"转向"低碳"成为应对全球气候变暖的推进途径之一，加快推进各领域迈向"低碳化"成为新的发展潮流。

尽管目前看来"低碳化"是一个较为宏观的"愿景"，但其与企业微观市场行为有着十分紧密的联系。世界各国的碳减排目标中所孕育出的"碳交易"市场，现已成为低碳、零碳技术开发和应用的支撑要素，同时成为相关激励措施得以全面执行的监督者。

从低碳技术所涉及的范围看，除了电力、建筑、交通、化工、冶金、石油等部门之外，如何高效利用新能源、可再生能源、清洁煤，勘探开发各种油漆资源和煤层气、捕获与埋存二氧化碳等也属于其所覆盖的领域。从本质上看，低碳技术是一种能够实现对温室气体排放量合理控制的全新技术形式。低碳化是当前全球经济发展过程中一股不可逆转的潮流趋势，当其不再与经济增长产生某种冲突时，便会成为应对全球气候变暖的有效途径，并为全球经济繁荣创造良好机遇。

毋庸赘述，由低碳技术所带来的新的经济增长点在全球金融危机中将广受关注。纵观我国经济增长点，从 20 世纪 80 年代的轻纺工业到 21 世纪后的新型产业群体，如汽车产业、石化产业、电子产业等，在漫长的产业转型过程中，我们始终在追赶发达国家的道路上。在新一轮商业文明交替过程中，中国将成为主场与发达国家站在同一起跑线。

（一）低碳的内涵

相对于"低碳"，"节能减排"的应用频率相对较高，但后者可以产生诸多成本层面的联想。毋庸置疑，对于一个企业而言，其生产经营活动的开展主要是未来追求各种利润，但在这一过程中，企业若要兼顾低碳发展，则成本投入是无法规避的难点。企业是否能够积极引入低碳思维和低碳观念，并使其在内部生根发芽，关键在于企业在成本方面的投入和产出。但从绝大部分企业的实践结果看，很多情况下低碳技术和措施的应用与执行可产生额外的经济效益，对于企业竞争力和整体盈利水平的提升具有积极的推动意义。

世界气候组织以 36 个城市、17 家地方政府、84 家企业作为调查样本，对其碳排放量进行统计，在未渗透低碳经济及其相关技术前，相关样本碳排放量仍处于较高水平，而进一步普及和发展低碳经济后，样本企业与区域平均减排量有所提升，基本上可超过 14%。在研究调查阶段，样本企业与区域整体经营业绩均呈现出明显的上升趋势，受大力推行和发展低碳经济影响的案例极少。这一研究结果印证了麦肯锡公司对低碳技术的研究结论，即在现有 200 多种低碳技术中，"负成本"技术占比约为 1/3，此类技术在社会生产各领域中的应用有助于提升整体收益。

对于一个高速发展中的企业而言，低碳技术的创新应用能够在一定程度上降低对各类能源的消耗，压缩成本领域的投入量。但在对低碳经济整体价值进行评估的过程中，发现其效益性不仅体现在各类能源或资源的使用效率方面，其所带来的成本效益也是一大优势体现。从未来长远性发展角度看，未来世界发展过程中各行各业必须树立低碳意识，在低碳制度和技术等领域进行不断创新，积极导入低碳思维模式，确保低碳思维所构建的政策法规和管理标准，与低碳经济制度和低碳技术创新要求相符。从某种程度上看，低碳技术的应用价值还体现在全球收益效应提升方面。在全球面临严峻的气候变化问题的时代大背景下，低碳技术在世界各国的有效推广与应用可协助其获得更高的盈利。

（二）低碳化

进入"后京都时代"后，各国在经济外交过程中越来越关注地球生态环境和气候变化问题，世界新话语权逐渐被"低碳、减排、绿色、环保"等内容占领。美国前奥巴马政府对《京都议定书》在态度上有所转变，开始尝试在经济转型升级过程中引入经济低碳化理念，并针对如何化"危"为"机"提出了一系列与气候问题相关的法案——《清洁安全能源法案》，该法案的提出明确了在气候变化问题上美国所持有的立场，也阐明了美国国际战略布局的变化。在经历工业化、信息化两个阶段后，世界经济正式踏上"低碳化"道路。

目前，全球正处于第四次低碳化浪潮中，在此之前，人类已经经历过了三轮"低碳革命"，每个阶段中低碳化所具有的概念与特征都不尽相同。第一轮浪潮主要以农业文明为主，目标在于重新掀起人类农耕文明，铸就辉煌的农业；第二轮浪潮在于建立工业文明，以农业文明向工业文明的转型为核心，推动世界快速进入工业化时代；第三轮浪潮致力推动信息化，以信息化为支撑发展新经济、新生态、新动能，引领全球踏上知识经济轨道。第四轮的低碳化浪潮是在农业化、工业化、信息化之后衍生的新方向和新目标。长期以来，对于碳基能源人类展现出了极大的依赖性，能源使用过程中排放大量二氧化碳，温室效应愈演愈烈，严重影响了世界经济、环境乃至人类的生存与发展。在这一背景下，低碳化成为解决世界环境问题和气候问题的有效途径，也是人类长期生存与发展的必由之路。

作为一项系统性相对较强的工程项目，低碳化理念在开展过程中需以整个社会和经济作为出发点，结合实际情况加快完成对低碳化发展新体系的积极构建，重点可从以下五个方面着手。

1. 能源低碳化

能源低碳化就是要集中精力开发和挖掘各种具体可替代性的能源，实现对当前环境和气候影响较小低碳能源的有效替代和转型。从类型上看，低碳主要包括两大类，即清洁能源和可再生能源，前者主要涵盖天然气、核电等能源类型，后者则包括生物质能、太阳能、风能等。其中，核能作为一种新型清洁能源，具有其他能源所不具备的高效化、无污染化特点；天然气属于典型的低碳能源，燃烧后不会产生大量废弃物，如废渣、废水等，其优势主要集中在安全性强、热值水准高、洁净无污等。可再生能源的利用具有永续性特征，相较于传统化石能源，可再生能源在污染物和温室气体排放量方面优势明显，甚至可以实现"零排放"。特别是近些年来，风能发电和太阳能发电的大力开发和建设，碳排放量急剧下降。另外，秸秆作为生物质能源的主要原材料，利用其燃烧发电原理可以使农作物进行碳排放的二次吸收，具有"碳中和"效应。

在应对气候变化、践行环境保护政策法规过程中，可再生新能源的创新开发与利用不失为一项重要举措。我国拥有十分丰富的可再生能源，且现阶段所掌握的资源开发技术和条件可形成规模化开发。因此，需汇聚各方力量，将风能、核能、太阳能、生物能等新能源作为未来开发的重点，以新能源填补之前落后能源结构的空缺，持续推进能源低碳化。

2. 交通低碳化

对于我国交通运输领域而言，若要从真正意义上解决日益恶化的气候和环境问题，需要从自身角度出发对当前的发展模式进行积极转变，并引入交通低碳化理念。从当前我国交通低碳化开展成效看，新能源汽车与电气轨道交通成为交通领域全新的发展方向和亮点。

交通低碳化的实现离不开新能源汽车的大力发展与普及。当前阶段，我国汽车市场上常见的新能源汽车类型主要有以下几种：纯电动汽车、乙醇燃料汽车、天然气汽车、混合动力汽车、氢能和燃料电池汽车、生物柴油汽车、二甲醚汽车等。交通低碳化的另一个发展途径还与电力轨道交通的大面积建设相关。不同于普通交通方式，电气轨道交通的动力机制主要依托电气，主要以轨道为走行线路，是一种理想化、低碳化、经济化的低碳运输方式。目前，国内城市电气轨道交通形式多样，其中以电气铁道、单轨、轻轨、导向轨、有轨电车、地下铁道等最为常见。

3. 建筑低碳化

全球二氧化碳排放总量官方网站所发布的最新内容显示，2019 年全球建筑部门二氧化碳排放总量约为 10 亿吨，占全球总排放量的 28% 左右，若加上建筑工业部分的排放，这一比例将上升至 38%。作为世界第一建设大国，中国对建筑领域中的碳排放量给予了高度重视，并于近些年发展和推出了新兴节能建筑和太阳能建筑，为建筑低碳化的实现做出了突出贡献。

在太阳能建筑中，常规能源被太阳能所替代，建筑物中的一系列功能，如采暖、空调、通风、照明、热水、动力等，均由太阳能热水器和光伏太阳光屋顶所提供。从设计思想看，太阳能建筑主要是通过对太阳能的有效利用以达到"零能耗"的标准，太阳能可以为建筑物提供实际所需的各类能源的有效供应。对于太阳能建筑而言，绿色设计理念是其得以践行的基本要素，这一理念贯穿建筑物设计、施工、验收等各个环节。另外，将建筑外立面与太阳能外露部件有机结合可以在一定程度上实现建筑材料与太阳能的一体化。

在建筑规划、建筑设计、建造以及后期投入使用过程中，建筑节能可通过对可再生能源、新型建筑保温材料的应用、自然通风采光的设计、对各环节的智能化控制来降低建筑能源的消耗水平，实现能源活动开展的科学性与合理性。建筑节能对低碳理念的应用主要体现在设计层面，具体包括对隔热保温条件较好的建筑材料的严格筛选、建筑通风系统和采光系统的合理设计，以及节能型取暖系统和制冷系统的科学选用等。

4. 农业低碳化

农业在中国社会经济发展中始终占据基础性地位，低碳化表现在多个方面，如倡导植树造林、努力建设节水农业和有机农业等。

在农业低碳化践行过程中，最便捷和有效的路径之一就是植树造林。因此，有必要大面积推广植树造林，加大对林地的培育力度，尤其是要营建可产生大量生物质能源的森林体系，在达到排污、改善自然生态环境的基础上，为社会创造良好的经济效益。

节水农业的建设有助于农业用水有效性的全面提升，是一项系统性工程，其中包含了水、土、作物资源的综合开发和利用等多项内容，并通过对时空的有效把握灵活调节水资源，提高对自然降水的利用效率，推广农业灌溉、提高植物自身水分利用效率等，从根本上提升水资源的生产效益和利用率。

有机农业的建设目的主要是确保农业产品生产的安全性、对农业生态环境的保护性，通过对化肥、农药使用量的削减，以堆肥、粪肥、有机肥等进行替代，将农业发展中的碳含量降至最低，形成对土壤有机质的系统保护；为增加土壤中的养分含量、改善土壤结构，开展了一系列秸秆还田措施；依据农田中植物、动物、微生物等生物群落之间相生相克的关系开展病虫害防治，避免对农药特别是高残留农药的大量使用。目前，有机农业已成为新型农业未来的重点发展方向。

5. 消费低碳化

作为一种相对新颖化的经济发展和生活消费方式，低碳化在消费领域的开展需强调其中的引导性作用，特别是要突出对绿色消费、绿色包装、回收再利用的正确引导。

绿色消费（又称"可持续消费"）是一种新兴的消费行为和过程，该消费模式主要是通过对消费适当性的调节，减少或避免对环境造成某种破坏和影响。绿色消费具有良好的引导性作用，不但可促使消费者接受消费低碳化，养成良好的消费习惯，对循环消费予以大力支持，而且在一定程度上对消费方式的转型和发展的可持续化具有积极的推动作用。

绿色包装（又称"无公害包装"和"环境之友包装"）指的是不会危害人类健康和生态环境，具有较高再生性和重复性价值，与可持续发展理念相符的包装形式。从技术层面看，绿色包装的原材料多选自各种矿物质和天然植物，易于回收利用、降解、维护生态环境等，是一种环保型包装。

另外，消费环节还需对回收利用加以重视。在消费过程中，对于所选取的产品必须确保其可回收、再利用，并且不会对环境产生严重破坏。此类产品主要包括再生纸、循环使用零部件、可降解塑料等。针对消费使用过的汽车、家用电器等可回收利用的产品，要修旧利废、重复使用和再生利用。

二、低碳物流运作理论与方法

物流行业近十年来呈现飞速发展的状态：一方面，促进了全球一体化的进程，为全球经济的发展做出了不可磨灭的贡献；另一方面，物流行业是碳排放的大户，物流行业最普遍的运输更是碳排放最主要的来源之一。伴随着全球变暖的到来和气候恶化离我们的生活越来越近，低碳物流将是未来发展的必然趋势。

（一）低碳物流运作模式

1. 物流活动的减量化模式

物流活动对环境的破坏主要是由于物质在流动过程中表现出极大的不适当性，如汽车排放尾气可能威胁整个自然生态，而低碳物流始终遵循"零污染""零破坏"的环境保护宗旨。低碳物流活动的减量化模式主要是有针对性地减少其他物流活动，将资源精准投入各物流环节，在增强资源利用效率、降低物流运营成本的同时，从源头有效控制物流废弃物和物流污染。该模式还要求在物流运输过程中尽可能减少运输车辆，提高每一辆运输车辆的整体运输和配送效率，缩短运输距离，减少运输频次，如对仓库进行科学选址与合理布局，避免运输过程中过多的运输次数和较长的运输距离；将集中加工作业模式应用于流通加工环节，简化加工流程，减少加工次数；在装卸搬运过程中应尽可能避免无效搬运，避免来回反复搬运；包装不盲目追求烦琐化，最大限度地节约资源。通过对各物流环节和活动的减量化处理，避免环境遭受物流的直接污染。当前，物流活动的减量化模式主要包括以下几种。

（1）通过减少物流资源的投入——低碳采购

从企业自身物流作业角度看，材料的采购是整个物流活动的起点，在材料采购环节，除了采购所需原材料、办公用品等生产环节用品和各类易耗品之外，还需要集中采购物流活动所需投入的各种设备和资源。减少物流资源的投入主要是减少非环保性，不可再生原材料和设备的采购应尽可能确保所采购原材料和设备达到环保、可重复利用的低碳标准。环保型的原材料在物流阶段采取低碳采购，通过低碳物流采购评价体系的系统构建在供应链角度促使供应商进行低碳采购、包装、生产。

（2）物流活动的减量，降低资源消耗，减少污染——产业集群

在物流活动中，部分环节本身就需要消耗大量能源，并且易于破坏生态环境，其中最具代表性的就是运输环节。减少物流活动中整体运输量能够避免对资源的过度消耗，杜绝各类不必要的污染，但若要对物流活动量进行缩减，还需要较高的物流服务水平作为支撑和保障，而产业集群可作为其中的一种保障方式。从宏观层面看，特别是在可持续战略发展背景下，需要坚定以政府宏观指导为基础，围绕企业主体系统调整和优化整体产业结构，以及物流规划系统。实行产业集群高端战略，最大限度地减少物流活动。在同一领域对相关行业进行聚集，形成产业集群，在此情况下供应链企业相互之间的物流活动将有所减少。除此之外，产业集群还可以为共同配送计划的实施提供便利，进而将运输配送活动降至最低。

（3）物流成本的减少——低碳物流运作

通过对循环经济和低碳经济的综合分析后发现，若要从真正意义上降低物流成本，则需要从以下四个环节入手加以实现。

一是运输环节。通过采取对运输方式、路线的不断优化，减少对资源的过度消耗和浪费，以从根本上达到节约资源的目的。大力推行共同配送，这种配送方式可以在一定程度上促使人员、物资、时间、资金等资源整体利用效率的稳步提升，在避免迂回运输和车辆空载现象发生的基础上，确保整个物流运输经济效益的最大化。通过对第三方物流的充分利用对各个配送环节进行系统简化，尽可能减少因空载所产生的不良现象，如配送效率低、配送重复性高等。

二是仓储环节。该环节主要追求低库存，如果库存量较高，不但会加大

资金成本的投入量，而且会滋生各种各样的问题，如破损、装卸搬运、过期变质等仓储成本，以及仓库本身对建设钢材、电力能源的消耗等，因此在仓储环节应引入先进的管理思想和方法，降低库存水平，或者不设置仓库，采取准时化立产，也就是"零库存"的生产方式。

三是包装环节。该环节大力提倡低碳包装，基于循环经济理念，物流包装应对所使用材料和采取方式予以高度关注，加快推进低碳化在企业内的执行和实施。低碳包装所采用的包装材料多为可降解材料，整体包装设计较为简洁，尽量避免使用一次性包装，确保包装废弃物回收效率和再利用效率的有效提升，并通过各种新媒体途径加大低碳包装宣传力度。在物流包装作业环节增加低碳流通加工，推动加工方式由分散化向集中化的转型，在规模化作业方式下，确保资源利用率的全面提升，降低各作业环节对环境造成的污染，并对加工生产过程中所产生的各种边角废料进行统一处理，避免各类废弃污染物的产生。

四是能耗环节。每一个物流生产环节都需要采用相关运输设备完成产品的运输任务。因此，减少物流周转设备带来的污染成本，以及物流活动消耗的燃油资源和电力能源很有必要。

2. 物流活动的循环化模式

美国经济学家波尔丁在提出循环经济理论时指出若要发展经济，需要严格遵循三项基本原则，即减量化原则、再利用原则、资源化原则，并且认为循环经济需要在企业、供应链、社会三个层面同步开展。在企业层面，要将污染物排放量降到最低；在供应链层面，要在企业之间构建工业代谢和共生的关系，成立以工业为主的生态园区；在社会层面，通过二次利用各种废旧物品实现消费前、中、后阶段物质与能量的双重循环。物流活动中最大限度地利用物流设备和设施是必须遵循的循环原则，可以实现横向和逆向低碳物流的"闭合式"良性循环。在传统物流中，其研究始终保持"重正向，轻逆向"的格局，但若过于注重正向物流，追求正向物流的低成本，则可能产生各种回收物和废弃物，进而使逆向物流成本反向增长。循环化模式下的物流活动主要指的是着眼于整个供应链，在完成正向物流构建的基础上，同步完成对逆向物流的发展，从而形成集原材料采集—生产—消费—回收—再生产等于一身的闭环循环物流模式。在该模式下，对原材料、可再生能源、包装物降解、废旧物品、生产生活资源垃圾等均有着统一要求，即循环再利用。循环化模式下的物流活动不但可以实现低碳物流中资源利用效率的全面提升，降低生产成本，而且在某种程度上有助于实现节能减排目标。

物流活动循环化方式主要包括以下几种。

（1）正向物流系统与逆向物流系统的集成——循环物流系统

从企业物流角度看，物流属于一个闭环系统，整个系统中由生产物流、供应物流、销售物流、回收物流业等组建而成。其中，生产、供应、销售物流属于正向物流系统，回收物流则属于逆向物流系统。一般情况下，企业传统的物流模式中原材料采购和消费者是整个模式的两个起始点，企业负责产品的输出，由产品所衍生出的一系列副产品则被视为废弃物加以处理。循环物流系统对企业物流管理具有十分严苛的要求，除了常规管理工作之外，还需将废弃产品的回收工作纳入管理范围，有效集合企业正向和逆向两大物流系统，确保循环物流系统的良性运行。从供应链层面看，供应链所对应的是企业较为核心的部分，是贯穿原材料采购、产品生产、产品销售，并将供应商、分销商、制造商、零售商、用户有效贯穿为有机统一整体的功能网链结构模式。针对处在整个供应链的企业及各环节，物流循环化模式有着明确要求，需要精确控制物流活动中的物流、资金流、信息流，实现制造商、生产商、零售商、产品回收商、包装回收商的有效继承，形成兼具正向和逆向供应链的良性闭合循环物流系统。从社会角度看，物流循环化模式不但囊括社会经济系统内部物流活动，社会经济系统与自然环境系统之间的物流活动也包括其中。以低碳经济为前提的社会物流模式，低排放、低污染、低能耗是其总体发展目标，要求在一定时间范围内实现自然环境输入的资源最小化，以及社会经济系统向自然环境系统废弃物输出的最小化。

（2）物流活动与自然环境和谐发展——生态园区

所谓生态园区，是一种以相关基础理论和原理为前提，如循环经济理论、清洁生产理论以及生态学原理等组建的一种全新的工业组织形态，该组织形态中涵盖了自然环境、社会自治、工业企业组织，为生态工业的汇聚提供了良好的场所。生态园区通过交换园区内各企业成员之间的产品、副产品、废弃物，以梯级方式灵活运用各种能量和水资源，共同建设园区基础营建设施，为园区经济效益、环境效益、社会效益的协调发展和有机统一创造了有利条件。与此同时，生态园区对物流活动有着另一层面的要求，那就是要不断与生态环境下各类能量、物质、信息等进行积极交换，实现真正意义上的资源化、减量化、回收再利用。另外，低碳物流循环化模式还要求基于线性经济模式对传统物流模式进行创新和改革，而基于循环经济模式所衍生出的生态化物流，不但可以实现物流活动各环节与自然环境保持共生性，避免整个生态环境失衡，而且在一定程度上有利于实现人与自然协同发展过程中的和谐性与持续性。

3. 物流活动的低碳化模式

物流活动的低碳化模式的参考标准是降低能耗、污染、排放，在此基础上完成对低碳标准和指标的有效建立，确保将低碳化物流发展模式贯穿整个物流环节。作为物流低碳化模式的直接监管者，政府有权利和义务对低碳标准进行统一制定和发布；消费者作为低碳物流服务的直接服务对象，要树立正确的低碳消费和低碳生活观念；在整个物流活动中，企业作为主体部分应恪守政府所制定的各项政策标准，并以此为参考尽快完成对低碳评价指标体系的构建。在物流活动中，企业要集中精力加大各种新能源、可再生能源、替代材料的研发力度，在资源上采用低碳采购方式，实现整个生产的低碳化，并且进一步实现低碳运输、仓储、包装，还需对运输工具进行明确规定，主要采用环保型、资源节约型的运输工具。针对供应链而言，物流低碳化模式的应用要求低碳化要深入各个物流环节，从根本上达成低碳物流的目标。

（二）基于博弈论的低碳物流运作

博弈论是一种将个体实际行为和预测行为同时纳入考虑范围的理论，并就如何进一步优化两种行为进行了深入研究。从概念角度看，博弈论中涵盖了多项内容，如行动、局中人、信息、收益、策略、均衡、结果等，其中最基础的要素是局中人、收益和策略。另外，局中人与行动、结果还被并列称为博弈规则。

1. 基本元素描述

（1）决策者（decision maker，参与企业）

在整个博弈过程中，当一方率先做出决策时，这种决策很多情况下具有一定的倾向性，并且这种倾向性是以决策者的自身感受、经验、状态等为判断依据的。

（2）对抗者（the fighter，政府）

在双方的博弈过程中，若其中一方决策行动较为滞后，所做出的决定与决策恰好相反，则表明其动作满足滞后性、被动性、默认性特点，但最终结果仍占据一定的优势。这一方在策略制定过程中对决策者劣势策略选择具有一定的依赖性，占据空间特性。因此，要保持始终占优则需要采取对抗的方式，而这种方式被视为领导在某一阶段的自我终结行为。

（3）局中人（players，供应链中其他企业）

在实际博弈过程中，局中人可以是博弈的参与者，也可以是决策者。当博弈中出现两个局中人时，那么该场博弈便被称为"两人博弈"；当局中人数量大于二人时，则为"多人博弈"。

（4）策略（strategies，生产策略、库存策略和配送策略等）

局中人在整场博弈过程中有权利选择行动方案，并且该方案并非针对其中某一阶段的行动方案，而是对整个行动具有一定指导作用的方案。当局中人选择某种可行性、全局性行动方案后，该方案便成为局中人的一个策略。若博弈过程中局中人策略个数有限，则称之为"有限博弈"，相反，若总共有无限个策略则为"无限博弈"。

（5）得失（payoffs，供应链中的收益分配）

当完成一场博弈后，博弈结果称为"得失"。每一个局中人在完成博弈后的得失，不仅取决于局中人前期策略选择，还与全体局中人所取得的组合策略息息相关。因此，当一场博弈结束时，每个局中人的"得失"均可作为全体局中人所取一组策略的函数，这一函数往往被认定为支付函数。

（6）次序（orders，考虑动态供应链时）

不同博弈方在决策制定过程中有着明显的先后之分，并且一个博弈方的决策选择次数不低于1次，决策选择次数的增加无形中引发了各种次序问题；其他要素相同、次序不同，博弈次序也不尽相同。

（7）均衡（equilibrium，整条供应链可持续发展下的收益、经济、环境和社会目标最大化）

均衡在经济学领域表示相关量处于稳定值。在供求关系中，某商品在某一价格下购买此商品的人能够以该价格买到，想卖的人也能卖出，此时可认定该商品符合供求均衡标准。

2. 博弈方式

从类型上看，博弈可以分为以下三种组合类型，即完全信息博弈与不完全信息博弈、合作博弈与非合作博弈、动态博弈与静态博弈。

（1）合作博弈与非合作博弈

从博弈的实际性质看，主要分为两种，一种是合作博弈，另一种是非合作博弈。一般判断两者的标准主要看局中人之间是否存在具有一定约束力的协议，若存在则为合作博弈，反之，就是非合作博弈（研究人们在利益相互影响的局势中如何决策使自己的收益最大，即策略选择问题）。在考虑碳约束的物流中，既有合作博弈，又有非合作博弈。

合作博弈主要体现在碳交易、碳中和上。非合作博弈主要在碳交易、碳限额、碳投资、碳中和、碳税（碳惩罚）中得以实现。

碳交易、碳投资、碳中和可以促进物流与供应链参与者之间的合作，以获得各自最大化利益；通过碳交易和碳投资可以激励参与者；碳限额、碳中和、碳税是对参与者自律行为强制性或道德上的约束。

（2）静态博弈与动态博弈

从行为的时间序列性方面看，博弈可进一步分为静态博弈与动态博弈。静态博弈是指在博弈中，参与人同时选择或虽非同时选择但后行动者并不知道先行动者采取了什么具体行动，如多目标规划等。基于此，碳交易（排碳量、碳信用和碳配额）、碳限额、碳投资、碳中和（碳补偿、碳汇）、碳税（碳惩罚）五个低碳主题均可以通过静态或动态博弈过程分析。动态博弈是指参与者的动作顺序以及可以观察到的动作，后者早一点选择，并相应地做出适当的选择。

（3）完全信息博弈与不完全信息博弈

完全信息博弈和不完全信息博弈的区分在于一个参与人对其他参与人的了解程度。在整个博弈过程中，信息有着较高的完整度。双方对参与人与其他参与人战略空间和战略组合下支付函数均有一定的了解和掌握，但在实际行动过程中仍按照一定的先后顺序，后动者能够更加直观、全面地观察和了解前者的行动及其所有相关信息，并且这种观察活动所持续的时间相对较长。

从定义角度看，完全博弈所指的是博弈时每一位参与人均可准确掌握其他参与人的基本信息，如特征、策略空间、收益函数等。在不完全信息博弈中，参与人对博弈相关信息的了解程度相对较低，即使掌握也大多为不全面信息，其中最为典型的就是纸牌游戏。在纸牌游戏中，参与方对彼此手中所持有牌的了解几乎为零，因此当其中某一参与方做出相关决策时，必须对其他三位手中的牌做一个估计，而没有确切的信息。

3. 低碳物流运作中的"囚徒困境"问题

"囚徒困境"问题主要体现在如下博弈策略选择上：①不要采用严格劣势策略；②选择严格优势策略；③站在别人的立场思考，评估他们会怎么做，不仅自己的收益很重要，别人的收益同样重要，尽量考虑别人会怎么做，然后自己做出积极的回应；④理性选择导致次优结果；⑤汝欲得之，必先知之。

通常每个企业或个人都有排放动机。例如，"如果大家都想减排，我没必要跟风。""如果别人真的减排了又与我何干，我照样生产，产生排放。"如果企业或个人都这样考虑问题，那么将导致最糟糕的结果，其原因不限于缺少沟通，沟通不能化解"囚徒困境"，我们的企业或个人高调喊减排，但是又依然无止地排放，这是解决不了问题的。就像我们说一定要好好学习，回家一样偷懒不想学。实际上，如果其他人在努力学习，或努力减少碳排放，我们总会想偷懒的动机或继续超量排碳。可以考虑通过协约跳出这个怪圈，各国之间签订协约（规章），只要能改变收益，上述方法都可认为是有效的。该收益不仅会改变动机，还可以将单次博弈改为重复博弈，看其是否有效。

（三）低碳物流运作的实现路径

第一步：计算碳足迹。围绕相关低碳化标准成立相关体系，并以此对碳足迹进行精确计算。一般情况下，碳足迹计算的主要内容为企业温室气体产生的源头，重点在于清查和收集排放源、排放数据，通过调查结果和数据信息精确开展各项碳管理工作。碳排放报告核查则是由第三方担保陈述盘查过程中所获取的一系列数据信息，并将这些信息以书面形式进行说明。

第二步：减少碳排放。通过深度清查企业排放源对碳排放源头、规模进行详细了解，并基于相关数据加快完成对相关措施的有效制定，最大限度地防止企业在生产活动开展过程中碳排放总量的持续上升。

第三步：实现碳补偿。通过引导企业以自愿方式购买碳减排额抵消碳排放，并且整个交易均采用中和的方式。若要从真正意义上实现碳中和，离不开排放者（买方）、减排者（卖方）、交易机构（中介）三者的相互协同和相互支持。

三、低碳供应链理论与方法

（一）低碳供应链的内涵

供应链的形成源于"经济链"向"价值链"演化，并吸收了大量具有科学性、系统性、完整性的理论基础。近年来，随着"低碳"理念的逐渐兴起，由其所延伸出的一系列新概念如低碳供应链随之快速发展。

结合相关文献，本书给出低碳供应链的定义：低碳供应链可以实现对传统物流背后碳流的综合考察，碳排放控制目标主要将供应链各节点碳交易市场、企业、政府三者相互联系，控制内容涵盖了企业产品全生命周期，通过这种贯穿整个生产过程的控制方式确保整个供应链系统运行的低碳化。具体如图 1-6 所示。

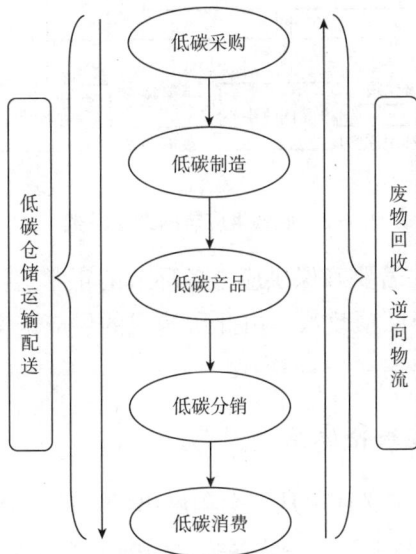

图 1-6　低碳供应链示意

从整体上讲，低碳供应链是一种对物流、信息流、碳流、资金流的有效融合与转移，从而编织起一整套供应链网络，该网络体系以碳约束机制为依托，减少对各类能源的消耗，降低环境所面临的各种压力和负担。图 1-7 为低碳供应链理论框架。

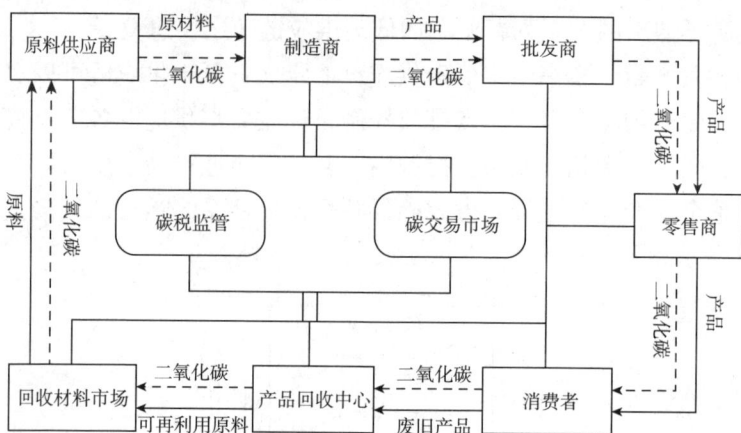

图 1-7　低碳供应链的理论框架

从图 1-7 中可知，若要确保供应链各环节的正常运行，需全面贯彻落实碳税监督和碳交易监督两项政策，由此所构成的供应链实质上是一个具有低碳化特性的闭环供应链。

（二）低碳供应链理论体系

人们对物流的传统定义往往从三个角度出发，即物流、资金流、信息流。一般意义上，企业在产品生产、经营存续、提供服务过程中，或多或少会产生一定量的碳排放，也就是说，除了物流、资金流、信息流之外，还有一个碳流随物流活动而产生。这一新的碳流与传统物流、资金流、信息流相互作用，使传统供应链被赋予了一个全新内涵，具体如图 1-8 所示。

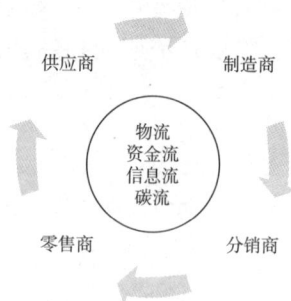

图 1-8　包含碳流的供应链关系

在供应链实际管理工作开展过程中，应始终秉持低碳理念。从流程上看，传统供应链主要涵盖了以下几个环节：计划、采购、制造、交付、回收。低碳化供应链的建成与实现需要确保低碳化渗透至每个具体流程，并且通过各种减排措施的有效实施最大限度地降低各流程碳排放量，甚至要追求碳排放量为零，各具体流程碳排放量的降低意味着整个供应链碳排放的降低。一般情况下，低碳供应链环节所包括的流程主要有以下几点。

1. 低碳计划

对于供应链各流程的低碳化设计，应以低消耗、低排放、高效益为参考标准，进而从根本上达到低碳化目标。在供应链计划制订的过程中，应将相关减排要求融入物流生产各环节，如原材料采购、产品设计、产品生产、物料处理、物流配送等。

2. 低碳采购

围绕低碳化标准制订相关采购计划，针对部分自主生产的原材料，应根据实际进行相应低碳化生产计划的制订。如果生产过程中部分原材料需要通过供应商进行采购，那么在选择供应商时，应尽可能选择具有低碳资质的供应商。除此之外，在原材料或零部件选择过程中，还应选择标有可回收利用、环保标识的材料和部件。此外，在材料和设备运输期间，运输方式上同样应保持低碳化。

3. 低碳制造

在生产设备选择过程中，所选设备应尽可能满足低碳、节能、减排标准。在设施选址时，需将生产流程和路径选择的影响纳入考虑范围，在达到合理性规划和精益化制造的同时，防止各类不符合低碳理念问题的发生，如能源过度消耗、碳排放量高等。

4. 低碳交付

低碳交付主要指的是通过应用碳减排相关措施降低生物流过程中的碳排放量，减少运输过程中的油耗、增加运输量，减少碳排放。将低碳环保技术贯穿订单接收、产品运输、客户交接等各个环节，强化低碳交付管理。

5. 低碳回收

基于低碳物流相关技术手段和管理理论，开展回收计划的制订、回收渠道的选取、循环利用途径的选择、逆向物流环节的设计等。

（三）低碳供应链管理的内容

作为一项"面向未来"的供应链管理模式，低碳供应链为实现运行与管理的低碳化与环保化，实现前期所制定的节能减排目标，整个供应链融入了各种新型思想和理念，如可持续发展观、生态学、系统工程学等。而理论基础、理念和观念的不断丰富使低碳供应链管理内容越来越多样化，具体包括以下几项。

1. 低碳化设计

低碳化设计是整个供应链碳化管理最为关键的环节之一，主要是在研发产品时，应对产品全生命周期与环境之间的关系有全面的认知与了解，围绕产品全生命周期进行低碳化产品设计，进而从根本上保证产前从开发、生产、消费到回收全过程的碳排放的合规性，达到节能减排的目的。

2. 低碳化采购

在采购原材料时，企业除了要考虑成本等因素之外，为减少材料运输过程中产生大量的碳排放，还应对原材料"含碳量"、运输距离等加以考量。

3. 低碳化生产

低碳制造就是以低碳材料替代传统材料，引入现代化的生产工艺、生产技术、管理理念，提升生产的清洁性。与传统生产制造方式不同，低碳化生产更加注重生产期间碳排放量、生产对环境的影响，属于一种现代生产模式，其通过调整和优化碳排放来降低能耗、减少污染，实现企业在经济、环境、社会等多重效益的有效获得。

4. 低碳选址

在供应链中，设施选址是一项较为基本的活动内容。在具体选址过程中，应围绕成本、设施对环境的影响进行综合分析，缩短设施与上下游节点的距离，避免运输过程产生过多的碳排放。

5. 低碳配送

从目的角度看，低碳配送主要是为了避免环境遭受各种配送活动的破坏和影响，将运输配送过程中的碳排放降至最低。无论是在配送路线方面还是在配送方式方面，均引入低碳化理念，不仅可以避免企业在运输配送成本方面的过多投入，还可以在一定程度上达到减少碳排放的目标。

6. 低碳回收

除上述各环节之外，低碳回收也是低碳供应链不可或缺的一部分。目前，对于低碳回收的认识主要是对已经付诸应用的产品进行再利用或回收处理，尽可能避免废弃产品对环境的污染，降低碳排放量。

（四）低碳供应链运作方法

在低碳供应链实际运作过程中，各节点成员的管理行为均被囊括其中。从供应链所覆盖的内容看，主要包括采购环节、生产加工环节、运输环节、仓储环节、回收环节等。当前，常见的低碳供应链运作方法主要有以下四个方面。

1. 改变运输模式，优化行驶路径

在低碳供应链运作期间，最常用的一种减排方法就是改变运输模式，优化行驶路径。通常情况下，不同运输方式所表现出的碳排放水平不尽相同。因此，若要从根本上降低供应链整体碳排放水平，需要与公路、铁路、水海运、空运等各运输方式的运输距离远近、运输批量大小等相结合，并以不同方式进行重新组合，以达到最优运输模式。

2. 通过供应链集成、资源共享降低碳排放

如果供应链上下游成员在仓库、运输网络等一些设施上使用相同的方法，不仅可减少供应链结构布局中同类性能节点的设置，还可以促使产业集聚效应的全面发挥，提高设施的有效利用率，确保供应链减少碳排放。

3. 实施技术创新和环境投资

碳沉降技术、碳捕获技术、碳封存技术、碳冲洗技术等一系列碳处理技术和生产技术的改进与升级在某种程度上有助于二氧化碳排放数量的降低。上述各类碳处理技术同样适用于供应链二氧化碳减排过程。生产创新和技术升级能够实现相同的目的，并且低碳化管理可通过环境投资加以实现，这些减排方法的应用均可实现对碳排放量的有效降低。但从另一角度看，技术层面的不断创新将加大企业在成本方面的投入力度，必须确保企业始终保持成

本与收益的平衡。

4. 改进管理方式与理念，不需要资金投入，实现减排目标

瓦尔曼（Walman）的碳标签管理在供应链中的应用在一定程度上降低了碳排放量，ZETA Communities 针对零排放供应链管理理念也有所表述，认为改变订货策略有助于碳排放量的有效降低。

第二章　低碳物流体系及其发展

第一节　低碳物流体系

一、低碳物流政策与行业管理

（一）低碳物流支持政策

在货运企业发展低碳物流的过程中，行业的专业引导能够指引其有目的、有计划地完成对相关发展战略规划的制定，引领企业不断朝着正确的方向发展；规划管理则能够对企业发展中各类行为进行有效规范，防止企业在发展道路上偏离正轨，为低碳物流市场竞争的公平性与发展的长远性创造有利条件。

过去的很多法规政策已经难以适应目前新形势下发展低碳物流的需要，要对其进行必要的清理、修改和完善。例如，有很多法规与国际通行做法特别是与进入 WTO 的有关政策是相悖的，有些法规更是严重限制市场准入、妨碍市场公平竞争、引起市场垄断，必须认真清理和完善，严重的要加以废除。具体做法如下。

放开市场，鼓励竞争。从促进物流业的发展看，开放的市场、充分的竞争才是提高产业集中度最有效的途径。在物流市场的宏观政策方面，道路货运行业部门应当按照 WTO 的规则取消不必要的政府管制。

为企业提供方便，提高政府效率。货运企业以中小企业为主体，其中个体和民营货运企业唱主角。所以，政府在梳理、规范现有政策法规的时候，不能忽视它们的存在和否定它们的活力，不能有所有制歧视。

完善低碳经济发展的政策法规。主要包括人才使用制度、市场准入或退出制度、社会保障制度。这些制度目前还不能适应企业发展低碳物流的需要，有待进一步完善、发展和补充。

（二）低碳物流技术标准体系

低碳物流标准体系覆盖面指的是低碳物流标准化活动的整个区域，涵盖物流过程中所需要的全部标准，其中在对物流标准对象敲定过程中，对象选择的合理性关乎物流标准体系的建立。从整体上看，在不超出物流活动范围的前提下，与技术、管理相关的概念或重复性事物均可达到低碳物流对象标准，并且有机会被纳入物流标准体系。

从低碳物流体系在道路货运中的成功构建看，低碳物流标准体系内除了现有的一些标准之外，应有和预计发展的标准也被囊括其中，并且这些标准随低碳物流技术的发展而不断更新与完善。从某种意义上看，低碳物流工作的标准化依赖于低碳物流标准化体系。

而通过对低碳物流标准化体系内各类标准的深度剖析发现，每一类标准均对应一定的服务对象，所起到的作用也不尽相同，各标准彼此联系、彼此依存，是一个统一的整体。标准化体系的构建是一项系统性工程，需考虑多方面因素，并不是一蹴而就的，必须要掌握体系构建要义，并且在研究和处理各标准之间的关系时充分运用系统工程思想、系统工程方法与工具，根据科学规律使之构成统一的整体。

（三）低碳物流激励措施

鉴于目前道路货运业低碳物流的发展状况，激励措施应主要包括以下几个方面：一要建立政策激励，在政策上指引和引导货运企业发展低碳物流；二要加大科研资助投入，刺激相关科研机构研发可降低生产成本和碳排放量的低碳物流新技术；三要向社会大众宣传低碳物流的优越性，并根据情况采取消费经济补助等刺激绿色消费的措施。

（四）低碳物流宣传和教育

对于道路货运业发展低碳物流而言，目前存在的主要问题是大部分企业还没有意识到发展低碳物流的意义。因此，可以定期邀请一些运输企业与物流需求企业的负责人进行交流，加大相互之间的了解，政府可同时向他们了解在发展低碳物流方面的困难和心得，并可以出面协调，帮助物流企业联系一个或几个较有影响力的企业进行合作，以其良好的服务、所创造的经济效益作为典范进行示范宣传，使物流需求企业充分认识到发展低碳物流的优势所在，从而在货运企业中间产生一种发展低碳物流的氛围，并且带动其他企业发展低碳物流。

政府可以为广大物流企业的发展创造一个良好的政策环境，鼓励货运企业发展低碳物流，努力提高其服务水平，降低碳排放量。要积极向他们宣传信息化、应用信息技术、供应链管理的重要性等；介绍和宣传国内外成功的低碳物流企业的发展经验，减少低碳物流需求分析中的盲目和武断行为，以加深他们对低碳物流的认识与理解。另外，政府可考虑重点选择几个物流企业进行扶持，充分发挥他们的优势，取得开展低碳物流的经验，起到示范作用。

（五）低碳物流推广和示范

构建道路货运业低碳物流示范机制是扩大低碳物流认识度和促进企业发展低碳物流的有效途径。在从传统货运企业向低碳物流企业转型的过程中，不同的企业有不同的立场和不同的经营方式。为了能够鼓励和引导货运企业朝着正确的低碳物流方向发展，建立示范机制显得尤为重要。具体措施如下：一要加强对货运企业低碳物流的理论教育；二要注重对货运企业典型示范的教育；三要注重对货运企业正确的发展低碳物流的监督教育；四要对货运企业做定期检查指导工作；五要树立低碳物流发展典型，发挥示范带头作用。

二、低碳物流企业群体

从结构组成看，低碳物流企业主要包括低碳物流需求企业群体、低碳物流供应企业群体、低碳物流人力资源、低碳物流市场机制等。

（一）低碳物流需求企业群体

低碳物流需求企业主体对于从供应企业主体所获取的产品，主要通过物流软件、物理技术、物流相关配套设施完成包装、装卸、搬运、运输、仓储、配送等行为内容。在上述行为完成过程中，相关物流人员通过合理的现场组织、规划与安排来避免对碳能源产生较大的消耗，对整体物流环境进行整治、净化，最大限度地避免外界环境因碳流失而受到各种破坏和压力的威胁，有效利用供应链上的各类物流资源。因此，低碳配送、低碳装卸搬运、低碳仓储等成为低碳物流需求企业群体低碳行为实施的主要影响因素。

1. 低碳配送

配送指的是产品运输的过程，在这一运输过程中，输送起点为制造商，输送终点为分销商与经销商。其与常规供应链中销售配送环节的区别在于，闭环供应链中的低碳销售配送环节应尽可能规避与环保相违背的因素，尽可能实行低碳化配送。在物流领域，配送环节占有较高的成本和消耗比例，深入分析配送对节能减排工作的影响因素，不但可以使配送服务水平快速提升，保障企业整体运营效益，而且能够在一定程度上避免对能源的过度消耗，将碳排放总量控制在相对稳定的水平。

2. 低碳装卸搬运

一般情况下，装卸工作的开展可直接越过运输环节和物流设施，但必须在输送、储存、包装等活动之后。低碳装卸的实现要对企业装卸过程与内容进行规范，避免在装卸过程中损坏货物，在降低对资源过度浪费的同时，减少环境因废弃物而遭受严重污染；企业应从自身角度出发不断提升在装卸工作中的整体效率，因为如果一旦运输工具等待时间被无限延长，将引发严重的资源浪费，并对环境造成严重污染。此外，若要达到真正意义上的低碳装运，企业还需摒弃传统无效搬运作业，提高搬运的灵活性，通过对现代化机械的合理利用保证整个物流装卸搬运的顺畅性。需要注意的是，非合理化的物流装卸搬运还会增加额外的碳排放。目前，我国仓储设施建设尚未实现全自动化和现代化，保温节能标准和照明节能标准尚未统一，内燃式叉车等传统装卸搬运设备仍具有高频使用率，此类设备节能环保性能较差，对此，应大力倡导以电气化、自动化设备替代次、劣设备，提高装卸搬运的整体工作效率，提高产品的安全性与稳定性。

3. 低碳仓储

在物流系统中，仓储所起到的作用主要有缓冲、平衡、调节，并在整个物流系统中占有十分重要的地位。若要实现该环节碳排放量的整体改善，需要从以下几个方面入手。

第一，仓储中心选址布局。一般情况下，如果中心布局过于密集，可能增加运输的次数，延长整个运输线路；若布局过于松散，则会降低运输效率，并且容易产生不良运输现象，如空载。

第二，针对仓储中心相关设施和设备，需合理控制其运行过程中对能源的消耗总量。

第三，分拣、配载、配送线路、配送中心布局不合理。仓储本身会在一定程度上影响周边环境。另外，如果仓库布局不合理，在运输过程中可能需要迂回运输，从而增加运输次数。要想达到低碳仓库标准，就需要对仓库进行合理布局，最大限度地降低企业在运输成本方面的过多投入，缩小运输距离。

（二）低碳物流供应企业群体

低碳物流供应企业主体绝大部分是以网络信息共享平台为基础，为制造商主体提供相应的支持，如原料、零部件、物料、半成品等，同时有助于重新调整能源结构，对下游制造商主体日常经营与生产起到良好的保障作用。上述提到的原料和物料不仅是生产期间所必须的原料，可再生金属等物料也被囊括其中；对于产品而言，其质量、可持续性、环境、低碳性资源、友好性等主要取决于零部件；在原料、物料、零部件、半成品的供应过程中，还涉及自然界能源结构的优化与调整，这些均属于供应商需承担的责任。另外，通过网络共享平台的构建，供应商能够对下游主体工序状况进行及时、准确的了解，从而避免造成大范围的能源浪费。

因此，供应商主体作为低碳物流供应链的源头，实施低碳行为能够大大降低供应成本、减少原料供应过程中的碳排放量。供应商主体行为的低碳化主要体现在低碳原料与物料供应、低碳能源结构调整、低碳信息共享这三个方面。

1. 低碳原料与物料供应

供应商主体通过全方位的统筹规划、资源合理配置、供需平衡处理、开发循环经济效应以及先进科学技术等为制造商提供低碳原料和物料，这些原材料和物料均符合低能耗、低污染、高效能、高效益的标准。从定义角度看，低碳原料与低碳物料主要是基于使用性能，避免对不可再生自然原材料的大规模使用，延长材料的使用寿命，且材料在使用期间产生有害物质的可能性较小，并且可以经过回收处理形成新型材料。在物流生产的过程中，低碳材料的使用能够实现节能减排的目标，符合未来可持续发展需求。从制造商角度看，低碳原料与物料也是其材料选择过程中的首选对象。

2. 低碳能源结构调整

供应商在为下游制造商提供能源时，需确保能源结构与低碳标准相符。传统能源结构中主要以碳基资源为主要资源，而碳基资源中的能源多为生产性质，并且国家能源局为确保能源的持续与稳定，将新能源作为未来的重点发展方向，因此传统工业应积极转变发展模式，以新能源为切入点，积极开发新能源和可再生能源，提高非化石能源在能源结构中的占比。

3. 低碳信息共享

在产品早期设计阶段，供应商应做好与制造商之间的沟通与协调，对原材料、零部件是否符合再造要求进行再三确认，确保产品的可再造性，赋予产品一定的循环再利用性。目前，在整个供应链中，供应商处于顶端位置，不会直接参与回收再造活动，并且与逆向物流相距甚远。从某种层次上看，供应商与闭环供应链各主体之间的合作关系，关乎闭环供应链主体低碳行为实施的有效性与可行性。

（三）低碳物流人力资源

当代企业管理是以人为中心的管理，人是知识、信息、技术等资源的载体。企业间的竞争实质上就是人力资源的竞争。企业作为道路货运物流运营的主体，是发展低碳物流的重要参与者和实践者。在影响道路货运企业低碳物流发展的众多资源中，人力资源是最重要的资源之一。从物流企业角度出发，通过人才资源引进、人才培养等手段对道路货运物流企业进行人力资源管理。

（1）从物流行业相关从业人员入手，不断提升其专业素质水平，加大对员工的教育培训力度，深度挖掘各类人力资源。企业相关部门可以设立专项资金，用于对理论知识丰富、专业技能突出人才的选拔，并积极开展以"低碳物流"为主题的教育和培训活动，尤其要对领导部门进行集中培训，如物流部门经理、物流企业经理、物流策划人员、信息系统开发人员等，进而实现对低碳物流发展需求的有效适应。与此同时，企业可以聘请相关专家，组织开展低碳物流知识讲座，进一步提升对低碳物流的认识，并提高物流技术水平。

（2）改进企业用人观念，引进专门的物流高级人才。鼓励企业根据自己的业务定位，明确引进人才的类型。通过人才市场、高等院校或科研机构择优引进高级物流管理人才和物流工程技术人员。

（3）提高待遇，加大激励力度，合理高效地使用人才。要建立合理高效的用人机制，做到人尽其才。内容如下：一要建立留人制度，稳定人才队伍，对优秀的物流人才提供较优越的生活条件和工作条件；二要建立员工激励制度，鼓励员工创新。

（四）低碳物流市场机制

由于企业自身资源以及资金资源有限，很多货运企业，特别是中小型企业发展低碳物流是有心无力的。构建地方性融资平台有利于解决这一凸显的矛盾。比如，为企业提供健康的融资环境，构建绿色金融体系；考虑到中小型企业的困难，为其设立专门的融资渠道；发展金融衍生品，如碳金融产品，以进一步活跃市场。

三、低碳物流基础平台

低碳物流基础平台主要是指为道路货运业的物流发展提供发展载体的各种交通路网、综合货运枢纽、物流园区、机场、港口等以枢纽和网络为基础的物流节点。

（一）综合运输网络

从结构组成看，综合运输网中主要包括交通线路、港站、枢纽等，并且整个运输网的连接依靠交通线路，而交通港站与枢纽在其中扮演着连接点的作用，该运输网络可完成直达和联合两种运输形式。该网络具有一定的组合结构的等级层次，体现了不同地域组合中的交通运输生产力。

综合运输网络的特点主要包括以下几点。

第一，综合运输网络在地域生产综合体中发挥着不可或缺的作用，其分布与其所处范围内对外运输即区内各地运输联系的格局大抵相似。

第二，运输部门多为组合结构，并且与所在区域资源开发、经济发展、自然条件、交通位置等方面的特征具有十分密切的联系。

第三，由若干地位、功能作用不同的交通线路组成。

第四，有显著的地域等级划分，具体分为高级和低级两类综合交通运输网。两种层级的交通运输网之间的不同之处，除了所覆盖地区范围大小之外，最显著的差别就是设施规模、结构特点、技术装备水平等，并以此来适应不同层次地域经济体系的发展对交通运输所提出的种种不同需要。

（二）综合货运枢纽

综合货运枢纽是城市主要货运流的重要出行端，是在大量客货流集散地，几种运输方式或几条运输干线交汇，并办理客货运输作业的各种技术设备的综合体（统一体）。一般由车站、港口、机场和各类运输线路、库场、运输工具的装卸、到发、中转、联运、编解、维修、保养、安全、导航和物资供应等设施组成。主要包括城市仓库、铁路货站、公路运输货站、水运货运码头、市内汽车运输站，是市内和城市对外仓储、转运的枢纽。

枢纽形成的主要制约或影响因素如下：①地理位置；②地形、水文等自然条件；③经济条件，如生产和贸易的结构、水平、工业的分布等；④历史交通线和既有交通网的基础；⑤运输技术的发展；⑥大宗客货流的集散。

物流园区主要指的是集中开展物流作业的地区，通过以衔接方式将集中运输方式进行汇集，在某一空间内对具备多种物流设施和不同类型的物流企业进行集中，并在场所内完成对其的合理布局，该场地在一定程度上可以看作是具有规模化和各种服务功能的物流企业集结点。一般情况下，物流园区内的设施相对完善，这些设施主要包括三大类：一是用于仓储运输服务的基础设施；二是用于工商、海关、银行、税务、保险、银行等的公共服务设施；三是用于办公、饮食、住宿等相关的服务性设施等。

物流园区具有物流组织管理和经济发展两大功能。城市地区的物流功能区在整体划分上主要包括物流中心、配送中心、运输组织、运输枢纽设施、管理中心、物流信息中心、适应城市物流管理与运作需要的物流基础设施。作为经济功能区，物流园区的作用除了就近生产、满足居民消费之外，还包括区域生产组织所需要的企业经营和生产活动。

货场亦称"露天仓库"，是指用于堆放商品的场地。它比库房、货棚用料省、建造快、花钱少、容量大，只要地面平整有围墙，有管理人员住房，就可存放商品，但对自然条件的适应能力差，储存的商品有一定的局限性。

四、低碳物流信息平台

在低碳物流中，信息化是其中最重要的组成部分之一。物流信息化主要依托现代信息装备、信息技术、信息平台、物资各生产环节、采购流程、运输工作、仓储功能、加工处理、配送服务等以信息化方式进行采集、交换、传输与处理，有效衔接参与物资流通的各供应方、需求方、储存方与配送方。通过对系统化、全面化供应链管理平台的构建，合理规划和控制企业供产销过程，在完成对生产体系设计和运营进一步优化与完善的同时，从根本上降低供应链碳排放量。

依据低碳物流的战略目标、总体规划，以及对物流功能需求和信息需求的分析，其发展的低碳物流信息平台由 4 个子信息平台组成，具体如图 2-1 所示。

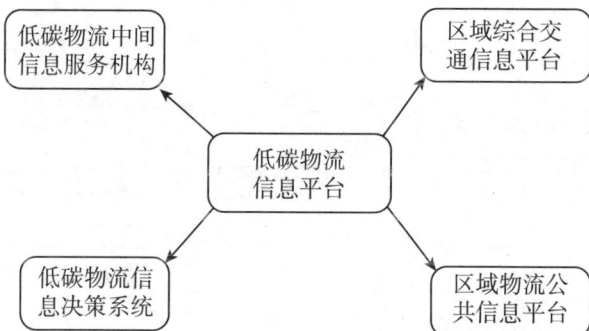

图 2-1　低碳物流信息平台

（一）区域综合交通信息平台

综合交通信息平台是整合各子系统的信息资源，实现信息共享，为部门制定交通运输组织与控制方案和科学决策提供依据，并为公众提供实时交通信息发布的平台系统。一般包括公路路网信息、港口综合信息、机场综合信息、铁路路网信息、铁路运输信息、公司综合信息、航空公司综合信息等，其体系框架如图 2-2 所示。

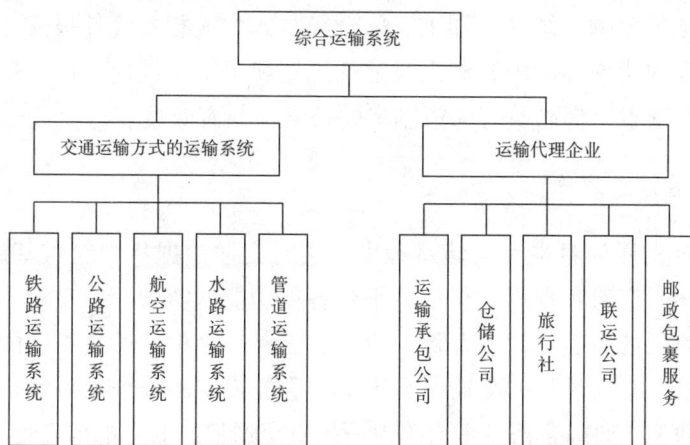

图 2-2　综合交通运输系统组成

综合交通信息系统是在综合交通运输系统的基础上发展而来的，该信息平台的主要功能可归纳如下：信息资源共享、辅助决策提供、交通信息发布。其整体结构如图2-3所示。

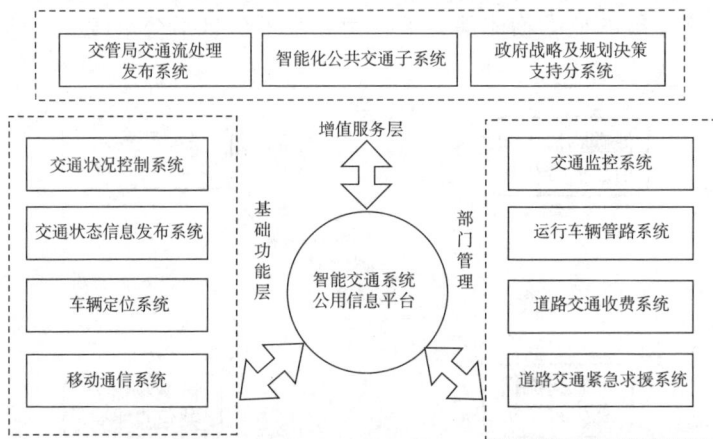

图2-3　综合交通信息系统的整体结构

1. 信息资源共享

借助信息化平台对相关交通部门所产生的各类数据信息进行系统采集，整理并分析各部门公共信息资源，以集成化、综合化手段管理不同渠道的交通信息，确保信息资源在各部门之间的全面共享。

2. 辅助决策提供

以数据的挖掘、统计、加工、融合等方式生成相关统计报表。相关部门可根据报表中所统计的内容制定长远的规划和决策，进而支持和辅助各应用系统的有效继承，提高政府决策制定的科学性与有效性。

3. 交通信息发布

在综合交通信息平台构建过程中，实时交通数据从中起着基础性作用，有效处理实时交通数据有利于信息平台各项功能的实现。信息发布是所采集或处理后数据的重新组织、存储、检索、更新、维护，通过不同的发布方式将辅助决策、交通诱导、交通仿真等交通服务模块的处理结果发给相应的发布模块，基于交通综合信息平台确保所提供交通信息服务的综合性与有效性。

（二）区域物流公共信息平台

区域物流公共信息平台以整合物流信息资源和社会物流资源、服务相关职能部门功能为主，为企业和个人提供从物流信息发布、电子商务到企业全面信息化管理的综合解决方案。其结构如图2-4所示。

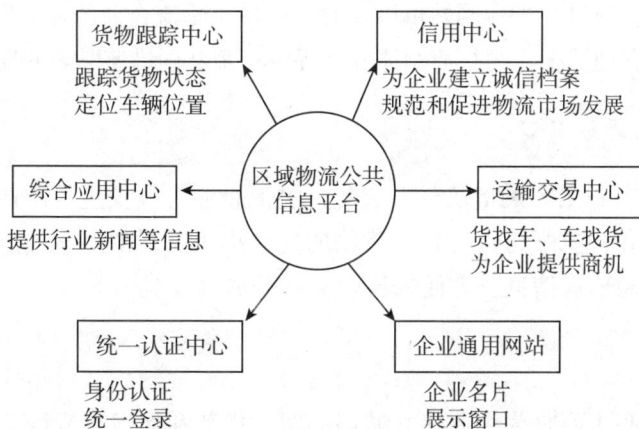

图2-4　区域物流公共信息平台

1.货物跟踪中心

该中心的主要功能就是物流运输企业的工作人员在向货主取货时、在物流中心重新集装运输时、在向顾客配送交货时，利用扫描仪自动读取货物包装或者货物发票上的物流条形码等货物信息，通过公共通信线路、专用通信线路或卫星通信线路把货物的信息传送到总部的中心计算机进行汇总整理，以便对货物的状态进行及时查询。

2.综合应用中心

该中心的主要功能是提供行业新闻、行业发展动向、行业新政策等信息。先对国家、各级政府、区域发布的各种低碳物流相关法规政策进行统一整合，然后通过网页的形式进行发布，以便在该信息平台的各个物流企业都能及时得到信息。

3.统一认证中心

该中心的主要功能是为网页的用户提供身份认证信息，方便用户及时登录，并通过构建自己的网页以及账号信息收集自身需要的关于低碳物流发展的信息，以及分析相关物流企业的综合信息等。

4. 企业通用网站

行业物流公共信息平台中有一部分是关于各个企业的动态成果展示，即企业通用网站。通过此平台网站可以及时了解各个物流企业的业务发展情况，以及企业运营管理情况，为行业物流发展提供一个共同借鉴学习的发展平台。

5. 运输交易中心

该交易中心主要是指及时发布各个物流企业，以及生产制造、销售企业的物流需求和物流配送情况，为货物的配送提供及时的动态信息，能够及时提供货运车辆配送信息，方便物流业务的开展。

6. 信用中心

信用中心主要是为企业建立诚信档案，规范和促进物流行业的发展。

（三）低碳物流信息决策系统

低碳物流信息决策系统主要包括信息管理、过程控制、客服中心、营销中心、客户关系管理五个部分，其框架如图 2-5 所示。

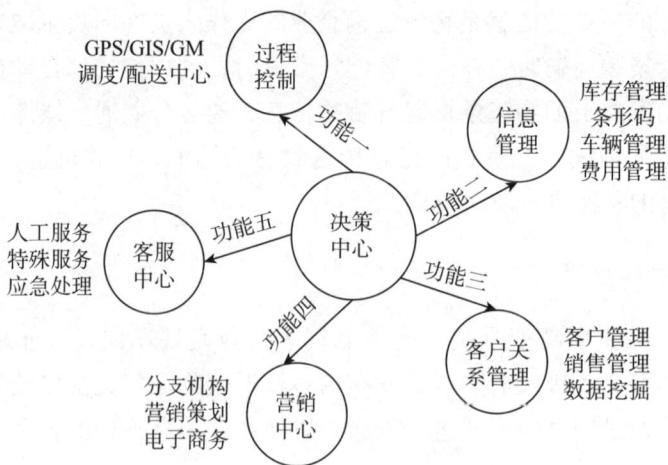

图 2-5　低碳物流信息决策系统

1. 信息管理

信息管理主要包括企业的库存管理、车辆管理、费用管理等，通过对各个过程的流程管理及时把握各个过程中碳排放与能源利用情况，以便及时对各种信息进行汇总分析，并通过数据分析动态掌握企业的低碳发展水平，为企业的低碳发展提供决策支持。

2. 过程控制

过程控制主要是指运用 GIS、GPS 等主要技术手段对货物的配送过程、货车的行驶过程进行监控和把握，及时掌握货物的流向情况，为提升服务质量、加强企业管理提供及时准确的决策信息。

3. 客服中心

客服中心主要为企业提供的服务进行人工确认和维护，并且及时解决一些客户的特殊需求，是一个企业发展必不可少的部分。

4. 营销中心

该部分内容包括分支机构的建设、营销策划以及电子商务等。

5. 客户关系管理

该部分内容主要包括客户管理、销售管理、数据挖掘等。通过数据挖掘等手段，利用订单信息、销售数据信息等对客户的需求进行深一步的挖掘分析，及时掌握客户的需求，提供物流跟踪服务，提升服务质量，并进一步提升发展水平。

（四）低碳物流中间信息服务机构

低碳物流中间信息服务机构是指为物流企业和物流企业的配送者提供服务的中间环节，主要包括汽车的加油、新能源汽车充电站、汽车维修等以汽车为主营业务的中间运营部门，以及为汽车驾驶员、物流从业人员提供休息、学习培训、实习的服务机构等。这些中间信息服务机构是整个物流活动中必不可少的部分，对企业和物流从业人员的发展起着至关重要的作用。

五、低碳物流技术

低碳物流技术主要包括低碳技术、新能源技术、节能减排技术、低碳物流信息技术，其结构如图 2-6 所示。

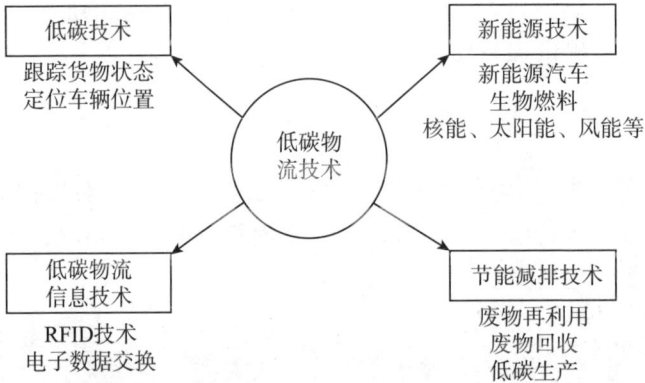

图 2-6　低碳物流技术

（一）新能源技术

作为高新技术中的支柱技术类型，新能源技术还可以细分为太阳能技术、核能技术、燃煤技术、磁流体发电技术、海洋能技术、地热能技术等。其中最能代表新能源技术的是太阳能和核能两大技术，通过开发利用这两种标志性新能源技术逐渐摆脱了传统能源结构中石油和煤炭的主体性，开辟了能源发展新纪元。

目前，道路货运业主要使用的新能源技术有新能源汽车的普及，以及生物燃料的逐步推广。

1. 新能源汽车

21 世纪初，中国新能源汽车产业进入快速发展时期，2001 年新能源汽车研究项目被列入国家"十五"期间的"863"重大科技课题，并规划了以汽油车为起点，向氢动力车目标挺进的战略。自"十一五"以来，国家针对新能源汽车先后制定了一系列战略政策，政府也将新能源汽车的开发和产业转型升级作为发展重点，目前新能源汽车在国内已呈现出全面出击之势。不同于传统燃油汽车，新能源汽车的动力来源主要是非常规的车用燃料，整辆车集中了动力控制和驱动装置，无论是在原理、技术还是结构方面都符合新能源开发利用要求。目前，市面上常见的新能源汽车主要有以下几种：增程式电动汽车、纯电动汽车、燃料电磁电动汽车、混合动力汽车、氢发动机汽车以及其他新能源汽车等。与传统动力汽车相比，其主要优点如下：可关停内燃机，由电池单独驱动，实现"零"排放；可以让电池保持在良好的工作状态，不发生过充、过放，延长其使用寿命，降低成本；由于整车多个动力源可同时工作，整车的动力性优良。

2. 生物燃料技术

生物燃料泛指由生物质组成或萃取的固体、液体或气体燃料，对由石油所制取的柴油和汽油具有一定的取代性，是一种具有较高开发价值和利用价值的可再生能源。生物燃料的提取主要源自农林和城乡生产中的有机废弃物，具有资源化和无公害化的特点，生物燃料的全部生命物质均可进入地球的生物学循环，并且其所释放出的二氧化碳会被植物所吸收，进入二次循环，做到真正意义上的"零排放"，实现资源的有效循环和物质的永续性。

（二）节能减排技术

节能减排技术是指节约物质资源和能量资源，减少废弃物和环境有害物（包括"三废"和噪声等）排放的技术。道路货运业主要运用的节能减排技术有废弃物再利用、废能回收、低碳生产等方式。

废弃物再利用是指对原本要废弃的材料进行回收，通过分解后生成新的产品，或者对使用过的产品进行简单清洁处理后二次出售，避免废弃产品胡乱丢弃引发造成环境污染。

一般回收的材料包括玻璃、纸、铝、柏油、钢铁、打印机、碳粉匣、墨水匣。这些材料的来源可以分为事业废弃物与一般废弃物。为积极推进废物资源化，国家先后出台了一系列关于如何进行废物再利用的相关政策和措施，如成立专门的废物交换点或者废物回收机构，提高废物的再利用率。

废能回收技术就是将不能储存再利用的以及浪费掉的能量，如热能、机械能、光能等转化为电能储存起来再利用。比如，太阳能回收、车辆振动能量回收、地热能回收等。该技术能够充分利用能源，减少碳排放，有利于可持续发展。

低碳生产是以减少温室气体排放为目标，构筑低能耗、低污染为基础的生产体系，包括低碳能源系统、低碳技术和低碳产业体系。在道路货运业的物流活动中，一般包括低碳仓储、低碳装卸搬运、低碳包装、低碳配送等主要低碳物流活动。

（三）低碳技术

低碳技术是一种能够有效掌握温室气体排放情况的新技术。从类型上看，其可以分为三大类：第一类是减碳技术，主要指高排放、高能耗领域的节能减排技术，油气资源、煤层气的勘探开发技术；第二类是太阳能、风能、核能、生物质能等可再生能源，均被归为无碳技术行列；第三类是去碳技术，其中以二氧化碳的捕获与埋存最为典型。

低碳技术可以在一定程度上改变当前的能源利用方式，调整能源结构，减少对化石能源的开发和应用，对实现低碳化发展具有积极的推动作用。当前阶段，随着低碳技术的不断开发与利用，道路货运行业的技术支撑体系更加坚固可靠。

（四）低碳物流信息技术

低碳物流信息技术是以低碳技术为基础并融入现代信息技术，在物流各个作业环节中的综合应用，是道路货运业发展低碳物流的关键技术手段。其以计算机网络技术的广泛应用为前提，能够使道路货运业的物流信息技术达到较高的应用水平。其中主要包括 RFID 技术、EDI 技术等。

作为一种新型通信技术，无线射频识别技术（RFID），可在无线电讯号的辅助下对特定目标进行识别，并完成对目标中相关数据的读写，对于识别系统与特定目标的机械或光学接触则不需要进行识别。一般情况下，射频识别技术在物流运输管理方面的应用主要是将电子标签安装在货物的外包装上，在中转站或运输检查站进行阅读器的设置，以可视化形式对资产进行有效管理。除此之外，货主可以参考相关权限，对在途可视化网页进行自由访问，对货物的具体位置进行跟踪和了解，这对物流企业整体服务水平的提升具有积极的推动意义。

电子数据交换（EDI）是依托计算机和公共信息网络在企业内部应用系统之间，以电子化方式进行商业文件的传递。简言之，电子数据交换就是各主体，如供应商、零售商、客户、制造商等在各自的应用系统之间利用 EDI 技术，通过公共 EDI 网络，自动交换和处理商业单证的过程。在物流运输行业，通过采用集装箱运输电子数据交换业务可以将船运、空运、陆路运输、外轮代理公司、港口码头、仓库、保险公司等企业之间各自的应用系统联系在一起，从而解决传统单证传输过程中的处理时间长、效率低下等问题，有效提高货物运输能力，实现物流控制电子化和国际集装箱多式联运。

其主要优点如下：节约时间同时降低成本、提高管理和服务质量、拓展新的业务需求等。

第二节　低碳物流发展框架

一、低碳物流发展的总体框架

低碳物流作为现代物流发展的新方式，本质上具有现代的物流特征。从现代物流系统看，物流系统由企业、物流设施和设备、物流信息、政策、标准等要素组成。道路货运业发展低碳物流具备行业特性，属于宏观层面的物流系统。因此，结合现代物流的理论和低碳物流的内涵特征，提出如下低碳物流要素组成。

第一，低碳物流基础设施平台。主要包括具有低碳特征的综合运输网络和物流园区或中心、综合运输枢纽等物流结点。

第二，低碳物流技术设施和装备。主要包括具有低碳特征的仓储、运输、装卸、搬运、包装、配送、流通加工、信息技术等设施和装备。

第三，低碳物流信息平台。主要指与低碳物流相适应的区域或行业在综合运输背景下建立的物流信息平台。

第四，低碳物流的企业群体。主要是指具备低碳物流发展理念，并积极开展低碳物流实践的企业群体，包括传统类物流企业、第三方物流企业等。

第五，低碳物流技术平台。主要包括新能源和可再生能源技术、节能减排技术、环境管理技术等。

第六，低碳物流政策法规平台。主要包括低碳物流相关的政策法规体系、低碳物流标准、市场支持和激励措施等。

第七，低碳物流市场中间组织。主要指低碳物流相关的行业协会、学术交流或机构等。

根据低碳物流内涵，提出了道路货运业低碳物流发展体系框架，具体如图 2-7 所示。

道路货运业低碳物流系统规划框架

- 低碳物流基础设施平台
  - 机场、物流园区、港口、货场
  - 综合运输网络综合化枢纽、货运中心
- 低碳物流信息平台
  - 低碳物流物流信息间决策软件
  - 低碳物流或行业信息系统
  - 区域或行业综合信息平台
  - 区域公共交通信息平台
- 低碳物流政策法规平台
  - 低碳物流推广和示范
  - 低碳物流宣传教育
  - 低碳物流技术激励政策和措施
  - 低碳物流市场支持政策体系、准则规划
- 低碳物流企业群体
  - 低碳物流市场机制
  - 低碳物流人力资源
  - 低碳物流需求企业群体
  - 低碳物流供应企业群体
- 低碳物流技术与设备
  - 低碳物流技术：碳存储、减碳
  - 低碳物流信息技术：RFID、EDI、3G
  - 回收、节能减排、低碳生产、能效提升
  - 新能源技术：新能源车辆、生物燃料、废弃物再利用、废能
- 低碳物流市场中间组织
  - 构
  - 低碳物流标准认定和第三方评价机构
  - 低碳物流技术研发和产品开发组织
  - 低碳物流教育培育机构
  - 低碳物流行业协会

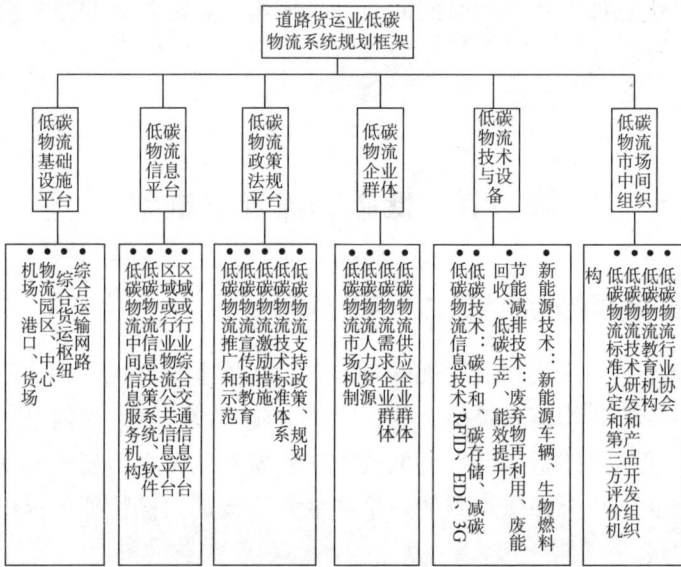

图 2-7 道路货运业低碳物流规划框架

二、低碳物流发展的关键内容

低碳物流规划的关键内容主要包括两大部分，即创建低碳物流发展环境、加快道路货运业的转型和发展。

（一）创建低碳物流发展环境

低碳物流的发展需要一个良好的市场、体制、政策环境，不仅需要广大道路货运企业具有充分的低碳物流发展动机和实践，还需要创建良好的市场氛围、行业管理部门的积极引导及持续有效的培育和支持。从多角度、多领域考察营造道路货运业低碳物流发展环境，既要立足自身物流和节能减排实际，又要考虑低碳物流发展的新要求，主要涉及政策和管理两个层面。具体内容如下。

1. 建立道路货运业低碳物流统计和发展评价体系

围绕低碳物流内涵和评价特征及行业相关已有统计制度，建立和完善道路货运业行业发展统计体系，着重建立低碳物流统计指标体系，加强对行业能源消耗和碳足迹相关信息的统计，并以此提出反映道路货运业低碳物流发展水平的评价指标体系和重点建立动态综合指数（如低碳指数）。

2. 提出道路货运企业低碳物流行为指南

结合国内外低碳物流发展的先进实践和经验，针对道路货运业低碳物流实践现状，提出道路货运企业低碳物流行为指南，以此指导广大道路货运企业开展规范、有效的低碳物流实践。

3. 构建道路货运业低碳物流激励体系

从道路货运业发展低碳物流动机研究出发，构建适合不同企业需求的低碳物流发展激励体系，鼓励和支持广大道路货运企业开展低碳物流实践，增强低碳物流发展的市场活力，培育良好的市场氛围。

4. 建设道路货运业低碳物流发展协调和组织体系

以道路货运行业管理部门为主体，联合其他运输管理部门及相关职能机构成立低碳物流发展推进领导机构，协调发展中的冲突和问题，理顺低碳物流相关管理问题，明确低碳物流发展的目标、任务和分工，为建立综合运输条件下低碳物流体系提供组织保障。

5. 建立道路货运业低碳物流普及和宣教体系

利用行业管理优势，借助公共宣传平台，创新宣传模式，建立道路货运业低碳物流普及和宣教体系，注重社会综合效应和效果的结合、持续性和影响力的结合。

6. 建设道路货运业能源和碳排放监控体系

结合道路货运业低碳物流需求，强化对道路货运业能源消耗和碳排放的监控、预测分析，建立行业—企业两个层面的能源消耗和碳排放监控体系，重点开发和应用能源消耗、碳排放管理决策支持平台，实现行业范围的动态管理和企业层面的运作监控。

（二）加快推进传统道路货运企业转型和发展

当前，大多数道路货运企业总体呈现规模小、经营理念相对落后、粗放式生产方式为主、资源结构不合理、单体实力较弱等特征。道路货运业要发展低碳物流必须重视传统货运企业的生产方式转型，使企业转型和低碳物流发展同步进行。生产方式转变是低碳物流发展的内在要求，而低碳物流是实现生产方式转变的载体。加快推进广大传统道路货运企业的生产方式的转变是满足低碳物流发展的市场需求。其具体内容主要包括以下几个方面。

1. 建立道路货运业低碳物流品牌与等级评价体系

规范道路货运业低碳物流市场，建立道路货运企业低碳物流发展能力和水平的评价指标体系，考核和评价道路货运企业的低碳水平，引入品牌管理理念，宣传和推广道路货运业低碳物流品牌。

2. 进行道路货运企业资源整合和优化配置

鼓励和支持道路货运企业行业内外基于市场机制的资源整合，着重培育若干行业内大型龙头企业，以此推进行业内物流资源要素的优化配置，同时积极制定吸引行业外资源要素与广大货运企业合作、合资和兼并，为行业发展注入新鲜血液。

3. 构建道路货运企业转型融资平台

依托市场规则建立道路货运业转型的融资平台体系，结合社会经济发展的实际需要和各类道路货运企业发展的不同需求，创造性地建立多层次和差异化的融资渠道、融资政策体系，尤其要解决好大量中小道路货运企业发展中融资难的问题。

4. 提出道路货运企业战略转型实践指南

结合国内道路货运企业生产方式转型的成功经验和教训，在大量市场调研的基础上，建立道路货运企业战略转型实践指南，有针对性地提出道路货运业的未来发展方向、模式、路径等，指导广大道路货运企业积极转变生产方式。

5. 构建适合低碳物流发展的道路货运市场的准入和退出机制

为规范道路货运市场及奠定道路货运业发展低碳物流的市场基础，在符合国家相关政策法规的前提下构建符合地方行业特色的道路货运市场的准入和退出机制，在市场机制背景下强化准入条件管理。

第三节　货运业低碳发展的方向与途径

一、发展原则

（一）坚持宏观指导和微观运作相结合

道路货运业发展低碳物流涉及方方面面，其中最重要的是需要明确好行业管理部门和企业之间的定位和关系。一方面，行业管理部门应率先制定科学的发展规划，明确道路货运业发展低碳物流的发展方向和重点，制定相关的培育和扶植措施，引导广大的道路货运企业积极开展低碳物流的探索和实践；另一方面，道路货运企业应遵循低碳物流的市场运作规律，结合企业自身的实际和市场资源，转变经营理念，将"低碳"和追求经济效益在市场微观运作中紧密结合。

（二）坚持低碳和效率与效益的提升相结合

低碳物流不仅强调资源和能源的消耗及碳排放，还需要关注物流运作效率的提升。发展低碳物流的过程中要协调好效率和效益与节能减排之间的关系，找到一个最佳的平衡点。

（三）坚持结构调整和方式转变相结合

发展低碳物流，需要着眼于国家、区域和城市综合运输体系的建设和完善，依托城市大型综合运输枢纽，衔接各种运输方式之间的功能。在综合交通运输网络结构调整和功能逐步完善的前提下，道路运输行业必须逐步调整自身的运力结构、企业群体结构，积极优化行业物流资源和能力配置，推动行业从粗放型、高能耗向集约型和低能耗方式转变，从而实现自身的模式创新、综合成本降低和碳排放量减少。

（四）坚持内部创新和外部激励相结合

低碳物流与一般物流相比较而言，对道路货运企业在资源投入和管理能力方面的要求更高。比如，依据来自企业内部的低碳物流发展动力，从行业内部积极开展低碳物流的实践，创新物流服务方式，同时构建低碳物流发展的外部环境，包括绿色消费氛围、激励政策、税收支持等方面，内外结合，创造良好的市场发展环境，提供充沛的市场动力。

（五）坚持因地制宜和吸收引进相结合

道路货运业发展低碳物流需要积极借鉴国内外低碳物流发展的实践经验，尤其是低碳物流发展模式、长效市场机制、政策法规体系、管理理论等。在吸收和借鉴的同时，结合自身的实际情况、社会经济发展需求、物流市场环境、货运企业的实际资源和能力约束条件等，将先进的物流模式和运作理念与道路货运业的发展实际相结合。

（六）坚持局部创新和系统集成创新相结合

发展低碳物流需要服务创新、管理制度创新和物流技术创新，实现道路货运业的生产方式转变和技术升级，从而满足低碳物流既要提升产业的效率和效益，又要降低能源消耗和碳排放的多重需求。同时，积极鼓励和推动广大道路货运企业开展多层次、多领域和多角度的创新实践，使低碳物流成为道路货运业节能减排的主体和生产方式转变的载体。

（七）坚持现实可行性和前瞻性相结合

道路货运业发展低碳物流是一个长期的过程，更是一个资源动态调整、产业逐步升级的过程。在道路货运业发展低碳物流的过程中需要密切联系自身发展实际、社会经济环境需求、交通、政策等条件，确保推进的低碳物流实践形式、政策措施、物流资源投入等切合实际，具有发展的可行性，并坚持低碳物流发展规划与战略性部署先行，道路货运业未来发展方向不动摇。

（八）坚持示范应用和全面推广相结合

道路货运业发展低碳物流需要不断创新，同时需要将成功的应用实践进行全行业的推广应用。从目前道路货运业的实际水平看，尚不具备条件要求所有企业开展全领域、多层次的低碳物流实践，只能以"渐进式"的发展思路来推动全行业低碳物流。这需要在认清行业节能减排实践和低碳物流发展条件的基础上，从抓住若干突破点出发，率先形成规范化、标准化低碳物流模式、技术、典型的低碳物流示范企业或基地，然后逐步将成熟的低碳物流技术手段、管理实践向全行业推广。

二、发展目标

道路货运业坚持科学发展观，围绕国家应对气候方案和节能减排战略，依据国家交通运输业的中长期发展战略、社会经济发展需求和道路货运业的发展实际，积极利用内外优势条件发展低碳物流，其总体战略可以分为三个阶段。

2015—2020 年（导入期）：至 2020 年年末基本形成低碳物流体系，实现道路货运业生产方式的初步转型，行业单位运输周转量能耗比 2015 年下降 15%，每千米的碳排放量下降 15%。

2021—2025 年（成长期）：至 2025 年年末建成结构合理、功能协调的较为完善的低碳物流发展体系，完成道路货运业生产方式的战略转型，行业单位运输周转量能耗比 2021 年下降 30%，每千米的碳排放量下降 35%，总体低碳物流发展指标达到发达国家 2021 年平均水平。

2026—2035 年（成熟期）：至 2035 年年末总体低碳物流发展指标达到国内的领先水平和同期发达国家的平均水平，实现道路货运业以"节能、高效、安全和环保"为标志的可持续发展，保障低碳经济发展战略的实现和竞争力的提升。

三、发展战略方向与路径

（一）战略发展方向一：低碳物流基础设施构建和完善

道路货运业低碳物流发展不仅与行业内企业、资源有关，还与道路运输条件、社会经济水平、物流市场运作等密切相关，其中尤为关键的是受到社会物流基础设施总体水平的影响和制约。因此，要保证道路货运业发展低碳物流所须的物流基础设施条件，其具体内容主要包括以下几个方面。

1. 提高大型物流设施的覆盖和建设，完善城乡配送体系

立足货运物流长远发展趋势和现状条件，加强建设综合货运枢纽，明确枢纽之间的功能协调和发展定位，合理规划货运枢纽的内部空间布局，建立完善的运输体系，并依据产业、交通的空间布局特点，规划和建设城乡一体化的物流配送系统，增强配送信息的实时监控和动态调度的能力，提高配送的绩效水平，从宏观层面为道路货运业降低碳排放和开展低碳物流提供物质保障。

2. 优化综合运输体系布局，增加各运输方式之间的综合协调

合理规划布局，综合运输资源，建设结构布局合理、功能协调、服务一体化的综合货运体系，从宏观层面为道路货运业降低碳排放和开展低碳物流提供物质保障。逐步形成交通一体化的发展模式，合理规划运输路线，提高交通运输组织效率。

3. 优化道路货运业的物流资源配置结构

持续调整和优化道路货运业资源配置结构，重点根据低碳物流发展的要求优化行业运力结构、企业群体结构，同时进一步整合社会闲散物流资源，如个体运输资源、零散的仓储资源和场站资源。

4. 提升道路货运业物流基础设施的运行效率

建设满足综合运输条件下的区域货运信息平台，实现多方式和多部门之间的动态协作，解决跨部门之间的信息共享、货物跟踪、行业管理、增值服务等，为提高物流运行效率提供信息化基础。

低碳物流技术设施构建和完善战略路径如图 2-8 所示。

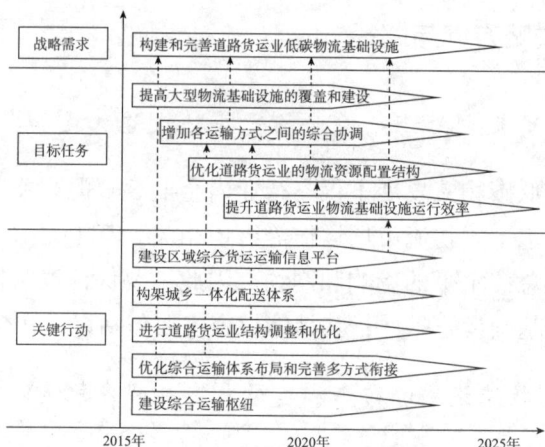

图 2-8　低碳物流技术设施构建和完善战略路径

（二）战略发展方向二：实现物流设施和设备低碳化

在道路货运业发展低碳物流过程中，物流设施和设备的技术水平、年限、设计结构、材料类型、使用性能等均直接或间接影响能源的消耗和碳排放，需要对物流设施和设备进行科学的管理，以降低物流设施和设备的单位能耗，提高物流设施和设备性能的动态监控能力，完善物流设施和设备的进出规则，使它们能够以最优的综合性能来满足低碳物流发展需求，降低物流设施和设备的碳排放水平。其主要内容包括以下几个方面。

1. 建立行业物流设备和设施低碳化标准和导入制度

依托国家物流设施和设备的相关标准和政策法规，在行业充分调研和吸收国内外相关标准的基础上，制定道路货运业物流设施和设备低碳化标准，以此指导行业内广大货运企业对物流设施和设备建设、采购、报废等操作，为建立适合道路货运业发展实际的物流设施和设备提供依据。

2. 建立可再生能源应用于物流设施和设备的引进、评价和推广体系

结合国家可再生能源推广应用的有利契机和节能减排支持措施，建立道路货运业可再生能源的引进、评价和推广体系，重点加强车辆、装卸和搬运设备的新能源替代，解决好新能源设施和设备引进中资金来源、示范企业选择和应用效果的评价。

3. 建立物流设施和设备性能、能耗的动态监测体系

加强对在用物流设施和设备的性能和能耗的综合检测，从低碳物流发展的角度建立物流设施和设备的评价体系和相关信息的备案制度，构建道路货运业物流设施、设备的动态管理体系和信息化管理平台。

4. 进行物流设施和设备的低碳化改造

开展对道路货运业涉及能耗高、性能差的大量仓储设施、运载工具等的低碳化改造，吸收和利用国内外的先进实践和技术手段，提出多层次、差异化的低碳化改造方案和改造模式，以提升在用物流设施、设备的综合性能和降低单位能耗水平。

物流设施和设备低碳化战略路径如图 2-9 所示。

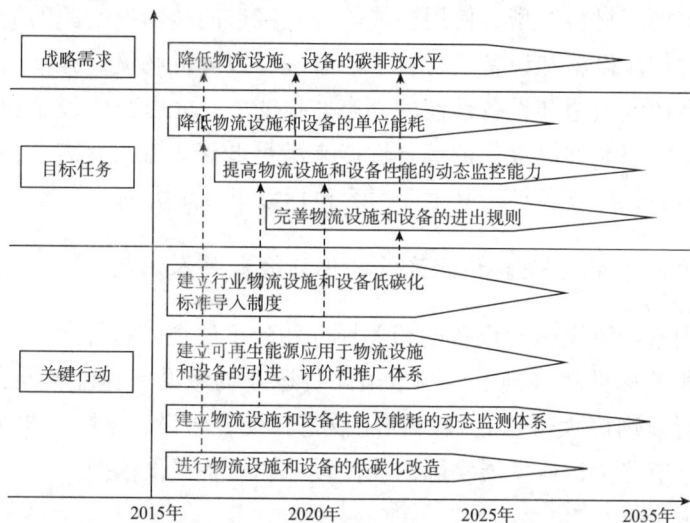

图 2-9　实现物流设施和设备低碳化战略路径

（三）战略发展方向三：信息技术的应用和推广

信息系统是现代物流的神经网络，是运行组织效率和服务绩效提升的基础。信息化水平的高低直接关系道路货运业发展现代物流的服务效率，更关系能源的利用效率和碳排放水平。大力提高道路货运业的信息化水平有助于低碳物流发展战略的实现，其内容主要包括以下几个方面。

1. 进行道路货运企业信息技术集成应用示范

选择少数具备资金、物流运作经验和实施条件的道路货运企业开展物流信息技术的集成应用，建立物流技术集成应用的示范平台，重视物联网技术、电子商务平台、EDI、EOS、ERP 等技术的集成应用示范，计算强化物流信息技术应用效果评价，构建示范应用的资金和政策保障体系。

2. 推广道路货运业信息化标准

依据国家信息化标准，重视道路货运业信息化过程中的数据格式、传输、挖掘等系列标准化建设，提出适合道路货运业发展要求的信息化标准体系，加强对广大道路货运企业信息标准化的考核和管理。

3.建设道路货运企业信息技术推广激励体系

着眼道路货运企业信息技术大规模推广和普及中的技术、资金和管理体制问题，建设为信息技术推广和普及相适应的激励体系，引导和鼓励广大道路货运企业积极开展信息技术的应用，提升整体的 IT 应用能力。

4.建立道路货运业信息技术产品市场准入和管理体系

围绕道路货运业信息技术的普及，结合行业发展实际，在充分调研的基础上建立道路货运业信息技术产品市场准入条件，选择技术成熟的产品，提出推广产品选择名录，并进行较为严格的信息技术产品备案管理体系，以利于道路货运行业的信息标准化建设和大规模普及。

5.建设道路货运业物流公共信息平台及行业管理系统

立足行业自身特点和信息化基础，建设结构合理、功能明确的公共物流信息平台，以其为中心建设连接企业、行业管理的一体化、多层次的道路货运业物流信息网络平台，同时立足行业信息化实际和低碳物流发展需求，加强行业专用信息管理系统的开发和应用，以提升行业综合管理效能。

信息技术的应用和推广战略路径如图 2-10 所示。

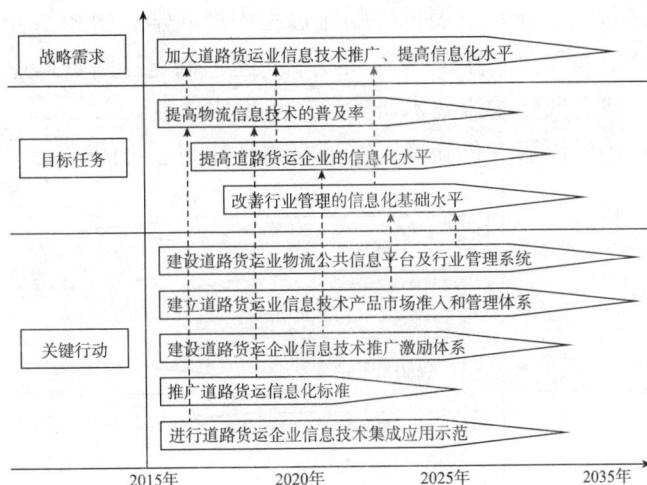

图 2-10　信息技术的应用和推广战略路径

（四）战略发展方向四：鼓励和推动物流服务创新及示范

"创新"是道路货运业低碳物流发展的灵魂，在广大货运企业创新能力不足的情况下，有必要鼓励和推动道路货运企业在发展低碳物流过程中积极创新实践、探索适合社会经济发展，以及自身特点的低碳物流发展模式。其具体内容主要包括以下几个方面。

1. 建设低碳物流示范机制

重视道路货运业低碳物流实践的归纳与总结，构建低碳物流项目和企业的示范机制，推进先进低碳物流实践经验的共享和普及，建立低碳物流示范的效果评价及相应的保障体系。

2. 构建低碳物流服务标准体系

根据低碳物流的概念和内涵及实践经验，立足道路货运业发展实际，提出低碳物流服务标准，从定量和定性的角度明确低碳物流服务绩效指标体系与服务等级划分，建立服务评价方法，规范低碳物流的概念和服务内容。

3. 建立低碳物流集成创新平台及推广体系

鼓励道路货运企业在发展低碳物流过程中产、学、研相结合，共同研究和实践低碳物流发展过程中的理论和技术问题，创建道路货运业低碳物流集成创新平台，建立低碳物流技术研发和产品推广体系。

鼓励和推动物流服务创新及示范战略路径如图 2-11 所示。

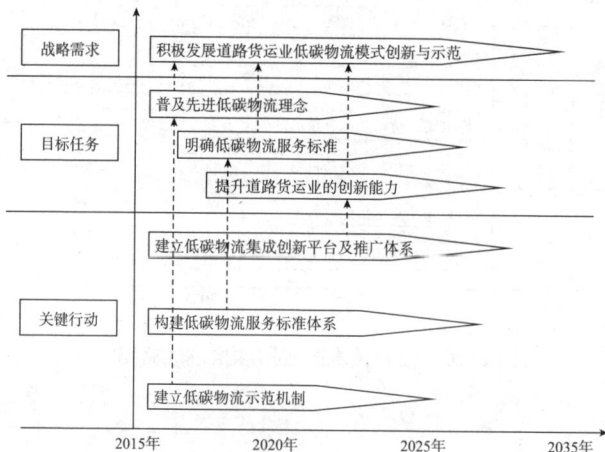

图 2-11　鼓励和推动物流服务创新及示范战略路径

第三章　低碳物流的运作管理与案例分析

第一节　物流企业低碳化运作

一、低碳物流系统的类型

（一）微观层次

从微观层面看，过程及组织这两项能够保障低碳物流系统的落实，如图3-1所示。在该系统的整体结构中，由物流组织负责管理整体运行环境，保证一切环境行为严格依照系统中的特定规范执行，系统的运行环境逐渐与低碳化运行过程相适应，形成良性循环。环保、绿色这一原则贯穿整体物流过程中，大大减少了其中的能源消耗和环境排放；与此同时，该系统采用了生命周期评价全面监测物流系统的整体过程，以便从整体层面上进一步优化该系统。

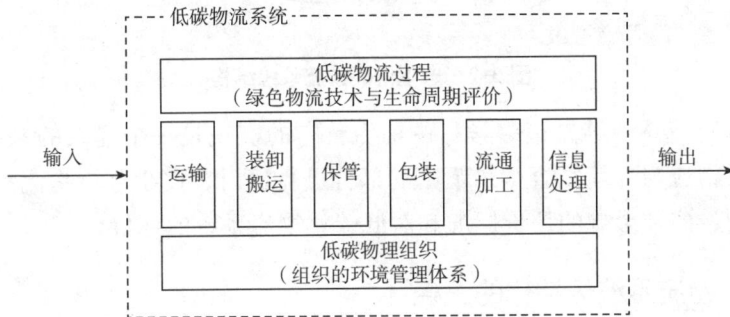

图3-1　微观低碳物流系统结构

（二）宏观层次

从宏观层面看，低碳物流系统坚持重用（reuse）、减量化（reduce）、再循环（recycling）这三项原则，即"3R"原则，使基于有效物质循环的物流活动真正做到了和社会、环境、经济共同发展，实现了最少的废物量产出，将废物进行无害化处理，转化成二次可用资源。通常情况下，常规物流系统会将物品回收的工作安排在垃圾收集环节，而低碳物流系统将回收并重用物品的工作安排在每两类物流环节之间。众多个小循环系统共同组成了物流循环系统的整体，因此在物流系统每完成一个大循环之前，都经历了无数次小循环，大幅度提升了物质在物流系统中的利用效率。

图 3-2 为宏观视角下的低碳物流系统的运转结构，从中可以看出物流的服务对象是一个由生产、供应、销售、回收、废弃五类物流组成的闭环，处在整个系统的中央位置，支持这个闭环循环运转的外部条件有三项，分别是物流环境影响评价标准、低碳物流技术以及物流企业审核制度。

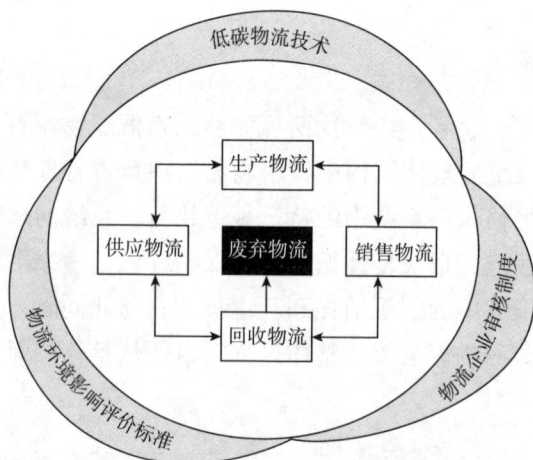

图 3-2　宏观低碳物流系统结构

低碳物流系统涉及诸多学科的前沿，它的实现是一个复杂的系统工程。下面将对物流与环境结合得最紧密的部分进行探讨，逐步分析物流系统对环境的影响、该种影响的评价标准和对低碳化物流系统的评价。

二、物流系统低碳化的途径

分析低碳经济和物流之间的关联，可以了解物流对低碳经济的特殊作用。低碳经济的发展离不开现代低碳物流的有效支持。低碳物流提倡绿色、环保、节能、减排，积极响应可持续发展战略，在发展低碳经济、提升人类生活水平等方面具有深远的意义。因此，政府部门应在政策上引导全国企业积极搭建绿色的低碳物流体系。

（一）企业构建低碳物流体系

1. 低碳运输

（1）合理布局低碳运输线路并做好系统规划

企业基于排队论理论，建立最优化模型，应尽量缩短运输线路，精简其涉及的环节，做出最合理的线路规划方案，使用卫星定位系统安装实时追踪运输工具。有些物资在从干线运输到末端配送的中间环节中，往往需要设置仓库为存储节点，由此产生了很多物品装卸、出入库的工作，而利用 GPS 能够提前在配送计划中将干线运输的物资考虑在内，精减干线运输到末端配送的中间环节，节省装卸成本，使企业获得更大的收益，增加社会福利，实现双赢。由此可见，现代智能的低碳物流对低碳经济的实现至关重要。

（2）采用共同配送的模式节能减排

共同配送指的是多个企业为提高配送效率达成联合约定，共用一家第三方物流公司为同一地区的用户配送物资，不仅能够降低配送物资的成本，还能够有效减少使用车辆总数，减少废物、污染物排放的同时避免装卸货影响交通，节省处理物流的时间、空间、人力等各项资源，改善商业物流环境，提高社会生活质量。

（3）运输方式采用复合一贯制

这种方式是一种多方式运输的方式，它集结了多种运输方式的优点，能够从整体上优化运输方案，提高运输的效率，解决气候、地理等环境因素不同造成的商品产销分离问题，能够将生产与销售结合得更加紧密，进而大幅度提高企业生产、运输、经营的效率。

（4）扩大供应链规模、大力支持第三方物流企业的发展

第三方物流企业指的是为供需双方在产销中间环节提供物流运输服务的企业。第三方物流业务的发展有利于企业资源的整合优化，能够有效提高企业的核心竞争力。实践证明，合理的物流运输不仅能够缓解城市的交通运输压力，还能够在减少配送环节中的时间、空间、资金成本的同时降低对城市的污染。

2. 低碳仓储

企业通常根据节约物流运输成本的原则选择最适合的场地建立仓库，并在建设时考虑如何做到充分利用仓储面积。

3. 低碳流通加工

应将分拣、组装、分割、刷标志等低碳物流的加工模式从消费者分散加工的模式转变为专业集中式的加工模式，降低对环境的污染。在加工过程中，集中处理废料、边角料等，降低废弃物对环境的污染。

4. 绿色包装

在包装的过程中坚持绿色、环保的原则，依据生态环境的保护要求选择原材料，从产品的制造到使用，再到回收处理的整个流程中都应做到环保、绿色，严禁浪费资源，避免污染环境。

5. 废弃物回收

建立健全废物回收再循环系统，对回收的商品分类处理，实现商品的再加工、再利用，避免因处理不当造成二次污染。

（二）政府低碳物流管理措施

1. 财政补贴

企业需要有一定的资金投入才能完成向低碳物流形式的转变，因此不会主动完成这种转变。对于企业来讲，利益最大化才是发展的核心目标，因此要想使企业大规模应用低碳物流形式，政府应给予一定的政策引导和支持，帮助企业引进低碳技术，引领物流企业转变为低碳物流企业。

2. 税收减免

政府可以在税收政策上向发展低碳经济的企业适当倾斜，适当减免税收，加大扶持力度，以调动企业积极发展低碳经济、推行低碳物流。

3. 金融优惠

出台有关商业银行为低碳物流项目提供贷款支持的政策，政府可以为低碳物流项目提供贷款担保。

4. 制定法律制度体系

随着人类活动日趋频繁，大气污染日益加剧，政府应重视并制定相关法律规章，加大节能减排的宣传控制力度，限制生产活动中的废气排放量，限制高排放车辆的使用，鼓励市民乘坐公共交通工具，必要时可以根据交通工具的实际排污量收取费用。

5.限制交通流，减少交通拥堵

政府应充分发挥领导指挥的作用，推动第三方物流产业的发展，推进企业向低碳物流的方向发展，限制自用车的使用；企业应将自用车物流推向低碳物流企业的营业货车物流，使用低碳、绿色的运输方式，采用共同配送的形式，降低企业物流成本，提高运输、配送效率；交通部门应采用现代化智能、科技手段管理交通运输，减少交通拥堵的现象。

第二节 基于低碳经济的逆向物流网络

一、逆向物流系统

对于整个逆向物流系统，可以用相关连节点（回收市场、回收中心、再加工制造商、分销中心等）和运输路线构成的物流网络表示，具体如图3-3所示。

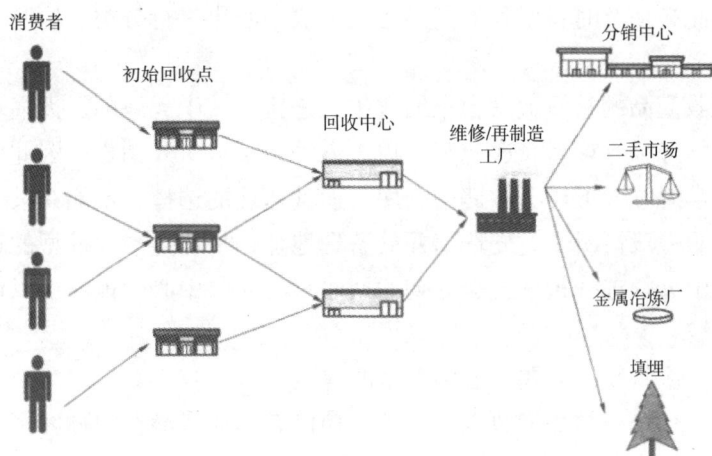

图 3-3 逆向物流网络流程

逆向物流又称反向物流，是一个整体性的概念，它的网络结构决定了它的成本。优化逆向物流的网络结构设计，并对其做出合理的布局，就能够确定其中各个节点的位置信息和容量信息。设计逆向物流中再制造网络时，需要尝试多种不同的方法，尽可能地降低回收网络的成本。通常情况下，企业应全面考虑存储、库存、运输等各项成本进而完成逆向物流网络的构建。

在低碳经济下，逆向物流网络规划仅考虑成本因素是远远不够的。逆向物流为社会节约资源，其变相地降低了碳排放量，但作为物流中的一类，其本身运作也存在碳排放的问题。如何在考虑成本因素的基础上，基于低碳经济理念，在模型中加入考虑碳排放的因素，从而得到既低碳又成本相对较低的逆向网络规划是本模型解决的问题所在。

在本模型中，通过归纳合并后，逆向物流网络的成本有三种：①初始回收点产生的费用，即库存费、租金；②回收中心产生的费用，即建设费用、处理费用；③总运输费。

再制造逆向物流系统由初始回收点（如家电初始回收点大多设在国美、苏宁、大中电器等家电零售商处）和回收中心构建而成。集中回收不仅能够大幅提升资源的利用效率，还有助于产生规模经济效应。初始回收点能够有效控制逆向物流的起点，减小其不确定性，在不考虑顾客送产品到回收中心产生的时间和费用的情况下节约了大量成本，甚至回收产品已达到比较经济实惠的运输量。

一般情况下，企业会借用其他单位的场地建立初始回收点，因此其中并没有产生建设费用，只需要考虑场地的租用成本和库存成本。由于仓储空间有限，因此必须及时将回收的商品运至回收中心再进行分类、检测、包装等流程。

对回收商品的检测通常会在回收中心进行，其中无缺陷、无损坏的部分将被重新贴好标签或者二次包装，再进入分销渠道对外销售，因此回收中心并不同于常规意义上用于存储的仓库，而其地址的选择也不能在某一区域内随意完成。一般情况下，先选出几处备选地址，再通过数学模型的运算从这几处地址中分别选择最适合建立初始回收点与回收中心的地点，以便规划最优运输路线。

由此，应将以下问题考虑到模型的建立中。

（1）如何确定初始回收点的位置，使已有的或者潜在的顾客到它们的距离最近。

（2）如何确定回收中心的位置，使回收商品从初始回收点运至回收中心的总运输成本最低。

（3）初始回收点的回收商品应该以怎样的频率运往回收中心才能使运输

费用最低。

（4）一共需要多少个回收中心才能使这个逆向物流网络的总成本最低。

总之，建立该模型可以解决的问题如下：初始回收点和回收中心的选址、回收容量、回收周期以及规划出最科学、合理的运输路线，以便企业能够消耗最小的成本完成退货处理。此外，还能方便顾客，取得规模效益。

二、逆向物流网络模型的建立

（一）模型假设

为了便于分析和说明问题，在提出模型之前，先对再制造逆向物流网络进行以下假设。

（1）模型以一年为周期，仅考虑单产品运营期可计量的经济成本，不考虑时间成本等。

（2）顾客只能通过初始回收点进行回收商品的出让，不能直接把商品退回至回收中心。

（3）假设初始回收点有足够的空间用以存放顾客的回收商品。

（4）初始回收点的退货必须全部送回回收中心。

（5）顾客将商品返回至其最近的初始回收点之间的运费不计。

（二）目标函数

基于以上假设，构建了以下数学模型：

$$\min T_C = hw\sum_i r_i + \sum_k q_k G_k + \sum_k \frac{w}{T}\left[G_k \sum_j E\alpha X_{jk} d_{jk}\right] \qquad (3-1)$$

$$\min T_{CO_2} = aw\sum_i r_i + \sum_k b_k G_k + \sum_k \frac{w}{T}G_k \sum_j X_{jk} \times \beta - w\sum_i r_i \times \mu \qquad (3-2)$$

式中：i——客户需求点；

j——初始回收点；

k——回收中心；

T——初始回收点的回收期；

w——一年的工作日；

r_i——顾客 i 每天的退货数量；

h——一件回收商品的处理成本；

q_k——建立回收中心的固定成本；

d_{jk}——从初始回收点到回收中心的距离；

α——运输量达到某一临界值时，对运费实行的折扣系数，$\alpha = \begin{cases} 1, X_{jk} \quad p \\ \alpha_1, X_{jk} > p \end{cases}$；

E——单位吨公里运费；

x_{jk}——从初始回收点 A 到回收中心的数量；

a——回收一件商品的碳排放量；

b_k——建立回收中心的碳排放量；

β——一辆车运输途中产生的碳排放量；

μ——一件回收商品经过再制造比重新制造节省的碳排放量；

$G_k = \begin{cases} 1, & 回收中心没有建在点k \\ 0, & 回收中心不能建在点k \end{cases}$。

（三）约束条件

上述模型的约束主要包括以下几个方面：①物流量守恒；②设施数量的限制；③各个变量的取值范围。

式中：g——回收中心的最少数量；

M——回收中心的最大规模。

根据以上三点确定的约束条件表示如下：

$$\sum_j Y_{ij} = 1, \forall i \in I \tag{3-3}$$

$$T \sum_i r_i Y_{ij} = \sum_k X_{jk}, \forall j \in J \tag{3-4}$$

$$d_{ij} Y_{ij} \quad l, \forall i \in I, \forall j \in J \tag{3-5}$$

$$\sum_k G_k \quad g \tag{3-6}$$

$$R_k G_k \quad M \tag{3-7}$$

$$X_{jk} \quad 0, \forall j \in J, \forall k \in K \tag{3-8}$$

$$T_j \in \{0,1,2,3,4,5,6,7\}, \forall j \in J \tag{3-9}$$

$$Y_{ij}, G_k \in \{0,1\}, \forall i \in I, \forall j \in J, \forall k \in K \tag{3-10}$$

式（3-1）是成本目标函数，该函数以网络的费用最少为优化目标，其右端各项所对应的分别为回收商品的处理费用、建回收中心的固定费用、网络运输费用；式（3-2）是低碳目标函数，该函数以网络碳排放量最少为优化目标，其右端各项所对应的分别为回收商品产生的碳排放、建回收中心的碳排放、网络运输碳排放、再制造节约的碳排量；式（3-3）确保每一个顾客都有一个指定的回收点接受其退货；式（3-4）确保任一回收点所接收的退货量与其运出的退货量相等；式（3-5）确保每一个初始回收点都应该在顾客一定距离之内；式（3-6）确保回收中心的数目不少于最小限定值；式（3-7）确保回收中心的处理能力不超过最大限制；式（3-8）确保决策变量 X_{jk} 为非负数；式（3-9）限定了决策变量 T 的取值范围；式（3-10）确保决策变量 Y_{ij}，G_k 的取值分别为 0 或 1。

第三节 区域低碳物流

一、长江航运的低碳物流创新工程

（一）概述

中国是能耗大国，节能减排责任重大。2009 年，中国在哥本哈根世界气候大会上承诺，在 2020 年前将大幅度降低碳排放。然而，我国物流业在国内的石油消耗量位居第二，仅次于制造业，产生的二氧化碳占全国的 18.9%，并呈现逐年递增的趋势。而国内的船舶行业，尤其是内河航运中长江流域流通的船舶，无论是能耗还是排放方面，长期以来一直在国内物流行业中占据非常大的比例。因此，应利用先进的科技创新提升船舶的能源利用率，降低排放量，增强各流域物流系统节能减排的成效，推进物流行业向着低碳、节能、环保、绿色的方向发展，进而加快我国节能步伐，创建资源节约型、环境友好型社会，提高生态文明建设水平。

（二）长江航运物流现状

1. 航运基础设施和运输装备水平不断提高，已成为世界上运量最大的内河航线

中国的长江是亚洲第一长河，更是世界水能第一大河，被誉为"黄金水道"，有着悠久的航运历史，领军国内内河航运。随着航运技术的发展，长江航运基础设施和运输装备水平不断提升，物流效率也有了大幅度提高。目前，长江干线航道南京以下可常年通航3万吨级海船，乘潮通航5万吨级海船，武汉以下可通航5 000吨级海船和3 000～5 000吨级内河船舶及其组成的船队，宜昌以下可通航1 000～5 000吨级内河船舶及其组成的船队。运输船舶总吨位和平均吨位不断提高，船舶运力结构进一步优化，干线船舶平均载重吨位750吨。2008年，长江干线货运量达到了12.2亿吨，是美国密西西比河的2倍、欧洲莱茵河的3倍，成为世界上内河运输最繁忙、运量最大的通航河流。2010年底，长江干线货运量达到14亿吨，预计2020年货运量将达到17亿吨。

2. 与内河物流的繁荣相比，长江是能耗和排放"大户"

在长江流域，共计拥有各种类型运输船舶60余万艘，仅省际长途运输船舶年消耗柴油总量就超过1 462万吨，折合向大气中排放了3 964万吨二氧化碳和43.8万吨二氧化硫，分别占到全国现阶段物流运输行业二氧化碳、二氧化硫排放总量的4.6%和6.1%。随着长江沿岸经济的增长和长江航道通航能力的提升，船舶废气排放污染也随之快速增长。因此，有必要引进先进的低碳技术，加以相关政策扶持与经济支持，积极参与船运物流行业的低碳建设，提升能源使用效率，减少碳排放总量，贯彻可持续发展方针，实现低碳物流。

二、长江航运低碳物流实施方案

（一）总体思路

根据低碳物流的定义，长江航运低碳物流创新工程是典型的直接减排型低碳物流系统问题，其总体思路是理念上强调合同能源管理，组织中强调物流企业与能源管理企业及其他相关企业的合作与利益共享，技术上强调依靠发动机技术的进步，实施中强调物流信息系统发挥的"可视化"作用。因此，其重点工作是通过技术进步与管理创新，如采用清洁能源技术、利用现代信息技术优化运输路线等，在创造经济效益的同时，直接降低航运过程的能源消耗和温室气体碳排放。低碳创新的难点是如何通过技术进步与管理创新实现航运企业经济效益与节能减排的"双赢"。

长江航运低碳物流创新工程的方案（图3-4）是基于"合同能源管理"模式，建立长江航运企业、节能服务企业、液化天然气供应企业及其他相关企业的合作机制；进行船舶发动机双燃料技术改造，以新型清洁能源——液化天然气替代大部分柴油；设计基于通信卫星的双燃料船舶燃料消耗远程无线监控系统，由通信卫星来实现双燃料船舶燃料消耗的远程无线监控，并建立相应的液化天然气保障系统，采用公正、公平、公开的手段计量能源节约的"利润"，降低航运企业的资金压力，保障参与各方的经济利益，实现提升长江航运物流企业的技术水平，降低长江流域的能耗与船舶燃料排放的目的。

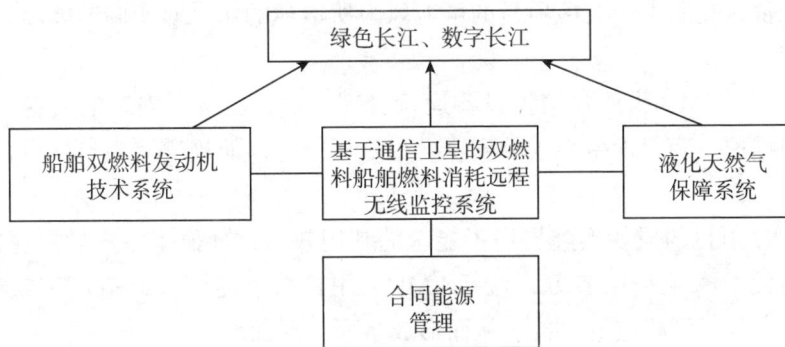

图3-4 长江航运低碳物流创新工程的方案

（二）合同能源管理机制

合同能源管理（EPC）从字面上解释即"将能源使用以合同的形式约定"。国家发展改革委、财政部、中国人民银行和国家税务总局2010年联合上报国务院办公厅并获同意批复的《关于加快推行合同能源管理促进节能服务产业发展的意见》中将能源合同管理制度定义如下："合同能源管理是发达国家普遍推行的、运用市场手段促进节能的服务机制。节能服务公司与用户签订能源管理合同，为用户提供节能诊断、融资、改造等服务，并以节能效益分享方式回收投资和获得合理利润，可以大大降低用能单位节能改造的资金和技术风险，充分调动用能单位节能改造的积极性，是行之有效的节能措施。"

节能服务公司（energy management company，EMC）通过与用能客户签订节能服务合同，为用户的节能项目进行投资或融资，并提供包括节能项目方案设计、原材料和设备采购、施工、监测、培训、运行管理在内的一整套的节能服务。其具有以下优点。

第一，专业、系统、成熟的节能技术和实施方案为项目的实施消除了技术风险。

第二，利用减少的能源费用支付节能改造项目的成本，降低了用户实施节能项目的资金风险。

第三，EMC 向用户的节能项目投资或提供融资服务，资金来源可能是EMC 的自有资金、银行商业贷款或者其他融资渠道，帮助用户克服了节能项目的融资风险。

第四，以签订节能服务合同的方式保证用户获得约定的节能效率和足够的节能量，克服由于实施项目的可能风险所造成的用户对实施节能项目的保留态度。

第五，EMC 为用户培训设备运行管理人员，负责所安装的设备系统的保养和维护，确保设备系统的安全、稳定运行，从而规避了项目的运行管理风险。

EPC 项目的成功实施提高了能源的利用效率，降低了用户的能耗成本，而且将使介入项目的各方，包括 EMC、用户、节能设备制造商和银行等，都能从中分享到相应的收益，从而形成多赢的局面。

同时，EPC 业务有着积极的社会效益，如采用节能技术改造后可有效减少耗能企业污染物排放（如二氧化硫、二氧化碳等），有助于完成国家提出的节能减排工作目标，符合中央提出建设和谐社会的总体要求。

在长江低碳物流创新工程实施过程中，长江航运企业、节能服务企业、液化天然气供应企业及其他相关企业签署相关战略合作协议，基于自有知识产权的"液化天然气／柴油船舶双燃料发动机电控系统"核心技术（利用该技术对长江运输船舶的发动机进行双燃料改造，以洁净的液化天然气替代污染物排放较多的柴油、重油等燃料，达到节能减排的目的），由节能服务企业承担船舶双燃料改造成本，以自建的沿江液化天然气加气站提供气源保障，在不需要航运企业支付工程成本的基础上，对航运船舶进行升级改造。由于液化天然气价格比柴油便宜，对使用液化天然气而节约的运营成本由长江航运企业、节能服务企业按一定比例双方共享，实现双方共赢。实施合同能源管理可以在大幅度降低船舶运营成本和有害物质排放的同时，提高船舶在途管理的数字化水平，为国家"绿色长江、数字长江"战略做出贡献。

合同能源管理这种节能投资方式允许客户用未来的节能收益为工厂和设备升级，以降低目前的运行成本。通过市场调研，目前对内河船舶进行双燃料改造推广的障碍有两个方面：一是船东或船企面临较大压力，前期的一次性工程费用投入较高，约为 60 万元，如果全部费用都由船东或船企支付，企业难以承受；二是企业缺乏对新技术可靠性、必要性的认识，不愿承担技改风险，难以从国家战略高度认识和推进项目。因此，引入合同能源管理机制能够有效规避船东或船企的风险，缓解他们船舶改造过程中的资金压力，提升他们的改造积极性，这对扩大项目影响力具有至关重要的作用。

（三）基于通信卫星的双燃料船舶燃料消耗远程无线监控系统方案

缺乏公正、公平、公开的手段计量能源节约的"利润"是合同能源管理的实施难点。为了解决这个问题，长江低碳物流创新工程基于"全程可视化"思想，利用北斗卫星系统，设计了基于通信卫星的双燃料船舶燃料消耗远程无线监控系统，由通信卫星来实现双燃料船舶燃料消耗的远程无线监控，对液化天然气物流环节、双燃料船舶和加气站进行全方位、全天候的安全监控。通信卫星船舶导航监控系统的拓扑结构如图 3-5 所示。

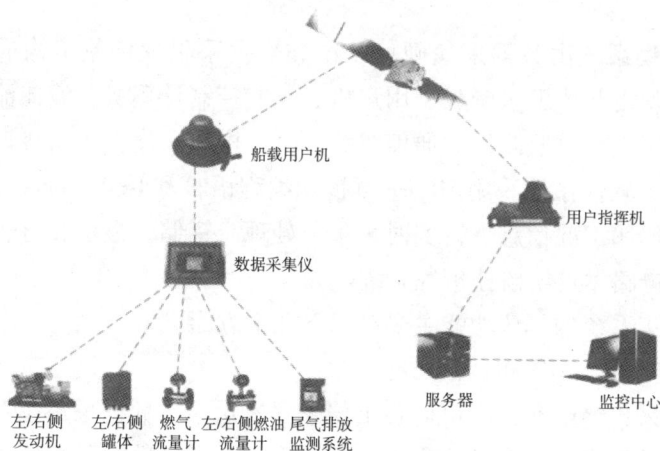

船载用户机
用户指挥机
数据采集仪
左/右侧发动机　左/右侧罐体　燃气流量计　左/右侧燃油流量计　尾气排放监测系统
服务器　监控中心

图 3-5 通信卫星船舶导航监控系统的拓扑结构

可以将每一艘船舶视为自成一体的能源消费单元，根据以往的经验，可以通过在船舶燃料储存、供给设备上加装高精度流量计的方式获取准确的燃料消耗数值。也就是说，通过在已有或新装燃油、燃气流量计上增设数字化信息采集和发送模块的形式解决由于能耗计量不准所导致的节能利润测算难的技术性障碍。

通过已有的试航试验统计数据，基于通信卫星系统的燃油、燃气流量统计能够准确及时地记录下单船各项燃料消耗数据，并且可以通过通信卫星系统将数据分类处理后发送至远程监控中心汇总，准确反映船舶动力系统改造后的能耗替代率、替代比和消耗总量，为 EPC 打造坚实的硬件数据支持基础。

根据航运系统的实际情况，研究单位设计了专门针对长江物流体系的卫星指挥监控系统，对所有长江液化天然气船舶加气站进行 24 小时不间断实时监控，同时对每艘进行双燃料改装的船舶安装监控系统，以保证运营安全。

通信卫星系统在长江航运中的应用可以建立一套完整、独立的，集卫星定位、导航、数据采集、数据传输和远端监控于一身的系统，整个系统主要由通信卫星系统、数据采集系统和监控指挥系统三个部分组成。借助设在船舶和气站的采集监控设备将实时数据通过通信卫星传输至各级指挥监控中心，实现通信卫星系统对长江物流的全局监管目标。

1. 数据采集系统

数据采集系统由数据采集硬件系统和数据采集软件系统构成。数据采集硬件系统是由北斗卫星船载型用户机、工业控制计算机、液体流量计、气体流量计、尾气排放监测仪、通信线路、电源模块、设备数据接口设备等组成；数据采集软件系统采用 VC++ 可视化编程语言和 SQL Server 2000 数据库技术，对船舶工况信息进行实时采集、处理、存储、显示和打包，通过北斗数据通信链路发送给监控指挥系统。

数据采集系统的具体功能主要有以下几个方面。

（1）实时数据采集和显示功能

由数据采集终端通过串口向各个传感器发送实时数据采集指令，传感器接收到数据采集终端的数据采集指令后返回相关实时数据，数据采集终端接收到实时数据后进行处理和存储，最后显示在监控界面上，完成对发动机工况、油气消耗量、排放监测数据等信息的采集。

（2）历史数据查询和报表导出功能

可以选择具体查询的时间段，查询该时间段内所有的历史数据记录，并把所查询的历史数据以 Excel 表格形式导出。

（3）导航定位与短报文通信功能

可以实时获取船舶的地理位置（经纬度），并通过北斗通信链路将位置信息发送给监控指挥系统，同时实现船舶与船舶、船舶与监控指挥系统之间的短报文通信。

（4）预警功能

系统对整个船舶工况信息具有预警功能，如果某个工况节点反馈的信息超出正常范围，会发送预警信息如提示音等，提醒驾驶员采取相关措施，同时会把预警信息发送给监控指挥系统。

（5）信息提示功能

对接收和发送的数据有相应的提示功能。

2. 监控指挥系统

监控指挥系统由监控指挥硬件系统和监控指挥软件系统构成。监控指挥硬件系统由用户指挥机、数据服务器、监控中心端服务器、电源模块、传输线路和通信接口等组成；监控指挥软件系统采用 VC++ 可视化编程语言、SQL Server 2005 数据库和 MapX 技术接收所控船舶的实时工况信息和定位信息，实现所控船舶的实时定位导航、显示等 GIS 系统的相关功能。

监控指挥系统的具体功能主要包括以下几个方面。

（1）定位导航和短报文通信功能

监控指挥软件系统利用 MapX 技术在电子江图上显示所控船舶的实时地理位置信息，并能对地图进行放大、缩小、漫游、图层管理、鹰眼、历史轨迹回放等功能，还能实现指挥中心与船舶之间的短报文通信功能。

（2）实时数据显示和历史数据查询功能

监控系统软件接收所控船舶发送过来的实时工况信息并进行处理、存储，最后显示在监控系统界面上。还可以查询某个船舶某一时间段内的历史数据，并能把查询结果以 Excel 表格的形式导出。

（3）预警功能

监控软件接收所控船舶发送过来的实时工程预警信息并发出相应的预警信息，如提示音和相关数据颜色的变化等，以提示监控人员采取相应措施，远程指挥所控船舶，从而达到提前预警和消除危险隐患等效果。

（4）系统管理功能

系统按照不同级别的用户提供一级用户管理权限和二级用户管理权限。其中，一级用户管理员不仅可以监控所控船舶的实时工况信息，还可以修改系统相关参数的设置。二级管理员只能监控所控船舶的实时工况信息，不能修改系统参数设置。

（5）信息提示功能

对接收和发送的数据有相应的提示功能。

三级指挥系统级别划分如下。

①集团企业用户使用的内部监控指挥中心

仅针对该企业下属的船舶进行监控，方便企业统一进行调度指挥并跟踪船舶，提高船舶运营效率和安全。

②地方港区调度指挥中心

向该港区监管部门提供船舶进出港信息，以供港区调度参考，提升港区监管部门的工作效率，降低工作难度。

③总控制中心

负责对整个长江物流体系进行监控，通过收集数据综合分析，及时掌握长江航运现状，能够有效监管航运业，并为国家领导机构提供详尽的数据，以了解和调整航运政策导向。

该系统对长江航运船舶碳排放进行监控，记录船舶排放总量，汇总后即可得到长江整体节能减排的实际情况，为国家进一步推进低碳经济的实施保驾护航。

基于通信平台的"通信卫星船舶信息采集系统"，通过将燃料消耗计量仪器（燃气、燃油流量计＋通信传感器）并入通信监测系统这一手段，对船舶燃料消耗情况进行全天候的监控。这样，既避免了占用大量人员进行手工统计节能利润所支出的高昂人力成本，又使统计的结果透明、公正。对于推进合同能源管理的应用有着现实而深远的意义。

（四）液化天然气供应保障系统

1. 液化天然气供气能力保障

经过十多年的技术开发、市场培育和投资建设，中国已经形成了巨大的液化天然气供应能力，液化天然气成为整个天然气供应体系中市场化程度最高、供应能力最强的一个环节。依托国内陆海气田和油田伴生气资源，目前已经建成液化天然气工厂60多座，年供气能力为20亿立方米；正在建设的大型液化天然气工厂超过20座，年供气能力40亿立方米。三大石油公司建成或正在建设液化天然气进口码头9个，另有多个项目正在规划中。已经投产的液化天然气码头能力980万吨，即140亿立方米，即将投产能力为4 880万吨，约为700亿立方米。在此大背景下，项目公司积极落实液化天然气资源，通过四个关联公司签订长期供气合同，为长江船舶改造提供供气保障。富地石油投资开发的柳林煤层气区块将为项目供气提供双保险。

2. 液化天然气供气运输能力保障

在运输方面，中兴恒和投资集团下属的锦州物流有限公司是中国第三大液化天然气专业物流公司，完全能够满足项目发展需要。另外，北京中兴恒和能源科技有限公司已经开始规划液化天然气运输船的建造，利用长江水路通道，从沿海液化天然气进口码头采购天然气。

在液化天然气仓储与加注方面，北京中兴恒和能源科技有限公司沿长江规划建设20个液化天然气仓储与固定式加气设施。第一期要建设的数量约有10个，其中2个已经完成征地并着手开始设计。为满足项目发展需求，将首选通过加气趸船和撬装站满足船舶加气需求。

（五）船舶双燃料发动机技术

柴油—天然气双燃料系统是为了使天然气能够作为柴油发动机的燃料而开发的一种发动机燃料供给控制系统。该系统已经在陆地汽车上得到了成功应用，但用到内河船舶尚属首次。

之所以是双燃料而非彻底的天然气单燃料，主要是基于以下考虑：纯天然气单燃料发动机对原机的改动较大，纯天然气燃料状态下，发动机点火方式应由压燃变为点燃，需要增加点火装置（点火线圈、高压线、火花塞等），需要改变压缩比，并对活塞或缸盖进行改装。另外，天然气的润滑作用差，气缸内磨损增加，需要改用天然气发动机专用机油。这些改进除了造成一次性投入过高的问题，还会提高后续的运营成本与维护难度。

柴油—天然气双燃料系统采用微电子控制技术，通过控制用于引燃的微量柴油量和用于主燃的天然气供给量使柴油发动机转换为柴油—天然气双燃料发动机。该发动机可在纯柴油和双燃料状态下自由切换。主要用于公交车、运输车、轮船和发电机组等。当前，柴油—天然气双燃料发动机已经面市，使双燃料发动机作为船舶推进主机的构想得以落实。该系统较以往普通的动力装置相比，具有利用率高、排放低的优点。该系统将气体燃料的利用效率最大化，节约了 20% ～ 30% 的燃料，极大地减少了燃油的消耗，大幅降低了废气的排放。此外，该双燃料发动机还能够交替使用和自动切换气体与液体两种不同的燃料模式，如当气体燃料不足而停止供应时，该系统将自动为发动机切换到供应液体燃料的工作模式，以保持发动机的持续运行，这种设计从燃料的经济性、环保、载货量等多个角度进行了充分详细的考虑，使系统的运行非常安全、稳定、可靠。该系统不仅在可维修性、机动性、冗余度、灵活性等方面有着优良的属性，还在水上环境污染、防止温室效应等方面具有深远的意义。

柴油—天然气双燃料船舶发动机系统原理如图 3-6 所示。

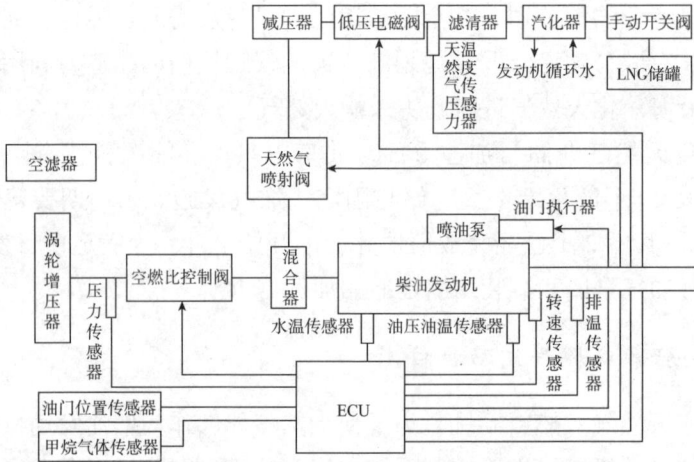

图 3-6　双燃料船舶发动机系统原理

第四节　低碳航空物流

一、航空运输业绿色发展相关理论

航空运输业是现代综合交通运输体系的重要组成部分，要想建立一套完善实用且科学合理的航空运输业评价指标体系，先应做到学习和了解绿色发展航空运输业，并对与其相关的理论基础和其所具有的科学内涵有正确的理解。本节内容以航空运输业的绿色发展为主，介绍其相关理念和概念。

（一）航空运输业碳排放概述

工业革命后，科学技术不断进步，人类的生产活动更加频繁，产生了越来越多的温室气体如二氧化碳等，大气温室效应日益严重，全球气候变暖的现象日趋加剧，引起了全球各国的重视。二氧化碳的含量如今已达到大气总容量的 0.03% 左右，是数量最多、最主要的一种温室气体。因此，温室气体的排放也被称为碳排放。

在现代工业化的社会活动中，煤炭、石油、天然气等化石燃料的过多燃烧会产生大量的温室气体，交通运输业的碳排放量不容小觑。作为能源密集型行业，交通运输业的碳排放量约占全球总量的 18%，其中航空运输业的份额约达 2%。从广义的角度看，航空运输业不仅包括飞机的航飞，还包括制造和维修，涵盖了从生产到投入使用的所有环节，整个过程中燃油的消耗量非常可观，而且随着我国航空运输业的持续发展，燃油量、排放量、成本能耗的开支将逐年增长。

航空在噪声、排放、废水、废弃物等方面影响着周围的环境，其中航空噪声、废水、废弃物主要在机场和近地面产生，而航空排放分为高空排放和低空排放。高空排放即飞机在高空巡航时产生的氮氧化合物、煤烟颗粒、二氧化碳、水蒸气等，其中二氧化碳在这些排放物中占比最高，达 70%，在大气中长期滞留，形成温室效应。然而，随着国际航线的发展，高空排放具备了跨国界的性质，在高空气流的作用下，产生了全球性的影响。低空排放指的是在飞机起飞和着陆时排放的氮氧化物、一氧化碳等污染物质，由于排放的位置在距离地面较近的低空领域，会影响周围人群的健康，而其中产生的二氧化碳被地面大量吸收，不会对周围的环境产生太大的影响。

因此，航空排放是一个全球性问题。

（二）航空运输业绿色发展基本理论

绿色发展指行业在获取一定的社会效益和经济收益的基础上，尽量减少生产、运营等活动的排放，降低对周围环境的消极影响的发展。经济学相关理论为绿色发展理念的形成打下了基础，因此研究和分析相关经济学基础理论是发展绿色航空运输业的必然课题。

1. 经济学基础理论

（1）外部性理论

外部性这一概念最早产生于马歇尔所著的《经济学原理》，指经济主体的经营活动对社会与他人造成的影响，这种影响具有非市场性，也被称为外部性影响，其中积极的影响叫作正外部性，消极的影响即负外部性。分析环境问题是外部性理论应用中的重要内容，环境污染具有典型的负外部性。

英国经济学家庇古所著的《福利经济学》对外部性理论有更加全面的分析和延伸：分析企业活动对外部环境造成的影响时，当边际私人收益低于边际社会成本时，出现外部不经济现象即负外部性，反之，则会出现外部经济现象，即正外部性。此外，由于外部性的影响是非市场化的，通过调整市场机制无法对其产生根本上的影响，因此需要国家与政府通过财政补贴或其他政策优惠将其对社会环境产生的污染成本转移到产品价格中，将外部影响内化，消除其外部性。基于该理论，外部社会环境的污染成本有燃油附加税、排污费、环境补贴等。

（2）"公地悲剧"理论

"公地悲剧"理论由哈丁提出，该理论与负外部性理论有异曲同工之妙。这项理论指为获取更多的个人利益，各个经济活动主体肆意使用公共资源，导致公有资源受到严重的破坏，对人类的共同利益造成了严重的损害，严重影响了人类长远利益的可持续发展。这一理论同样适用于资源环境的使用和保护。例如，大气环境作为全人类的公有资源，在全球各地的工厂为获取更大利益而扩大生产规模的同时，将更多的污染物排放到了大气环境中，没有任何国家的工厂在排放时考虑到了环境的有限容量，造成了严重的环境污染和破坏，环境污染和破坏产生的后果却需要全人类共同承担，酿成了"公有环境污染的悲剧"。

"公地悲剧"指对公共资源的使用不加以限制，最终造成资源过度开发、严重浪费、严重污染社会环境等后果。针对这种现象，哈丁提出了两种解决办法：第一，为各种资源设置所有权，私有化资源；第二，由外部政府与内部资产所有者同时管控。这两种方法的本质都是赋予资源各种权属，使其在政府和所有者的管控下不被肆意开发利用。碳排放权建立的本质便是这样。

（3）科斯定理

根据上文庇古所阐述的外部性理论可知，税收或者补贴的形式能够有效降低负外部性，内化外部效应。然而，仅靠政府出台相关政策无法对市场机制的灵活发展产生积极影响。除政府的监管以外，构建健全的市场交易机制来限制污染物的排放，能够促进市场机制的良好发展，推动市场经济有序发展。科斯等经济学家提出了产权理论，明确划定了产权在市场交易中的界限，推动外部成本向内部化转变。科斯定理也是产权经济学的核心，即在交易成本可接受甚至交易成本为零的情况下，明确产权的限定范围有助于优化资源的配置，使交易双方获得更大的利益。

科斯定理对产权的初始界定能够促使市场机制优化资源的配置。针对环境污染的外部性问题，我们可以对生产要素进行重新界定，"将生产要素视为权利，如把产生有害效果的权利（如二氧化碳排放、噪声、污水等）也界定为生产要素"。排放权交易的理论基础便是科斯定理，先将环境资源（或产生有害效果的权利）进行清晰的产权界定，进而利用市场机制实现环境资源配置最优。

外部性理论、公地悲剧充分说明了明确资源权属对人类社会长期发展的必要性，而科斯定理也使环境资源产权的界定进一步明晰，并提出建立合理、健全的市场交易体制以优化环境资源的结构。

2. 低碳绿色发展理论

2003 年的英国能源白皮书《我们能源的未来：创建低碳经济》中首次出现"低碳经济"一词。低碳经济指在发展经济时，围绕可持续发展理念，结合利用制度革新、技术创新、开发新能源、产业结构优化调整等手段，实现低能耗、低污染，使经济与资源环境协调发展。发展低碳经济，应积极主动地做好环境保护工作，响应国家节能减排的号召。另外，应调整发展的模式，优化自身经济结构，最大限度地提高能源的使用效率。发展低碳经济，应停止以往先污染再治理的做法，将传统的粗放式发展转变为经济集约式发展。随着全球变暖带来的影响日益严重，"低碳"已经成为时代发展的新要求。低能耗、低排放、低污染是低碳模式的发展目标，围绕节能减排、科学发展，能源技术成为低碳模式的核心技术。在低碳发展的模式下，各行各业应不断优化和调整自身的产业结构，积极创新各项制度，实现低碳经济与可持续发展。

资源环境与人类社会的发展和进步密切相关。随着人口的持续增长，经济活动愈加频繁，人类社会的生产和发展需要更多的资源支持，同时产生了大量的污染物，严重影响了生态平衡，人类的发展和生态环境之间的矛盾加剧。为了保护环境、保护自然资源的持续性，绿色理念被提出来，其旨在通过对人类活动的调控缓解生态的压力，促进自然资源的良性循环，实现人与自然的和谐发展。"整体、协调、循环、再生、平衡"是绿色理念的基本原则，整体与平衡原则是其中的核心原则，可持续发展战略就是基于这一原则而提出的。绿色理念的重要内容就是可持续发展，其要求人们节约并珍惜各种资源，有节制地开发和使用资源，实现资源的高效利用，低碳排放，绿色发展。

（三）航空运输业绿色发展概念与特征分析

近年来，人们在绿色发展和低碳经济方面已经达成共识，但在航空运输方面尚未形成与绿色发展相关的科学概念，缺乏系统性的分析和深入的研究。

1.航空运输业绿色发展概念与内涵

绿色发展的本质具有绿色和发展两层含义。绿色表示环保、低碳，即绿色、低碳、经济的航空运输业的发展模式，意味着航空运输系统的发展坚持保护环境、节约能源，尽可能降低其负外部性；发展是事物进步产生变化的过程，系统的发展也是一个不断更新变化的过程，包括其从简单到复杂、由低级到高级的过程，系统从诞生开始直到消亡，一直在发展变化着，不同时期的系统有不同的发展特点，绿色发展也是系统在发展时的一种特殊模式。

航空运输业绿色发展的基本含义，包括以下几个方面。

（1）发展目标

在推动航空运输业发展的同时，注重对生态环境的保护、资源的合理开发与利用，为航空运输业未来的发展创造良好的条件。

（2）指导思想

为了实现航空运输业的绿色发展，必须改变人们的传统观念。一方面，在建设航空运输的基础设施时，应将重点从传统的规模和数量上转移到综合效益和长远发展收益中，大力整改盲目开发建设造成的混乱局面；另一方面，管理航空运输时应摒弃以往被动疏解的方式，实施主动、双向控制，力求源流并重。

（3）实施过程

在践行航空运输业绿色发展理念的过程中，要协调好经济、社会、人口、资源、环境之间的关系。

2.航空运输业绿色发展的协调性分析

1969 年，德国著名学者 H.哈肯创立了协同学（Synergetic），协同学的研究对象为多个子系统组成的系统，研究内容为系统的各个子系统是怎样协同合作构建系统内部功能、空间和时间方面的有序结构的。协同学以信息论、系统论、控制论等现代科学理论为基础，采用动力学与统计学相结合的方法开展研究。

在协同学中，每个复杂的系统都是由很多子系统组成的，每个子系统都有自己特有的运行方式，各个子系统相互联系、互相影响，共同发展变化。当各个子系统的相互作用达到某一临界值或者整个系统受到外界刺激时，这些子系统就会发生协同作用。

航空运输系统是一个由很多相互作用的小系统构成的系统，其中复杂的内部关系必然会在研究分析系统时有所涉及，各个因素之间的关联难以明晰。系统内部各个子系统之间的相互作用决定了航空运输系统的组织机制，影响着该系统的发展变化。另外，不同地区的航空运输业的发展水平与发展特点各不相同，所以应以协同学理论深入研究和分析航空运输业的绿色发展过程，找出发展规律，推进航空运输系统与内部子系统和谐、协调地发展。

高能效、低排放和低污染是绿色航空运输体系的重要特征，能源的高效利用是航空运输业绿色发展的核心，优化产业结构、改进发展方式就能够实现航空运输业以较低的环境负外部性和能耗水平完成快速、可持续的发展。

航空运输系统与其涉及的社会、经济、环境、资源、人口等都是构成绿色航空运输体系的因素。绿色发展的航空运输业就是航空运输业与社会、经济、资源环境，以及其他运输方式的协调发展，还包括构成航空运输体系的各种因素之间的互相作用、协调发展。具体联系如图 3-7 所示。

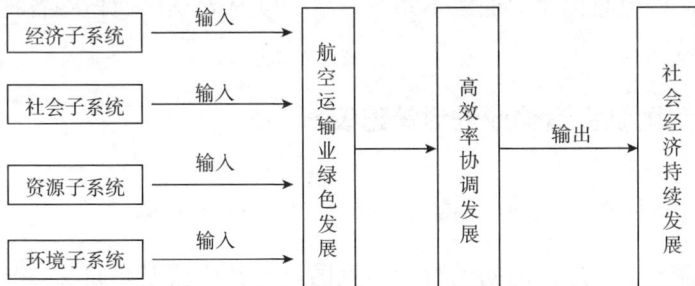

图 3-7　绿色航空运输体系的构成

第一，与经济协调发展。经济发展是航空运输业的发展目标，航空运输需要从经济发展中获取源动力，两者协调发展。航空运输业涉及化工、能源、材料、基础设施建设、飞机的设计与制造等多个领域，是一条非常庞大的产业链，能够产生巨大的经济价值，同时航空运输为旅客与货物提供位移、运输服务，促进了经济的发展。航空运输系统的实际运载量与经济的发展相呼应、相协调，经济的发展增加了航空的运量，推动了航空运输业的发展。

第二，与社会协调发展是指航空运输业对人民生活与社会发展发挥着重要作用，如航空运输业的发展为人们提供了大量的就业机会，改变了人们的出行方式与生活方式，拉近了世界的距离，促进了经济全球化的发展与国际文化信息的交流。反过来，社会的发展、人们的生活方式和收入水平很大程度上决定了航空运输业的结构和发展。

第三，与环境协调发展是指在发展航空运输业的同时，注重对环境的保护，尽量减少污染物的排放，降低环境负外部性。

第四，与资源协调发展是指在发展航空运输业的过程中合理开发利用资源，提高资源的使用效率。航空运输业涉及的资源很多，如机场建设占用的土地、机场照明、日常运转使用的电力、水资源、飞机消耗的燃油等。由此看出，资源的优化配置和协调发展对航空运输业的绿色发展有重要意义。

第五，与其他运输方式协调发展。不同的运输方式应互相协调配合，形成一体化运输，为人类活动提供便利。单一种类的运输方式往往无法满足不同的运输需求，必须开展其他运输方式与航空运输互相配合的联运模式，利用各种运输方式的特点和优势，根据不同的运输需求结合实际情况为社会群众提供运输服务。

需要注意的是，不同的运输方式之间不仅存在合作关系，还存在竞争关系，要从整体层面优化交通运输系统，就必须从宏观层面做好各种运输方式的规划布局。

二、我国航空运输业的对策建议

（一）积极参与制定新规则，力争免费排放额最大化

在"碳风暴"形成的初始阶段，我国就与其他国家共同参与其中，这意味着我国与其他国家的起跑线相同。就我国国情看，欧盟单边碳排放交易体系并不适合我国，我国需要的是站在公正公平、科学合理的角度上提出的全

球性碳排放问题的解决方案。虽然我国各大航空公司已经极力寻找解决的对策，但在此类重大国际规则方面的谈判中追求合理有分量的利益仍有一定的困难。为此，我国应携手全球各个发展中国家结合各自国情和行业利益，在积极争取更多合理待遇的同时尽快制定相关政策，构建具有中国特色的碳排放管理体系。此外，国内各大航空公司应积极获取并分析欧盟的相关政策，尽早建立完备的碳排放监测机制，积极向其他成员国交流学习具体的技术问题和操作问题，全面争取最大的排放限额。

（二）争取和更多的飞机制造商与相关供应商合作

国际上争夺"碳排放权"与"碳话语权"的风暴将使航空公司与航空飞机的制造商和供应商之间的关系更加密切。我国航空公司可以通过以下途径加强与制造商和供应商的合作关系。

第一，积极参与新材料的开发工作，找到更多环保绿色的可代替性材料，如从盐生植物、藻类、麻风树、亚麻荠等植物中提取研制出的第二代航空生物燃料所排放的温室气体含量只有标准喷气燃料的 16%，是解决航空运输业"碳排放"问题的措施中前景较好的一种。

第二，积极引进新型飞机，依据吸收性能上的优势，改良已拥有的飞机，如波音 787 相比于波音 747 更加节省燃料的燃烧，节省量达 30%，吸收新型飞机的优点改良已有飞机的发动机后发现，波音 737、747（RB211）、777（GE90）的碳排放量被有效降低，减少量高达 20%。

第三，加强与各大制造商之间的交流和合作，保持沟通。据波音公司一位销售副总裁介绍，波音公司与英国航空公司一直有着紧密的沟通和合作关系，这种关系持续了 50 年，在合作期间，波音公司为该航空公司设计的波音 777（300ER）飞机在环保和节省燃料方面有着非常突出的优势，并且适用于英航目前正在使用的双过道机队。

（三）合理规划飞机的作业计划和流程

我国航空运输业在追求低能耗、低污染、低排放的物流模式时，最重要的就是合理编制其运营作业计划，科学安排其作业流程。我国各大航空公司应加强与机场、航管、油料等部门之间的合作关系，提升空管效率，精准编制飞行作业计划，优化航行线路，在安全完成飞行目标的前提下尽量缩短航行距离；在保证飞机航行距离的情况下精准计算油耗，控制燃油的携带量，设计节省燃油的可行性措施，减少地面滑行，提升燃油的使用效率，尽量减少碳化物的排放。据国际航协调查统计，航空行业低效利用空域而产生的对环境的不良影响约占 20%。阿联酋航空公司在空域使用效率上有着先进的经验值得我国航空业借鉴。自 2003 年开始，阿联酋航空实施了"Flex-tracks"项目，借助了风向优势，采用非固定性的航线，顺风飞至澳大利亚，为在这道航线上作业的阿联酋航空飞机节省了 45 分钟的航路时间和 8% 的燃油消耗量。

（四）实施目标管理法进行绩效考核

企业以传统的成本／收益的分析与计量为基础分析投资的盈利，这种计量方式容易使企业产生短期的投机行为，导致企业逐渐丧失社会责任感，忽视自身的长远发展。随着国际"碳风暴"的展开，我国航空运输业就低碳物流话题对成本—收益做出了新一轮的分析，《京都议定书》中将环境问题的改善手段从技术改进上转变为对碳排放的约束上，直接导致了企业运营成本的增加。航空运输企业落实低碳物流模式后，很多无效收益和派生收益由此产生。从整个社会层面分析我国航空企业的成本与收益，建立新的绩效考核方法是整个航空运输行业乃至整个社会所需要的。目标管理法常用于国外航空企业，具有较强的科学性、可操作性、实践性，结合目标管理法建立绩效的考核管理标准，有利于我国航空公司梳理整体航空业务链，优化产业结构，合理配置每个业务环节，将燃油消耗率精确计算到每位乘客，减少碳排放量。我国航空运输企业应用目标管理法可以沿袭以下步骤：制定组织目标—制定部门目标—讨论部门目标—对预期成果的界定—工作绩效评估—提供反馈等，建立涵盖整个组织的目标评价体系。

（五）制订并实施碳补偿或者碳抵消方面的长期计划

目前，在碳排放的问题上，我国众多航空运输企业仍处于被动状态，应紧随全球各国在低碳物流和低碳经济方面的发展步伐，在国际"碳风暴"浪潮中为自己争取更多的有利条件。碳补偿是一种全新的交易形式，旨在提高全民的社会责任感，实现企业的社会认同，逐渐成为全球各国航空运输企业落实低碳物流的重要手段，如乘坐英国航空公司航班的乘客可以在相关网站支付除机票之外的费用，用于补偿其在飞行过程中产生的碳化物排放。有数据表明，仅 2008 年加入该计划的人数就已经达到了 157 719 人，相当于有55 318 吨的碳排放被抵消。而我国呼吁各个航空运输企业积极制订碳补偿或抵消的计划并严格实施，不仅能够促使乘客积极响应、自愿参与碳补偿计划，还可以加强与旅游业的合作，以种植"碳补偿林"等形式共同倡导绿色健康的生活。

三、低碳经济背景下航空公司竞争力评价指标体系建立

（一）航空公司竞争力评价指标体系设置原则

建立全面有效和可操作的低碳经济下航空公司竞争力评价指标体系应遵循以下原则。

1. 科学性原则

影响航空公司竞争力的因素有很多。在低碳经济背景下，科学性原则决定了我国航空公司选取的考核指标是否能够将其竞争力的真实情况精准地反映出来，各个指标应有科学、明确的内容与含义以及简明的名称，在构建指标体系时，应科学设置其计算的单位、范围、方法等。

2. 系统性原则

在低碳经济背景下，航空公司的竞争力可以视为一个复杂的系统，其大小不仅受到内部因素的影响，还受到外部环境因素的制约。在建立该系统的评价指标体系时，应坚持系统的设计和评价原则，如此才能够将航空公司的竞争力完整、如实地反映出来。

3. 合理性原则

在低碳经济背景下，航空公司的竞争力与一般企业的竞争力相比，其评价指标体系所涉及的层面更加丰富、宽广。首先，在选择指标时，必须适当做出取舍，选取的指标应能够反映出不同类型航空公司在低碳方面的竞争力水平的差异；其次，选择指标时应注意选择能够与反映效益和规模的指标相结合，使其能够将航空公司的运行特点客观、具体地体现出来；最后，指标的选取应综合考虑评价对象的内涵和实质，保持指标相对独立，尽量消除其相关性。

4. 可比性

评价航空公司之间的竞争力实质上就是比较不同类型航空公司的竞争力。因此，评价指标在设计时应注意在指标的评价方法、评价范围、评价口径等方面具有很强的可比性。

5.反映航空业特质

航空业具有很多本行业独存的特征，如周期性强、流动性成本较高、固定成本较高、业务流程的独特性等。因此，设计指标体系时应结合这些特征，并反映出低碳经济下各个航空公司不同的竞争力表现。

（二）竞争力评价指标体系的构建

综上所述，低碳经济的发展对不同航空公司的竞争力有着不同的影响，其对竞争力评价指标体系的构建提出了新的要求。参考借鉴国内外先进的科研成果，本研究站在低碳经济的视角上，设计了航空公司竞争力的评价指标体系。

在低碳经济背景下，评价航空公司竞争力有两个一级指标，分别是生存发展能力指标和低碳环保能力指标。这两个一级指标各有三个二级指标，生存发展能力指标包括以下几种：①盈利和发展能力指标；②运营规模和运营能力指标；③服务质量指标。这三项二级评价指标又细化出 10 个三级指标。低碳环保能力指标可分为能源消耗量评价指标、环境影响评价指标、节能减排能力指标。这三项二级评价指标进一步分成 8 个三级指标，具体如图 3-8 所示。

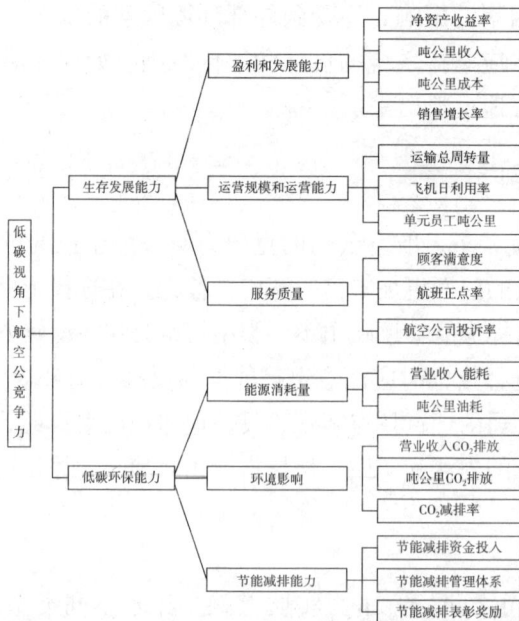

图 3-8　低碳经济视角下航空公司竞争力评价指标体系

生存发展能力指标延伸出来的三项二级评价指标是评价航空公司竞争力的常见指标。以下主要是对低碳环保能力指标，以及其延伸的三项二级评价指标的分析说明。

1. 能源消耗量

航空公司消耗的资源主要有煤、煤油、液化石油气、汽油、柴油、其他石油制品，可折算为标准煤消耗。其中，航空消耗的绝大部分能源是煤油，消耗量占比超出 97%。本节选用营业收入能耗、吨公里油耗这两项指标对航空公司能源消耗量做出科学的评价，计算公式如下：

营业收入能耗（吨标煤/万元）= 总能耗/营业收入 ×100%　　（3-11）

吨公里油耗（千克/吨公里）= 运输飞行实际耗油量/总周转量　　（3-12）

2. 环境影响

航空业对环境的影响主要是高空二氧化碳排放，因此本章主要选择了营业收入 CO_2 排放、吨公里 CO_2 排放和 CO_2 减排率这三个测度二氧化碳排放的指标，计算公式如下：

营业收入 CO_2 排放量（吨/万元）=CO_2 排放量/营业收入 ×100%（3-13）

吨公里 CO_2 排放（克/吨公里）=CO_2 排放量/总周转量 ×100%　　（3-14）

二氧化碳减排率 =（报告期 CO_2 排放量 − 基期 CO_2 排放量）/基期 CO_2 排放量 ×100%
　　　　　　　　　　　　　　　　　　　　　　　　　　　（3-15）

3. 节能减排能力

为了对航空公司实际的节能减排能力做出客观、翔实的评价，本节选用了节能减排方面的三项评价指标，分别是资金投入指标、管理体系指标、表彰奖励指标。节能减排资金投入指标能够反映出航空公司支持和重视低碳发展的水平，进而反映出该公司在节能减排方面的发展潜力。构建健全的节能减排管理体系指标有利于节能减排工作在航空公司的实施和发展。各项表彰奖励则是对航空公司低碳发展的实践成果的肯定，有助于激励该公司继续发展低碳经济，践行低碳物流。

（三）低碳经济视角下航空公司竞争力评价

在低碳经济的视角下，综合评估竞争力的方法丰富多样。根据本章评价的内容，结合选取指标的特点，采用层次分析法对航空公司的低碳竞争力做出合理的评价。

1. 层次分析法（AHP）的基本原理

（1）层次分析法简介

20世纪70年代中叶，美国著名的运筹学家Saaty提出了该分析方法，这种分析方法是一种层次化、系统化的分析方法，结合了定性和定量两种分析方法，最大的特点就是能够思维化、数学化地分析人类的主观判断过程，使人的决策依据更加容易被别人所接受，这种分析方法适用于分析社会科学领域比较复杂的问题。层次分析法之所以能够轻松解决问题，是因为其有完备的理论和严谨的结构。由于使用这种方法能够轻松、准确地解决非结构化决策问题，并且与其他方法相比有着显著的优势，因此被广泛应用于各行各业。

（2）层次分析法解决问题的步骤

层次分析法的基本思想是根据多目标评价问题的性质和总目标，把问题本身按层次进行分解，构成一个由下而上的梯阶层次结构。因此，在运用层次分析法决策时，大体上可分为以下四个步骤。

第一，分析系统中各个因素的关系，建立系统的递阶层次结构。

第二，对同一层次的各元素关于上一层次中某一准则的重要性进行两两比较，构造两两比较判断矩阵。

第三，通过判断矩阵计算被比较要素对该准则的相对权重。

第四，通过综合权重的计算对所有的方案进行优先排序，从而为决策人选择最优方案提供科学的决策依据。

2. 模型的建立

（1）建立多层次递阶结构模型

在上文分析的基础上，低碳经济视角下的航空公司竞争力评价的多级递阶结构模型得以建立。该阶梯层次由4层组成：最高层（总目标层）为低碳经济视角下的航空公司竞争力 A；准则层1（分目标层）由生存发展能力 B_1 和低碳环保能力 B_2 两部分组成；准则层2（评价内容）包括6项评价内容；措施层（评价指标）包括反映6项内容的18个具体指标。4个层次分别用A、B、C、D表示，各层次内组成因素分别用 $B_1 - B_2$、$C_1 - C_6$、$D_1 - D_{18}$ 表示。

（2）构造判断矩阵

对同一层次的指标进行两两对比，按其重要程度评定等级，得到一级指标、二级指标和三级指标的权重判断矩阵。记 a_{ij} 为 i 指标对 j 指标的重要性等级，a_{ij} 的具体赋值如表 3-1 所示。

表 3-1 指标两两对比的重要性等级及其赋值

序 号	重要性比较	赋值（a_{ij}）
1	i 与 j 相比同等重要	1
2	i 与 j 相比稍微重要	3
3	i 与 j 相比明显重要	5
4	i 与 j 相比很重要	7
5	i 与 j 相比绝对重要	9
6	i 与 j 相比稍微不重要	1/3
7	i 与 j 相比明显不重要	1/5
8	i 与 j 相比很不重要	1/7
9	i 与 j 相比绝对不重要	1/9

注：介于 13、35、57、79 之间，取中值 2、4、6、8 或 1/2、1/4、1/6、1/8。

根据上述符号的意义得到判断矩阵 A：

$$A = \begin{bmatrix} a_{11} & a_{12} & K & a_{1n} \\ a_{21} & a_{22} & K & a_{2n} \\ M & M & K & M \\ A_{n1} & A_{n2} & K & A_{nn} \end{bmatrix} \qquad (3-16)$$

（3）一致性检验

为判断上述权数分配是否合理，需要对判断矩阵进行一致性检验。

计算一致性指标 CI：

$$CI = (\lambda_{max} - n)/(n-1) \qquad (3-17)$$

计算一致性比例 CR：

$$CR = CI/RI \qquad (3-18)$$

式中：n——判断矩阵的阶数；λ_{max}——判断矩阵的最大特征根；

RI——随机一致性指标。

各阶数判断矩阵所对应的 *RI* 如表 3-2 所示。

表 3-2　判断矩阵的随机一致性指标

n	2	3	4	5	6	7	8	9
R	0	0.514 9	0.893 1	1.118 5	1.249 4	1.345	1.42	1.461 6

当 $CR < 0.10$ 时，即认为判断矩阵具有满意的一致性，说明权数分配合理；否则，就需要调整判断矩阵，直到取得满意的一致性为止。

（4）计算指标权重向量

第一，单级权重计算。根据判断矩阵 *A* 与特征向量法求出每个判断矩阵权重向量，即各评价因素的重要性排序，也就是权数分配。经过规范化后的向量即指标的权数分配：$W=（W_1，W_2，\cdots，W_m）$。

第二，综合权重计算。通过合成权重向量的方法求出下层指标（二层指标）对上层指标（一级指标）的权重向量，该向量的每一分量即二级指标在评价体系中的综合权重。其计算公式如下：

$$V_i = W_{Bi} \times W_{Fj} (i=1,2,\cdots,n; j=1,2,\cdots,m) \tag{3-19}$$

其中，n 表示二级指标的个数，m 表示一级指标的个数。三级指标综合权重求法相同。

煤、石油等作为燃料为生产提供了大量能量，推动了工业的发展，为人们的生活提供了便利，但对环境造成了极大的破坏，资源的过度开发、大量污染物、温室气体的排放导致气候问题日益严重，受到世界各国的重视。气候问题产生的后果需要全人类共同承担，只有全球实施低碳发展，才能有效改善环境污染问题，实现可持续发展。高空环境中温室气体主要源于航空行业的业务活动，低碳经济的发展要求对航空活动有明显的制约，进而影响了航空公司的运营和发展。在全球倡导低碳经济的形势下，航空公司要想提升自身的竞争力，实现可持续发展，就必须结合低碳经济的要求做出自身的发展规划。本章以低碳经济对我国航空公司产生的影响作为分析基础，将低碳经济的内涵和航空公司的运营特点相结合，从生存发展和低碳环保两个方面，围绕航空公司低碳竞争力进行分析，在低碳经济的背景下，使用层次分析法清晰、合理地判别各个航空公司的竞争力，并构建健全、可靠的指标体系，以评价航空公司的竞争力。以我国三大航空公司为例，分析并得出在低碳经济的影响下，竞争力由强到弱依次是国航、南航和东航，评价过程和结果为这三大航空公司以及我国其他的航空公司就航空公司在低碳经济形势的影响下培育和提升自身竞争力这一话题提供了有效的论证和理论指导，有利于国内航空公司实行低碳经济、低碳物流。

低碳经济的发展逐渐深入航空公司发展的各个层面，产生了深刻的影响，前文中选取的评价航空行业低碳发展的指标虽然能够将其低碳环保的发展能力和潜力分析出来，但无法进一步做出更加全面的分析和总结，还需在国内外专家组提出的意见和建议下不断摸索、尝试，使该评价指标体系逐渐全面、完善。明确指标的权重是层次分析法中非常关键的一个环节，专家组的评判很大程度上影响着评价的结果。在层次分析法的实际应用中，可以收集并纵向对比多个可评价的航空公司在多个年度的数据，因此本研究有待进一步深入分析和完善。

第四章　低碳物流的实现路径

第一节　低碳物流的实现方式

一、碳盘查

气候变暖的话题已经从国际谈判渗透到了商业领域，越来越多的投资者、生产商和消费者逐渐重视温室气体的相关信息，甚至一些经销商和厂商已经联合起来，从内部组织到外部供应链全面实施低碳管理，更有各大投资机构就温室气体风险一项委托权威组织着手评估所投资产业。碳管理水平已经成为企业商业价值的重要评价指标。碳盘查的优势与目的主要表现在以下六个方面。

第一，提高企业的社会形象。

第二，为参与国内自愿减排交易做准备。

第三，有利于全面掌握和管理温室气体的排放。

第四，对于确认减排机会与应对气候变化决策起着重要的参考作用。

第五，积极应对国家政策及履行社会责任。

第六，发掘潜在的节能减排项目及 CCER 项目。

从生产到运输、从使用到废弃，追踪产品和服务在整个生命周期中产生的各种温室气体，并评估碳足迹及排放总量，形成碳标签向采购商及消费者显示。

目前，碳标签制度已经在很多国家与地区实行，众多企业或强制或自愿将产品的碳足迹信息标注清楚。同时，国际采购商、品牌商已纷纷开始从供应链上要求公开产品碳足迹信息。

二、碳足迹

碳足迹指某企业、个人或某产品在生产、经营，以及其他社会活动中产生的温室气体的集合，能够反映某团体或者某人的"碳耗用量"。碳足迹提倡从我做起，以自身的能源意识和切实行动影响社会的生产、生活等活动，以减少对大自然的负面影响。目前，减少碳足迹这一环保理念已有企业践行。"碳"代表由碳元素构成的自然资源，如煤炭、石油、木材等，"碳"的消耗越多，产生的二氧化碳就越多，碳足迹越大，气候变暖就越严重。反之，碳足迹越小，全球变暖的压力就越小。

碳足迹的计算有以下四种方法。

第一种：利用生命周期评估（LCA）法。这种方法将产品从开始到结束的全过程计算在内，自下而上计算，过程详细准确。

第二种：通过所使用的能源矿物燃料排放量计算（IPCC），这种方法较一般。

第三种：投入产出法（IO）。

第四种：Kaya 碳排放恒等式。

三、碳税

（一）碳税的概念

对于怎样发展低碳经济这一问题，世界各国都进行了深入的探讨和研究，目前已提出很多个合理可行的减排方案，如联合履行机制、清洁发展机制、国际排放交易等。我国根据实际发展情况应重点关注清洁发展机制，吸收更加先进的技术、提高能源的利用效率，应用碳埋存技术，以及开发更多可替代的清洁能源实现节能减排和可持续发展。另外，我国在发展过程中还需要进一步做好环境管制，结合碳税、碳交易等政策手段加强节能减排的效用。

碳税指为制约二氧化碳的排放，降低环境污染的外部成本，根据化石燃料所含的或者排放的碳的总量征收的一类税收。实现节能减排并且降低税收的扭曲程度，收获税收的"双重红利"。碳税的征收可能发生在生产环节，也可能发生在消费环节，但无论由哪一环节征收，碳税终将由消费者承担。而直接由消费者承担碳税有利于消费者形成减少温室气体排放、参与环境保护的观念并提高自身的环保意识，进而促使消费者使用清洁能源。但消费者的能源消耗量难以估测，导致向消费者征收碳税非常困难。

国家通过一般的预算管理手段征收的碳税，将其补贴在节能减排政策支出方面，如植树造林、新能源研究项目、可再生能源研究、加强国际学术交流和技术探讨、提升能源利用效率等。虽然碳税的征收资金相对来说并没有很多，但在限制碳排放方面有着一定的效用。征收碳税的政策对美国、德国、英国、日本、瑞士、丹麦等很多个国家都有着一定的效果，部分国家碳税征收详情如表 4-1 所示。

表 4-1　各国碳税的征收情况

国　家	开始征收时间 / 年	碳税平均价格
芬兰	1990	20 欧元 / 吨
荷兰	1990	14.95 欧元 / 吨
挪威	1991	12.1 欧元 / 吨
瑞典	1991	107.15 欧元 / 吨
丹麦	1992	12.1 欧元 / 吨
加拿大部分地区	2007	14.62 美元 / 吨
澳大利亚	2012	23 澳元 / 吨

根据国外汇率的换算，我国至少应该征收 100 ～ 200 元 / 吨的碳税，但是由于我国的基本国情，若碳税太高，会影响国家的经济发展，因此我国相关课题组经过调研后表示：我国应在"十三五"期间择机开征碳税，对于每排放一吨二氧化碳，财政部建议征 10 元，生态环境部建议征 20 元。这与芬兰的碳税发展过程是极其相似的，芬兰在 1990 年刚开始征收碳税的时候，对碳税仅征收 1.2 欧元 / 吨。

（二）碳税征收的意义

为了减少二氧化碳的排放，实行碳税征收政策是一项非常有效的经济措施，具有一定的成本效率。碳的排放量决定了碳税的征收额度。税收政策的实施有利于企业与个人自我规范碳排放行为，在利益的驱使下，排放者会结合自身情况，规范自身的碳排放活动，以尽可能减少碳税，各大企业则会优化产业结构、改进工艺流程和开发技术，降低企业的碳排放量，减少税收成本，促使碳排放问题自动缓解。碳税政策的实行对低碳经济的发展有长期的刺激作用且有一定的弹性：一方面，有利于各个企业及时了解经济市场的发展要求，及时采取适当的经济措施；另一方面，碳税征收政策的实施在一定程度上增加了政府的收入，有效强化了碳减排政策的实施力度。

芬兰虽然每年约征收 30 亿欧元碳税，但并未对产业的竞争力造成很大影响，碳税收入占据总税收额的 9%，芬兰政府将这一部分税收用作激励科技创新的政策补贴，激励相关单位或企业进行新能源的研发和应用。芬兰政府于 2000 年公布，1990 年至 1998 年，因碳税的征收政策使二氧化碳的排放量减少了 400 万吨，为缓解气候压力、减缓温室效应做出了重要贡献。

（三）碳税征收方案与比较

世界各国的学者对碳税的征收方案有不同的见解。总而言之，国际上当前大致有四种可行的碳税征收方案。

第一种：全球实行统一的碳税征收方案。20 世纪 90 年代，Hoel 提出了这一方案，其认为所有的碳税征收国应成立一个专门的机构，用于征收碳税，税基为征收碳税国的 CO_2 排放量，各国税率相同。

第二种：全国实行不统一的碳税征收方案。20 世纪末，Murty 提出了这一方案，该方案认为参与的各个国家应综合考虑自身的 CO_2 排放量、含碳产品的产量等，各个国家的碳税税率不需要保持一致，但仍需适当遵守第一种方案提出的参与国制度，在国际相关制度和规范下实行。

第三种：同一个国家内使用统一的税率。目前，有很多国外的学者认为这一碳税征收方案具有一定的可行性。这一方案要求参与的每个国家都应以节能减排为目标，制定符合自身经济发展情况的税率和碳税征收方案，并在本国内部统一实行，在无国际因素干涉的情况下，独立的实行本国内部的碳税征收政策，其产生的碳税进入该国财政管理部门。

第四种：在国内征税和国际调节税的基础上共同实行征税方案。目前，世界各国对碳排放的认识程度各不相同，因此无法在全球各国实行相同的碳税征收方案，否则就会产生碳泄露的问题，导致很多有一定实力的企业从碳税征收国家迁移到碳税较低甚至不需要征收碳税的国家，为碳税征收国家带来巨大的经济损失。本方案能够解决这一问题，即将边境调节税纳入组成其碳税的成分。

（四）碳税减排机理

碳税是通过价格干预来减少二氧化碳的产生和排放的机制。碳税减排机理与税收的经济学特性密切相关。

1. 外部性

外部性这一概念从马歇尔的外部经济理论中产生。外部经济指企业之间在生产过程中分工协作，提高工作效率的现象。福利经济学家庇古以外部经济理论作为基础，在对单位投入影响的研究中投入了"边际社会纯产值"与"边际私人纯产值"两个概念，以分析社会与个人之间的福利差异，并提出了正外部性与负外部性两个概念。正外部性指某种活动或者经济投入能够提高社会与个人的福利水平，如建立城市公共图书馆，不仅能够更进一步推广和普及知识文化，还能够进一步提升社会的整体文明程度；负外部性与之相反，指的是开展活动或投入经济不仅没有造福社会，还损害了个人乃至整个社会的福利，如建立工厂，工厂的生产活动排放了大量废气、废水、废物，不仅污染了环境，还对周围居民的身体健康造成了影响，具有显著的负外部性。

碳减排能够有效减缓人口的增加和社会生产发展产生的环境压力，降低气候和环境的负外部性，同时影响着社会的经济活动，因此可以用外部性来阐述碳减排的成因与影响。

2. 庇古税

根据古典经济理论，企业并不需要为生产活动中排放的污染物承担生产成本，但其造成的污染会导致社会及其他组织或个人遭受相应的损失，社会为了治理污染，通常要消耗更多成本，而这种成本可能远超出企业的收益。因此，庇古认为，实行税收管理机制能让制造污染的企业意识到自身污染行为对环境与社会的影响，进而将社会治理污染需要消耗的成本融入产品的价格中，由消费者承担。征税增加了私人需要承担的成本，并控制其与社会成本相等，消除了所产生的负外部性。比如，某企业在生产过程中释放了大量的温室气体，具有明显的负外部性，损害了社会福利，在庇古税的作用下，负外部性逐渐消失，社会福利转为正值，具体如图4-1所示。

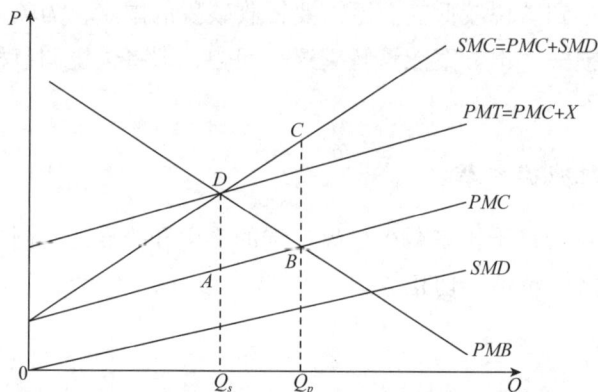

图4-1　庇古税的作用机理

图 4-1 为征税后企业的边际成本曲线，X 代表的是企业生产活动造成的庇古税。当企业消耗的边际成本与获得的边际收益持平时，即 $PMC=PMB$，交汇点 B 的对应值为该持平情况下对应的最大产量 Q_p；当企业的生产活动对社会环境造成负外部性影响时，SMD 代表产生的负面损害，SMC 代表企业产生的社会边际成本。从社会整体出发，考虑环境影响时的企业产量为 Q_s，其产量明显低于 Q_p。比较两个产量的社会成本可以看到，生产 Q_p 单位时社会成本的增加区域为四边形 $ABCD$，其中区域 ABD 是企业产量增加可获得的额外利润，相比之下，社会福利依然损失区域 BCD，也就是说，在考虑排放的社会成本之后，企业产量增加的收益并不能弥补其对社会带来的损害。所以，对企业单位生产征收 X 单位排放税，此时企业的边际成本增加为 PMT，使企业的最优产量 Q_p 等于社会最优产量 Q_s，这时，区域 ABD 是企业由于产量减少而损失的收益，但社会福利却因此而损失区域 BCD，社会净福利水平为 ABD 与 BCD 的差额，由于边际损害成本曲线是单增函数，所以在某一特定产量下，区域 BCD 的面积更大，即由于庇古税的调整，社会整体福利水平由负转正。

3. 双重红利

Pearce（1991）就碳税对全球气候变暖的调节作用进行了相关研究，并提出在获得碳税收入的同时应适当调整其他税收的税率水平，一方面降低税负，减轻国家的经济负担，提高社会福利水平，另一方面实现零成本的环境收益，这就是双重红利。双重红利为实行环境税收、实现节能减排、减缓环境压力提供了理论基础，制定科学合理的碳税税率能够实现碳减排，获得"蓝色红利"，还能增加政府的财政税收，获得"红色红利"。

随着对碳税实行的影响的深入研究，学者对双重红利是否存在产生了质疑，或只有在特定的条件下，双重红利理论才可能成立。例如，Mooij（1994）与 Bovenberg（1994）研究认为，双重红利并不存在，而刘红梅等对国内外双重红利相关的研究文献进行了深入地分析，发现对该理论的研究仍存在两种正反对立的结论，虽然未形成共识，但仍有很多相关文献肯定了双重红利的存在性。

4. 公地悲剧

1968 年，Hardin 通过牧场经营的案例证实，过度利用公共资源将造成毁灭性的结果。如果不对污染物的排放做出限制，那么环境也会像公用地一样遭到无节制的破坏。

环境和牧场的公用地一样，有一定的容量限制，污染物质的排放造成的环境负荷必须保持在环境能承受的最大阈值之内，否则将给生态系统带来巨大的灾难。因此，治理污染、限制污染物的排放非常重要。比如，目前的生态系统最高仅能承受 2℃ 的升温，而生产经营者在进行生产活动时会产生大量温室气体，将其排放到大气中虽然不需要企业承担任何成本，但会导致气候变暖，达到环境容量的承载极限，加剧温室效应，从而导致公共环境污染，对全球生态系统造成实质性的灾难。

（五）碳税对企业的经济影响

碳税即对企业征收碳排放的税收。燃料燃烧虽然为产品的生产制造提供了动力，但是也产生了大量的二氧化碳，假设碳税的征收数额是根据碳排放量而定的，排放量越多，产生的税收越高，那么碳税与燃料的消耗量就形成了正比关系，进而与企业的产量形成了正比关系，所以企业产量的增长也会导致碳税增加，也就是增加了企业的运营成本，进而出现资金短缺等企业经营方面的问题，具体如图 4-2 所示。

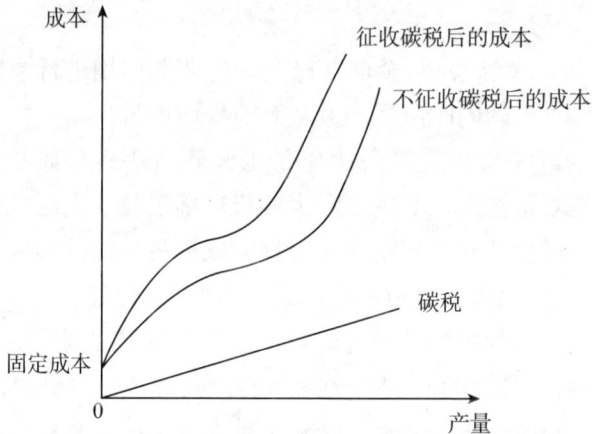

图 4-2 征收碳税前后的企业成本比较

例如，每消耗一吨石油将释放二氧化碳 2.9 吨，如果国内的碳税价格设置为每排放一吨二氧化碳征收碳税 10 ～ 20 元，对于生产企业来说，相当于石油每吨的价格提高了 30 ～ 60 元。然而，能耗越大的企业往往需要为此付出更多的运营成本，导致盈利能力相对降低。

随着企业盈利能力的降低，银行等金融贷款机构对企业的盈利信任度也随之减弱，部分贷款被收回，甚至还有一部分贷款的利息被提高，到时企业的资金流越来越少，影响其生存和发展。另外，企业的所有人也会因为运营成本的增长而导致获取的利润变少。

总而言之，碳税征收政策实行的初期阶段会对各大企业的运营造成一定的影响。但随着该政策实行的时间越长，企业的产业结构也将越合理，企业的低碳竞争力将随着各种减排新技术的应用而提高，对环境的影响逐渐降低。

（六）碳税在国外的使用效果

碳税是中国正在考虑要实行的市场机制之一。碳税主要依据的是化石燃料的碳含量，因此对二氧化碳排放收税。这一机制的实施相当于提高了现有化石能源如煤炭、汽油等的价格。相比之下，使用风力、日光、水电等非燃料能源则更能减少碳排放。

2008 年 7 月，在北美哥伦比亚推出了世界上第一个碳税。不列颠哥伦比亚省新碳税税款反映碳税的关键原则：广泛性、渐进性、可预测和帮助低收入人群。它是从少量开始逐步提高，使消费者和企业通过提高能源效率做出回应。收入以保障最低收入家庭的方式返回到居民和企业。

碳税是一种特别有效的税，因为它鼓励节约各种类型的能源，并提供许多额外的好处。大多数节能战略的成效和范围是有限的，如总量控制和交易规则通常只包括工业和一些建筑的排放，因为它与少数大企业签排放合同比与许多小企业和家庭更容易。总量管制和交易即以限制温室气体排放总量为前提，通过行政交易碳排放的权利限制碳的排放总量。比如，美国等发达国家根据空气质量的改进目标向空气质量不达标的污染源地区分配二氧化碳的容许排放权，规范其排放量的比例并逐年消减，以达到改善空气质量的最终标准。各污染源地区取得相应的容许排放权后，可以在开放市场中自由交易。在《京都议定书》中，这一机制被首次提出来，以限制碳排放的权利，达到减少碳排放总量的目的。

通过增加车辆效率和减少交通为碳税提供最大的利益。鼓励购买高效率的燃料，减少车辆的燃油消耗，减少交通车辆总数，并进行运输价格改革（燃油税、以距离为基础的保险和注册费、停车价格等），以降低能源消耗和交通量。

（七）碳税机制的数学分析方法

1. 计税基础与碳税税率

限额与交易机制和碳税是两种不同的控制二氧化碳排放的方法。碳税主要利用价格影响经济主体的生产活动。部分国家将化石燃料的含碳量作为依据实行碳税征收政策，如丹麦和挪威征收碳税的对象就是石油、煤炭、天然气，碳税与能源税类似，而荷兰将两者合并，构成了能源环境税。2004 年初，欧盟正式践行能源税，以煤、天然气等能源为征税税基，税收对象为公共部门、工商业所使用的燃料。另一种碳税征收政策中将所排放的二氧化碳总量作为碳税的税基。由于监测二氧化碳排放量的技术不同，碳排放的总量分为实际排放量和估算排放量，其中估算法常用于统计估测国家或者规模较大的经济体所产生的二氧化碳排放总量。由于本书的考察对象是多级供应链，其碳排放具有边界清晰的特点，核算范围明确，因此以实际碳排放总量作为税基。

税率的制定对碳税的征收非常重要。目前，欧洲各国使用同一种税率形式，税率水平仍有较大差异（表 4-2）。

表 4-2　欧洲国家碳税税率　　　　　　　　单位：欧元/吨

丹　麦	芬　兰	冰　岛	爱尔兰	挪　威	瑞　典	英　国
约 15	30～50	约 13	约 15	10～40	约 100	5～20

根据生态环境部研究课题，中国计划的碳税水平为 20 元/吨，2020 年调高至 50 元/吨。此外，还有一种级差碳税，其是一种常用于学术研究中的税率形式，能够将不同的地区或者不同的行业之间的差异呈现出来，还能够体现减排主体的行为差异，激励经济主体自主进行节能减排。本章将采用两种不同的税率形式计算碳税，分别是统一碳税与级差碳税。

2. 统一碳税

统一碳税的数学计量方法相对简单，设置一个固定的税率形式，供应链各成员依据此税率计算缴纳的碳税即可。设定 π 表示统一碳税水平，则考虑单厂商问题时，应缴纳碳税总量如下：

$$\Pi = \pi \times \left(E_T + E_W + E_M \right) \qquad (4-1)$$

其中，Π表示单厂商应纳碳税总量，生产—库存系统产生的全部碳排放通过统一碳税转化为企业运营成本，由此改变原有的决策变量。

在多级生产—库存系统中，供应链分散决策时，各成员的碳税计算方法与式（4-1）相同，供应链集中决策时，式（4-1）中后一项是指全部成员的运输、库存和生产碳排放总量。

3. 级差碳税

级差碳税能够体现碳排放的地区差异、行业差异、不同排放主体之间的差异，还能够反映出同一排放主体不同行动产生的差异，这种税率形式由社会在碳排放方面的容忍度决定。本书中设置碳排放的容忍度标准为中国政府设置的减排目标所测算的碳排放增长比率。

在哥本哈根气候大会上，中国政府向国际社会明确承诺：2020 年单位 GDP 的二氧化碳排放（二氧化碳强度）比 2005 年下降 40%～45%。2005 年，中国 GDP 总量 18.4 万亿元，二氧化碳排放总量 55.7 亿吨（数据来自世界资源研究所，WRI）。近年来，中国经济始终保持高速增长。2008—2012 年，GDP 增长率分别为 9.6%、9.2%、10.3%、9.2%、7.8%。2013—2020 年，GDP 增速为 8%，通胀水平为 3%，单位 GDP 排放强度下降 40%，可计算出 2020 年的中国二氧化碳年排放总量为 159.9 亿吨，设 φ 表示年排放增长速度，则

$$55.7 \times (1+\varphi)^{15} = 159.9 \tag{4-2}$$

由此得出，为完成中国既定的碳排放承诺目标，在未来几年，中国二氧化碳排放总量年平均增长率为 7.3%。为了实现这一共同目标，要求企业排放增幅尽可能与平均增长率保持一致。文中引入另一个概念，用污染水平指数（θ）来衡量企业实际排放与政府分配标准之间的差异，即

$$污染水平指数（\theta）= \frac{企业实际排放数量}{初始分配碳限额} \tag{4-3}$$

污染水平指数可以确定企业超标准排放程度，结合二氧化碳排放总量年增长率，确定碳排放容忍度 λ 等级如下：

$$\lambda = \begin{cases} \lambda_1 \ 碳排放可接受 & \theta \ 1 \\ \lambda_2 \ 碳排放可容忍 & 1 < \theta \ 1.073 \\ \lambda_3 \ 碳排放不可容忍 & \theta > 1.073 \end{cases} \tag{4-4}$$

以污染水平指数为划分边界，λ_1 表示企业实际排放数量小于或等于初始分配碳限额数量，这一区间内的碳排放数量是可以接受的；λ_2 表示分配碳额度不足，但企业实际排放数量低于承诺目标允许的增长范围，是可容忍的；λ_3 表示碳排放增速超过许可比率 7.3%，企业排放行为加重社会减排负担，是不可容忍的。这样根据碳排放容忍度等级变化可以确定企业对应的级差碳税水平如下：

$$\zeta = \begin{cases} \zeta_0 & \lambda_1 \\ \left.\begin{array}{ll} \zeta_0, & \text{限额部分} \\ \alpha\zeta_0, & \text{超限部分} \end{array}\right\} \lambda_2 \\ \alpha\zeta_0 & \lambda_3 \end{cases} \qquad (4-5)$$

其中，ζ_0 表示基准碳税，α 表示征税调整系数，$\alpha = [(\theta - 1) \times 100]$，当 $\alpha = 1$ 时，即为统一碳税。

通过级差碳税，将企业实际排放数量与税赋高低相联系，企业排放越少所对应的税率越低，有助于企业自主减少碳排放，克服统一税率存在的不足。

四、碳限额

（一）碳限额的内涵

目前，为了满足低碳经济的发展需要，国家重点关注企业的碳排放问题，碳减排逐渐成为企业发展低碳经济、实现可持续发展的关键。碳限额机制的实行将碳排放权变成了可以交易的特殊资源。在政府碳配额固定的前提下，企业可以通过制定碳减排决策、优化产业结构、生产低碳产品、提供低碳服务实现节能减排和提升自身的竞争力；当企业碳配额不足时，可以选择增加投入自主进行碳减排，也可以在交易市场中购买碳排放权；当企业碳配额有余量时，也可以将其出售给其他企业，获得额外的收益。限定碳排放额、交易碳排放权不仅能够制约企业的碳排放，还能够激励企业改进自身的技术和产业结构，实现节能减排，降低生产成本，获取更高的收益。

目前，全球有两种碳限额机制，一种是由欧盟主导的总量控制与交易机制，这种机制对企业的碳排放总量有着一定的制约；另一种是由美国主导的密度目标机制，限定了企业单位碳排放标准。

（二）限额与交易机制的原理

该机制指由政府向各个企业分配初始的碳排放额度，各个企业根据自身的实际情况和需求交易碳排放权，因此该机制也叫总量管制交易。该交易机制实行的实质就是通过交易碳排放权使政府的碳排放限额与企业实际产生的碳排放总量达到平衡。按照特定的分配原则，企业能够获得政府初始分配的碳排放限额总量为 L，而企业实际排放数量与分配限额之间的差异以可交易碳限额 Y 体现，可交易碳限额代表一个可以为正或负的数值，当可交易碳限额 $Y > 0$ 时，表示厂商初始分配碳限额出现结余，这一部分剩余限额可以在碳交易市场上以特定价格出售，用以增加厂商收益。相反，若 $Y < 0$，则表示厂商超标准排放，为履行政府排放政策，需要在碳交易市场上购买差额部分。基于限额与交易原理，可以得出单厂商可交易碳限额如下：

$$Y = L - E_\mathrm{T} - E_\mathrm{W} - E_\mathrm{M} \tag{4-6}$$

也就是用初始分配碳限额减去运输、库存、生产过程碳排放量后的余额，由于 Y 可能为正或负，由此可改变传统供应链的生产与库存决策。

（三）碳限额与交易机制的应用

对于多级供应链而言，当整个系统分散决策时，每个成员独立对外交易，各自可交易碳限额计算数量如下。

零售商可交易碳限额：

$$Y_r = L_r - E_{\mathrm{T}r} - E_{\mathrm{W}_r} \tag{4-7}$$

式中：Y_r 表示零售商 r 的可交易碳限额；

L_r——零售商 r 的初始碳限额；

$E_{\mathrm{T}r}$——零售商 r 订货时运输活动碳排放总量；

E_{W_r}——零售商 r 库存持有活动产生的碳排放总量。

制造商可交易碳限额：

$$Y_\mathrm{M} = L_\mathrm{M} - E_\mathrm{TM} - E_\mathrm{WM} - E_\mathrm{M} \tag{4-8}$$

式中：Y_M——制造可交易碳限额；

L_M——制造商的初始碳限额；

E_TM——制造商运输碳排放总量；

E_{WM}——制造商库存持有原材料与产成品的碳排放总量；

E_M——生产碳排放总量。

供应商可交易碳限额：

$$Y_s = L_s - E_{Ts} - E_{W_s} \qquad (4-9)$$

式中：Y_s——供应商 s 的可交易碳限额；

L_s——供应商 s 的初始碳限额；

E_{Ts}——供应商 s 订货时运输碳排放总量；

E_{Ws}——供应商 s 库存持有的碳排放总量。

当供应链整体集中进行决策时，其成员企业之间可以共享初始碳配额，当其中某个成员的碳限额不足时，可以先从供应链内部调节碳配额，调整后，以碳限额不足或有剩余的多个成员组合成一个整体，再对外进行购买或者出售碳排放权。此时，供应链可交易碳限额的表现形式如下：

$$Y = \sum (Y_r + Y_M + Y_s) = \left(\sum_{s=1}^{m} L_s + L_M + \sum_{r=1}^{n} L_r \right) - (E_T + E_W + E_M) \qquad (4-10)$$

供应链全部可交易碳限额等于各成员可交易碳限额之和，或初始分配限额总量与三种排放之差。

五、碳交易机制

（一）碳交易机制理论的基本框架

碳交易机制主要包括两种，即总量控制与交易机制（Cap-and-Trade）和基线与信用机制（Baseline and-Credit）。本书在这主要介绍总量控制与交易机制理论。

碳资产分为限额（allowance）和补偿（offset），由总量控制与交易机制设定其中的碳资产限额部分。总量控制与交易机制规定，所有参与者的碳排放总量是事先给定的限额（Cap），之后根据限额总量在参与者之间按一定规则分配，正是在这样的环境下，该种限额具有了独特的特性，既不能被创造，又不能被挪用，进而限额成为一种稀缺资源，由于其具有可交易转移的性质，以及经济主体的需求，使其具有了相应的价格，由此一个限额交易市场正式成立。目前，世界上已经形成了比较正式的成熟的碳限额交易体系，如欧盟的排放交易体系（EU ETS）、澳大利亚新南威尔士州温室气体减排计划（NSW-GGAS）、美国部分州参与的区域温室气体行动计划（RGGI）等。

按是否自愿加入减排体系、是否自愿承担减排义务，我们可以将碳市场的交易分为以履约为目的的强制性交易和无合约限制的自愿性交易市场。EU ETS 欧盟排放交易体系中，各相关排放源企业则是被强制纳入减排体系，并强制承担减排义务，即"双强制"市场。还有自愿碳标准（VCS）市场中的"完全自愿"市场。

碳交易市场中的交易商品主要由基础产品和衍生品组成，具体如图 4-3 所示。

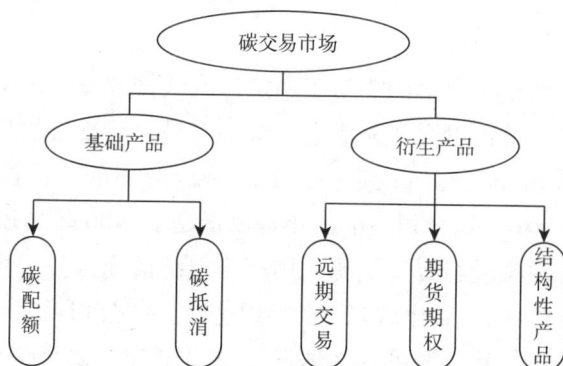

图 4-3　国际碳交易市场的划分

基础产品包括限额与碳信用 / 碳抵消，衍生品主要包括远期交易、期货期权和结构性产品。交易市场的范围分为区域内和区域外。此处的"区域"定义范围比较广，可以是国家内的不同省份之间，也可以是国家集团。市场与市场之间存在一定的竞争关系。

交易场所与普通商品市场一样，分为场外交易和场内交易。场内交易主要在交易所集中交易，由于其对比局部市场与个人交易更加完善、可靠，逐渐成为进行碳排放额交易活动的主流场所。

无论是国家还是企业，都可以成为交易碳排放额的经济主体。随着低碳经济的发展，人们对节能减排的责任感日益提升，越来越多的社会组织或个人参与碳减排活动。处于供应链中的成员都可以参与碳交易，以解决碳限额的影响或者获得出售碳排放权的收益，这不仅减少了碳的排放，还有效激励了各个企业积极实现碳减排目标。在碳限额的约束和碳交易政策的共同作用下，实现了企业从被动减排到自主减排的过程，实现了各个供应链的碳优化。

对碳交易过程的理解，"欧盟反气候变化行动"宣传中的一个假定的例子最合适。企业 M 和 N 每年各自排放 10 万吨二氧化碳，而在各自国家的分配计划内，每年获得 95 000 吨的排放许可额度。为了弥补这 5 000 吨的缺口，可以减少二氧化碳的排放量，或者通过市场的交易行为购买排放额度。对于 M 企业，每减排 1 万吨的成本为 50 000 英镑，进而决定小件排放，而对于 N 企业，减排的边际治理成本为每吨 15 英镑，可知从市场上买入额度更合算，结果是 M 企业从卖出 5 000 吨的多余排放而获利 5 000 英镑，并充分弥补其减排成本，N 通过购买 50 000 英镑的额度达到限量标准，而不是花75 000 英镑来减少自身的排放。当然，实际中的交易要比这个例子复杂。

（二）碳交易方式

一般来说，两个企业之间交易了一定量的碳排放额，满足了购买方碳排放量的实际需要，就可以视作完成了一次碳交易。碳排放的目标既可以由规则制约，也可以由企业自行设定。例如，一个公司的年排放目标是 20 000吨二氧化碳当量/年，而公司当前的年排放量是 25 000 吨二氧化碳当量/年，即使通过减少能源消耗与提高能源利用率等内部措施，公司的年排放量仍然只能降低到 22 000 吨二氧化碳当量/年，这时，此公司就需要购买 2 000 吨二氧化碳的减排信用额或者可以达到它的 20 000 吨二氧化碳当量/年的排放目标。

也可以在碳交易市场中选择项目购买碳排放限额，而碳信用额需要从准许市场中特定的碳补偿项目中购买。一般而言，由最高限额与限制贸易体制设定和分配碳排放限制，参与者获得最高限额后，可在执行期末根据自身实际情况买卖碳排放限额，最终在碳排放总量得到控制的情况下，各个参与者实际排放的二氧化碳与他们所持有的限额相等。这些碳交易活动打造了"碳市场"。

（三）碳交易动因

在日趋激烈的国际经济竞争中，减排的成本问题已经成为各国企业关注的重点。碳交易理论中对各个国家和企业兼顾发展和环保两个方面提出了可以使用的最可靠的办法。有些企业投入较低的成本就能完成减排目标，将剩余的限额出售以从中获利，还有些企业获得的碳排放额无法满足实际碳排放量，内部减排需要花费更高的成本，这就需要购买碳排放额完成生产计划，也就意味着需要付出更多的成本。

（四）碳限额与交易机制减排机理

限额与交易机制从本质上看是一种总量干预机制，通过分配碳排放限额和交易碳限额两种手段在宏观层面上控制碳排放总额，实现减排目标。该机制的减排作用原理符合其经济学特性。

1.产权理论与资源稀缺理论

科斯研究认为，所有权失灵是导致市场失灵的最根本原因。产权即某种资源的所有权，包括其使用、占有、处置、收益的权利和相关的责任。导致市场失效的实质原因是产权界限不明确造成的经济主体所拥有的权利和其需要承担的责任义务模糊。只有明确界定产权的范围，才能使经济主体的责任义务与权利达成对等关系，内部转化为外部的非经济成本。环境资源是一种公共财产，碳排放权也可以视为公共环境的一种使用权、处置权，各个经济主体分配或交易获得的碳排放额度实质上是在转让环境资源的使用权利。国家政府或国际相关环保组织通过碳交易的方式调节各个经济主体所分配的碳排放权的盈余，进而控制碳排放的总量。因此，产权制度既对资源配置的优化有一定作用，又能够调节市场，避免因外部不经济导致市场失灵。

当资源无法满足所有经济主体的需求时，就会产生资源交易，这也是发生碳交易的根本原因。如今，人们对环境问题有了更深层次的认知，了解了资源具有不可再生的性质，更了解了目前环境已被严重破坏的局面，意识到保护环境的重要性，从而更加珍惜资源，发展低碳经济，在一定程度上促使交易碳排放权形成。

2.不存在碳交易的经济分析

当企业在分配的碳限额下生产时，碳市场交易行为并不存在，具体企业的生产行为与社会福利变化如图4-4所示。

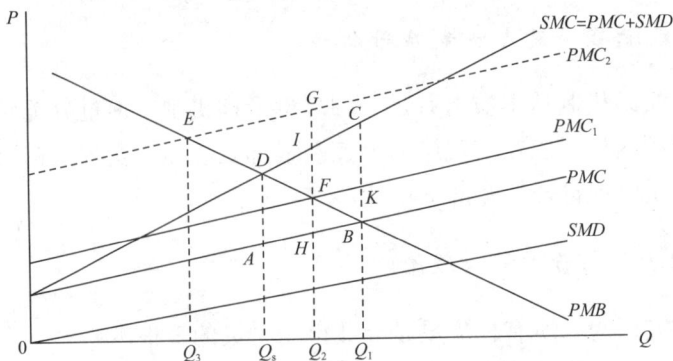

图4-4　没有碳交易时的企业生产与社会福利分析

如图4-4所示，横轴代表的是企业的生产数量，纵轴代表的是产品价格，企业边际收益用 PMB 曲线表示，企业的生产活动对社会产生的边际损害成本用 SMD 曲线表示，社会边际成本用 PMC_1 曲线表示。当企业不将碳排放因素纳入考虑范围时，边际成本曲线与边际收益曲线于 B 点交汇时，达到最优产量 Q_1；将碳排放限额因素考虑在内，但不考虑碳交易市场的调节能力时，企业减排成本增加，边际成本增大，对应曲线上调，与边际收益曲线的交点 F 即为该情况下的最优产量 Q_2，明显低于 Q_1，这种情况下，企业的产量减少，收益随之减少，BFH 这个区域会遭受一定的利润损失，进而整个社会为保持平衡减少产量导致支出成本降低为区域的 $FBCI$，减去企业边际成本增加部分 BFK 后，依然有正的社会福利剩余，实行碳减排后，企业生产数量减少，但改进了社会总体福利水平。从碳排放目标看，这个最优产量却不一定是社会最优产量，如果考虑企业生产活动对社会的损害成本 SMD 以后，企业的边际成本 PMC_1 依然低于社会边际成本 SMC，企业生产数量的减少并不能补偿其碳排放对社会造成的负面影响。依照社会边际成本曲线，企业生产数量 Q_s 比 Q_2 还要低。也就是说，单个企业在碳约束下生产的数量确实能减少碳排放数量，但从整个社会来衡量未必是最优的结论。

假设存在另外一种特殊情况，企业具有强烈的减排意识，减排力度加大而使边际成本曲线上移至 PMC_2，此时企业的产量为 Q_3，比社会所要求的最优产量还要低，企业碳排放目标超额完成，企业会出现剩余碳限额。由于不存在碳市场交易，剩余的碳限额因无法出售而浪费，但此时过高的减排成本会加重企业负担，远远超过社会福利水平，整体社会福利水平并未因企业超额减排力度而有所改进，所以 Q_3 依然不是最好的产量水平，只有当 Q_3 和 Q_2 都等于 Q_s 时，社会整体福利才能实现最优，这就需要通过碳交易改进企业碳排放限额约束。

3.限额与交易的经济分析

当确定碳限额分配标准，并结合碳交易市场共同使用时，即形成了限额与交易机制。为了更好地研究限额与交易所产生的影响，此处略去社会边际成本的影响，只用企业边际成本。

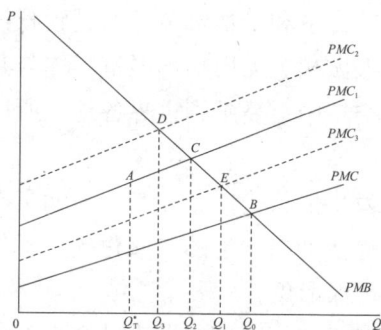

图 4-5　限额与交易下企业生产数量分析

在图 4-5 中，Q^* 表示企业最初分配的碳限额所对应的生产数量，Q_0 表示无碳约束时的生产数量，当存在碳限额市场交易时，企业的边际成本曲线会由于交易变化而上下移动，这里假设边际成本曲线移动幅度代表减排的幅度，减排既包括企业内部技术上的，又包括与外部碳交易市场所发生的关系。PMC_1 为企业现有减排水平的边际成本曲线，与 PMB 的交点所对应的生产数量为 Q_1，大于产量 Q^*，所以分配给企业的初始碳限额明显不足，需要通过外部碳交易市场购入碳限额的差额部分。由于购买行为使企业边际成本曲线上移至 PMC_2，其所对应的产量是介于 Q^* 与 Q_1 之间的产量 Q_2，高于初始碳限额所确定的产量 Q^*，使企业利润增加，又比企业现有减排水平下的产量略低，也就是说，碳交易行为使企业在兼顾社会责任的同时，能够最大限度地改变企业生产数量。

同样，存在另外一种特殊情景：假如企业初始分配碳限额较高，其所对应的最大生产数量为 Q_3，高于企业现在正常减排水平下的生产数量 Q_1，此时企业可通过出售碳限额来减少生产数量，即出售 Q_3 与 Q_1 之间的碳限额，这样使边际成本曲线再上移至 PMC_1，使产量达到最优。

六、碳补偿

碳补偿（Carbon Offset）也叫碳中和，现代人常以此减缓全球变暖的速度。人们将日常活动中产生的二氧化碳总量，以及将其消除需要耗费的经济成本计算出来，再向专业机构付款，通过他们的环保项目或植树造林等方式消除大气中的二氧化碳。

碳补偿从一定意义上说是一种交易，与专业机构合作并购买相关服务就相当于进行了碳减排方面的交易。这些专业机构通过升级生产设备、改进发电厂机器、提出提高能源使用效率的方案、植树造林等方式完成碳补偿。碳补偿项目提倡集合团体的力量和筹集资金，通过碳减排项目减少大气环境中的温室气体，不鼓励个人做相关无用功。温室气体与其他污染物相比，更易与其他气体混合掺杂进空气中，蔓延到世界各地。所以，碳减排活动需要全球共同面对和参与。

碳补偿是一种自愿发生的行为。企业与个人购买碳补偿服务，中和日常生活、生产、交通运输等活动中产生的二氧化碳，不仅能够减少其产生的碳足迹，还能够树立公众环保形象。

我国于 2008 年 12 月发布了中国绿色碳基金碳补偿标识，这是我国第一个官方碳补偿标识。我国公众可以通过加入"消除碳足迹，参与碳补偿，积极应对气候变化"活动自愿向中国绿色碳基金捐资进行"植树造林吸收二氧化碳"的活动，从而获得碳补偿标识。该标识是其所有者对中国绿色碳基金捐赠资金、做出贡献的一种象征，证明了其所有者积极实践低碳生活，消除个人活动产生的部分甚至全部二氧化碳。

第二节　企业与政府低碳物流的实现

一、突出顶层设计和创新管理

首先，应加强顶层设计与统筹规划。掌握并实施有效措施解决或减缓大气污染、废物排放、违章建筑等问题，从整体层面做出全面的规划，综合发展低碳活动，重点治理突出的环境难题，分步实施解决各种广大群众关心的环境问题，以实实在在的环境改善成果向大众证明低碳工作的力度与决心；其次，结合低碳发展的战略目标创新管理体制，改进投融资体制，加大改革行政管理体制的力度，促进资源共享、职能整合，合力管控发展低碳经济，鼓励国内外资本与企业积极参与碳减排事业；再次，依靠科技创新。通过科技的攻关在发电厂和其他大的能源消耗行业，如钢铁、陶瓷（建材）等行业，开发提高能源效率和进行二氧化碳捕集与储存的技术、可再生能源利用的技术、节能住宅和环保汽车的技术等；最后，进一步建立健全信息沟通机制、工作协调机制，共同研究解决经济发展中生态环境建设的重大问题。

二、出台相关扶持政策

政府应出台相关优惠和扶持政策，激励大、中、小及微型企业优化产业结构，引进低碳技术，提高能源的使用效率，进而减少温室气体的排放。首先，可以对减排工作效果突出的企业给予表彰和适合的物质奖励，以充分调动企业发展低碳经济的积极性；其次，可以通过减收或免征某类税收的形式，或者以财政补贴的形式鼓励企业实行低碳经济；最后，还可以对所有企业进行低碳信用评估，根据低碳化发展水平的高低评估企业的低碳信用分数，低碳信用分数可用于向银行等金融机构贷款时降低偿息利率或用于争取更高额度的贷款。政府应鼓励企业继续实行低碳经济，引导和调动企业发展低碳经济的积极性，鼓励企业节能减排，实现高能效、低碳发展。

三、设立碳基金组织

碳基金组织由政府投资组建，是一所专门协作公共部门或企业实行碳减排工作的独立公司，其以加强对碳排放的管理和提高能源使用效率作为中短期目标，以投资低碳技术为长远发展目标。碳基金的资金除政府预算外，还可来自向工业、商业、公共部门（住宅、交通部门、居民除外）征收的一种能源使用税，这种能源使用税要逐渐成为碳基金的主要来源。目前，发达国家均已开始实践且效果显著，如英国于 2001 年成立碳基金，其资金主要来自气候变化税，每年约有 66 亿元气候变化税拨付给碳基金管理使用。

四、加速推进空气重污染应急减排工程

成立空气污染应急控制指挥部，建立城市应急体系和管理系统，针对不同的空气重污染程度与可能持续的时间、可能出现的各种问题、造成的影响修订全面的应急方案，做好应急预防工作，根据环境的污染程度严格实施相应的应对措施。各企业与个人应积极配合国家联防联控大气污染战略，主动参与到国家对环境污染实行的各种管控活动中，使城市年度大气污染物含量降低，减少温室气体的排放，配合政府相关部门的工作，从源头上减缓温室气体的排放。同时，对城镇、乡村的散煤燃烧做好精细化管理，严格治理其污染物的排放，尽可能使用清洁性能源代替经营性燃煤，在区县、乡镇范围

严格实施环境治理办法，严查无照非法经营企业，尤其严查矿业等污染严重的企业，规范生活垃圾的运输和处理。

五、法规和组织落实保障

政府应制定相应的法规，并设置专门机构以保证这些措施得到彻底执行，根据不同地区的实际情况制定治理环境的管控办法，限制高污染车辆，鼓励居民使用公共交通工具出行，限制工业、交通、生产加工等活动排放的废气，根据污染物的排放量收取排污费。

各级组织部门要进一步完善干部考核评价机制，将生态环境建设作为重要的考核指标，进一步建立健全生态环境指标体系、监测体系和考核体系。纪检监察部门要加强对生态环境重大项目落实情况的监督检查，健全生态环境保护责任追究制度，对落实不力、工作不作为的，要给予问责。

六、在生产、建筑、交通运输等方面限制碳排放

充分发挥政府的领导和管控作用，加强对生产企业污染物排放的管理，设置考察小组，定期从对周围环境的影响、污染物处理、碳排放等方面对各地区的建筑、生产、工业等产业进行环保考察，对排放不符合国家标准的企业进行警告和限期处理，加强对企业的管理力度，倡导各个行业企业尽量使用清洁能源或者低碳技术，向企业提供结构优化指导，提高能源使用效率，采取适当的措施减少其对周围环境造成的污染，创造绿色低碳的生态环境，将绿色发展、低碳经济原则贯穿所有行业。

对于交通污染严重的城市或地区，提倡以清洁能源代替化石能源的使用，实施限号出行政策；发展物流行业共同配送，以营业用货车代替自用车运输，优化运输方式；加强运输管控，合理规划道路布局和交通方案，缓解城市交通高峰阶段的交通压力，使用现代化手段和智能技术科学调控交通运输，减少碳排放。

第三节　全球主要碳排放交易体系

一、欧盟

欧盟碳排放权交易机制于 2005 年设立中国城市低碳经济网。作为最大的国际碳交易机制，中国城市低碳经济网（www.cusdn.org.cn）欧盟碳排放权交易机制不仅包括其全部成员国，还包括挪威、冰岛、列支敦士登，涉及交易的各类工厂总数量约 1.1 万。该机制坚持"限制和交易"原则，以每年规定的碳排放总额为基础，向各个企业分配碳排放额。对于超额排放的企业实施严格的惩罚措施，对于碳减排效果凸显的企业发放碳信用。各个企业经分配获得的碳配额与碳信用皆属于碳排放许可，可以在碳交易市场交易。此外，其他碳交易企业、银行、投资机构都可以参与碳交易。

2021 年 3 月 19 日，欧洲议会投票通过"碳边界调整机制"（CBAM）议案，这使欧盟距离 2023 年正式施行碳关税政策又近了一步。该议案称，如果一些与欧盟有贸易往来的国家不能遵守碳排放相关规定，欧盟将对这些国家进口商品征收碳关税。

二、美国

美国是全球第二大碳交易市场，已建立起较为成熟的区域性碳交易市场体系。美国早在 2003 年就建立了芝加哥气候交易所，主要为承担自愿减排任务的十个州和自愿减排企业提供交易服务。美国的碳交易包括二氧化硫等六种温室气体。它所实施的严密监控体系和测算体系为市场交易提供了强有力的支撑。

三、韩国

韩国在 2012 年 5 月通过了全国碳交易体系法案，企业可以买卖碳排放许可或者购买联合国清洁机制框架下的碳汇，满足自身的排放要求。参与韩国碳交易机制的企业超过 450 家，排放规模占全国总排放量的 60%。韩国在 2015 年正式实施碳交易体系法案，在严格的减排目标的压力下，韩国或将产生世界性规模庞大的碳交易市场。

韩国借鉴 EU ETS 的经验制订了阶段性的减排计划，自 2015 年起分三个阶段启动碳排放权交易：在第一阶段（2015—2017 年）参与配额交易的企业可以获得 100% 的免费初始配额，自第二阶段（2018—2020 年）起引入拍卖机制，在第三阶段（2021—2025 年）实现以 90% 为起点扩大有偿购买配额的比例。目前，韩国正在尝试一系列调整举措。

四、新西兰

新西兰自 2008 年起构建排放权交易机制（NZ ETS），并将林业部门、液化化石燃料、固定能源和工业部门纳入 NZ ETS。由于农业是新西兰的支柱产业，将农业纳入碳市场是 NZ ETS 的最大特色。同时，NZ ETS 规范了《京都议定书》确定的国际排放单位在新西兰的交易规则，允许国内企业使用国际碳信用额度进行海外交易。目前，新西兰通过引入拍卖机制、成本控制储备、向国际市场开放并确定配额供应五年计划等政策推动其碳市场不断发展。

五、日本

日本于 2010 年在东京构建了世界上第一个城市级排放权交易体系，并随后在埼玉县对东京 ETS 加以复制。日本两个城市级碳市场主要覆盖商业和工业建筑的电力与热力消费。目前，日本实现了东京和埼玉县连接的开创性城市级碳市场，以推进大型建筑和工厂的减排。

第五章　物流绩效评价的基本理论与方法

第一节　物流绩效评价相关理论

一、物流绩效基本理论

物流绩效是指某个时间段内物的流通中所创造出的价值，也就是在服务、物品和信息的交流中所消耗的劳动量、劳动占用和符合社会需要的相关的劳动产量之间的比值。评价是通过科学的考核方法在一定的准则下衡量其所研究和管理的对象，并比较考核的结果和预设的目标，以加强对真实情况的认知和管理。

对于物流绩效的评价应为全面评价，具体包括企业在物流过程中的历史成果、经营状况和未来的发展。企业管理中多通过绩效评价来完成计划和控制，管理好企业，进行有效调控。总体来说，其分为四个方面：认知、引导、考核和促进。

在物流绩效考核的基础上，企业能认识到自己在经营中的状况或和其他企业的经营水平相比较，找出企业的经营状况和行业内的优秀企业间的不同，吸收优秀物流企业的经营经验，不断挖掘企业的潜力，改进薄弱环节，最后不断增强物流企业的绩效。

一个全面而有效的绩效评价体系应该包括评价对象、评价目标、评价标准、分析报告和评价指标等要素。它们一起形成了完整的、有机的物流企业的绩效体系，具体如图 5-1 所示。

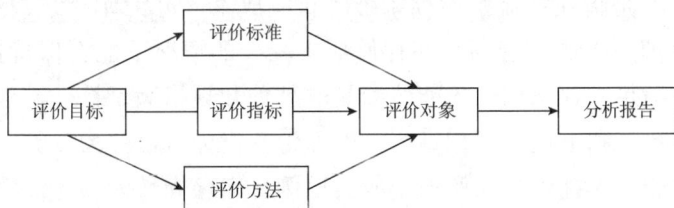

图 5-1　物流绩效评价基本组成要素

二、物流绩效评价指标体系的建立

指标的评价标准是物流绩效评价中最主要的内容，它的科学设定能全面地反映评价方法和方案的实施，并得出合理的评价结果。评价指标是评价中的具体评判标准，一般可以依照评价对象的不同对具体指标进行设定。在评判评价指标的时候，要根据类别和结构的不同加以分析，根据各种文献把物流系统的指标进行综合评价，其具体可以分为五大类，即仓储的管理、运输的管理、库存的管理、企业发展的管理和信息化管理。每类指标又有自己的二级影响因子。

（一）仓储管理指标

仓储指的是在物流中储存配送对象并进行保管，其目的是保证生产和消费活动具有一定的连续性，让货物在配送中保持完整。合理的仓储能够让物流过程得以连续，满足客户的多元化需求，而且仓储是一个高质量的管理过程，除了能够增加经营方或供应方获取货物的价值，还能获取相应的附加值。综合相关文献，仓储管理指标分为年仓储费用和年仓储总投入的比值、物品盈亏率、仓容利用率、物品盈亏率、人均物品周转率和仓库面积利用率等。

（二）运输管理指标

物流中的一个主要功能是运输。运输可以弥补产品的提供者和消耗者在空间上的距离，让产品运送到需要的地方。通过最少的时间、最少的费用来高效、高质量地运输物品。根据上面所说的，运输管理指标主要分为物品的损坏率、企业的运力利用率、时间利用率、运输中的物品完好率等。

（三）库存管理指标

库存成本是指在物流中库存系统的相应成本，分为库存结构和库存量。库存量的合理与否决定着商品在存储成本减少的情况下能否保持正常流通。只有合理地满足库存结构，才能让商品的品种和规格满足社会需求，适应市场发展的需要。和上述资料相结合，库存管理指标可以分为五类：库存额与库存预算之比、库存资金在产值中所占比例、库存周转天数、供应计划的实现和合理的库存结构。

（四）企业发展管理指标

企业发展管理指标指的是企业以目前经营的业绩和企业在管理客户中所表现出的企业潜力等展示企业的核心竞争力和竞争优势，是企业认识到其竞争力的重要表现形式。和相关文献相结合，企业的发展管理指标分为六大类：平均交货期、总资产利润率、净资产利润率、资金周转率、市场占有率和事后用户的平均满意度。

（五）信息管理指标

物流企业的信息化指的是信息基础的建设和资源的开发和利用。对物流信息的合理利用能帮助企业保持在供应链上的上下级间的信息共享，破除信息的不对称，提高运作的效率。和相关文献相结合，信息管理指标分为客户变动提前期、网络覆盖率、平均传输延迟率等几个大类。

第二节　物流绩效评价方法研究

在绩效管理实施中我们经常会发现，选择绩效考核方法的时候会遇到绩效指标不知道采用何种方法建立，在实施绩效管理时也不知采用什么方法最恰当等情况。虽然绩效管理的方法或者说绩效考核的方法有很多，但是总结起来主要有以下两个方面：

第一，在绩效管理指标体系建立时采用的绩效管理方法。最常用的有关键绩效指标法（KPI）、平衡计分卡（BSC）、关键成功因素法（CSF）等。

第二，在绩效管理实施中绩效考核时采用的绩效管理方法。最常用的有目标管理法、关键事件法、倾向评分配比法、360°反馈法、等级评估法和强制分布法等。

一、建立物流绩效评价指标体系时的绩效管理方法

（一）关键绩效指标法

企业关键绩效指标（Key Performance Indicators，简称KPI）是以对企业内部流程的输入端、输出端进行取样、设置、计算和分析它的最主要的参数来分解企业的战略目标，将其变成可操作的工作目标的工具，是企业绩效

管理的决定因素。KPI 部门的主管能明确部门的重要责任，并明确部门人员的业绩目标。建立明确并可行的 KPI 体系是绩效管理成绩好坏的最主要的评判标准。而通过关键绩效指标来衡量工作人员的工作绩效是绩效计划中的主要组成部分。KPI 法有一个重要的原理就是"八二原理"。在企业的价值创造过程中应符合"80/20"定理，也就是说，20% 的骨干成员创造出了 80% 的价值，而且对于每位员工来说，这个"八二定理"都是适用的，即 80% 的工作是由 20% 的关键行为完成的，所以要抓住这关键的 20%，加以分析和衡量，继而抓住业绩评价的关键点。

目前，KPI 体系建立的难点是缺乏一套系统且实用的方法，本书旨在对 KPI 体系建立的方法进行系统的研究和梳理，为大中型企业在建立 KPI 体系方面增加可操作性。

关键绩效指标是可量化的、被认可的、反映企业目标实现的重要指标体系，是绩效管理的重要手段，推动着公司价值的再创造，其功能主要表现在下面几个方面。

第一，分解公司的战略目标，让高层领导能够对公司是如何创造价值的有清晰的了解。

第二，反映关键业绩的驱动变化因素，让管理者能够对经营中所出现的问题进行诊断、管理并采取相应的措施。

第三，区分定性、定量这两个指标，以此推动公司执行相应的战略目标。

第四，对于关键、重点经营行为做出反应，让管理者能够以最饱满的精力促进业绩的发展。

第五，经高层领导者的决定，在业绩的管理和上下级的交流和沟通中提供客观可取的因素。

目前，很多企业慢慢知道了 KPI 体系所具有的优势，并且知道一个好的 KPI 体系包括目标管理、绩效管理、企业的设计和战略管理等，但是对于构建和企业自身发展相适应的 KPI 体系不知从何入手，没有系统的方法和理论作为指导。在这种情况下，博略现代咨询（北京）有限公司在总结大量大型企业项目运作经验的基础上，参考国内外的理论和方法，构建 KPI 体系并进行系统的梳理，总结了一套完整且操作性强的 KPI 体系的建立方法，这一方法适用于结构复杂、管理体系比较完善的大型企业。

（二）平衡计分卡

近年来，我国的一些企业对平衡计分卡（Balanced Score Card，简称BSC）进行了探索和学习，并争取在企业中进行推广，而有些企业也取得了一些成绩。本书对平衡计分卡的形式进行深入剖析，希望管理者能更加深入地了解平衡积分卡，并且更灵活地加以运用。比如，剖析其概念、所包括的维度、特点、作用及适用范围等。

1. 平衡计分卡的概念

平衡计分卡是依照企业的战略目标设计的指标系统。其创始人曾说过："平衡计分卡是一种有利于绩效管理的工具。"通过平衡计分卡能一层层分解企业的战略目标，把它变成具体的平衡条件下的绩效考核指标体系，并进行不同时期的考核，从而完成企业战略目标的建立和制定。

平衡计分卡主要包括"四个维度""两个关键的问题"。"四个维度"指的是客户、财务、学习和成长，以及内部的业务流程。"两个关键的问题"指的是战略的实施和企业绩效的有效评价。

2. 平衡计分卡的基本维度

从评价指标体系看，平衡计分卡分为财务、内部业务、客户和学习、成长四个维度。这四个维度一环扣一环，后面一环和前面一环形成了因果关系。平衡计分卡是在一张卡片上记录好这四个指标，以便随时跟踪指标完成的情况。为了保留传统的财务指标，平衡计分卡增加了三方面的非财务指标，即客户指标、学习与成长指标、内部业务流程指标。这样，不但实现了全面的企业绩效评价，而且在企业中得到大力运用，如很多政府部门、非营利机构都采用了这种绩效评估工具。这些年国内的企业在自身利益的基础上对其进行了本土化的实践，提出了很多平衡计分卡的版本，它们是以经典平衡计分卡的原理为基本内核来展开讨论的。经典平衡计分卡所实施的顺序分别是财务、客户、内部业务流程、学习和成长。后面一项指标是前一项指标驱动的要素，即领先指标，前一项指标的完成是要先完成后一项指标才可以的，如只有做好学习和成长这方面的工作，才能使内部的业务流程得到改善，这样一来，产品的销量才会增多，也才有了财务数据。

（1）财务指标

财务指标指的是企业的整体绩效考核目标，是用来衡量财务业绩的标准。它包括成长能力、价值创造和赢利能力三个方面。企业的生命周期不同，对财务目标也有不同的要求，这在指标的设定上有所区别。通常来说，财务绩效指标指的是经济增加值、资产负债率、净资产收益率、成本降低率等各项指标。

（2）客户指标

客户指标指的是用来衡量面向目标市场，为终端客户提供的产品和质量的指标。一个企业要想在市场竞争中取得胜利，就要得到客户的支持和认可。而要想取得好的效果，就要获得客户市场，获取客户的价值。这项指标和产品的质量、客户的关系管理、服务水平和企业形象等有关。客户的指标具体指客户的获取率、市场的占有率、客户的满意度等。

（3）内部业务流程指标

内部业务流程指标主要是反映内部管理经营的工作流程、业务的运作情况等。这项指标具体包括新产品的经营和开发时间、产品和服务的质量、制度的建设和售后服务等。内部业务流程指标反映了内部业务运作的主要环节和需要关注的细节，有利于帮助管理层发现企业内部的问题，使其采取相应的措施进行改进，继而提高企业内部的效率。

（4）学习与成长指标

学习与成长指标包括信息系统的管理、员工的实际能力和内部文化氛围等。另外，其还包括员工的满意度、科研成果、员工的工作效率、员工的知识水平等。

平衡计分卡的四个角度所对应的具体指标不是保持不变的，而是依据实际情况或形势变化加以调整的，如将员工的合理化建议作为内部业务流程的细化指标，也能从学习和成长的角度设定其具体指标。

平衡计分卡的四个维度与企业战略的关系如图5-2所示。

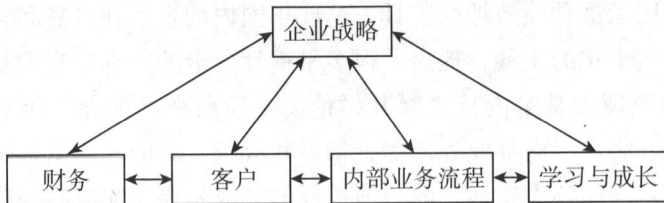

图 5-2　平衡计分卡的四个维度与企业战略的关系

3. 平衡计分卡的特点

第一，改变了以前只关注财务类的指标，而没有从长期收益的方面考虑的实际，这表明平衡发展的理念不但要关注短期利益，而且要注重长期发展；既要关注财务类的指标，又要关注非财务类的指标；既要关注外部环境，又要注重内部流程；既要注重结果的驱动因素，又要注重实际结果；既要关注有形资产，又要关注无形价值。

第二，要实现企业战略和绩效的统一，在把战略目标变成执行语言的时候，要对日常工作中的量度指标加以分解，让其从战略转向实际工作，清晰展示考核的标准、行动的计划，指明管理层和员工的工作方向和标准。

第三，在动态系统中，监控业绩目标的工作流程分为对四个维度的权重划分，设定好指标、考核标准，并且随着经营环境的改变而发生变化。

第四，作为前沿管理的一种理念，能快速促进内部员工的沟通能力，培养团队间的认知，增强企业的文化凝聚力，让人们都能在一种舒畅的环境中工作。

4. 平衡计分卡的作用

（1）平衡计分卡是用于核心战略管理和执行的一个工具

通过平衡计分卡能加强企业的总体战略部署，有效结合 BSC 四个维度的目标指标和最开始的行动方案形成一个战略管理和实施的有效体系。其目的是转化企业的战略为具体行动，以提高企业的竞争力。

（2）平衡计分卡是用来衡量绩效的一种先进的工具

平衡计分卡把战略分为四个维度不同的运作目标，并依据这四个维度分别制定合适的绩效衡量指标。目前，它不但能提供给企业其有效的运作中所需的各种信息，而且能屏蔽信息的不对称性和过于庞杂的特征，更重要的是它能给企业提供可量化、能测量、可评估的指标，帮助企业实现系统化、全面化的监控，完成企业的愿景目标。

（3）平衡计分卡是企业的各级管理者和管理对象在有效沟通的时候所采取的一种方式

在实施战略的时候，要联系企业的愿景和规划，让每个管理层甚至每个员工都能沟通，也让企业的所有员工能经由这些评论了解战略和远景规划，并给予有价值的回馈。平衡计分卡也能以不同的维度来表达那些较抽象、很难进行表达的公司战略，通过简单明了的语言让每个人都成为主人，让每个部门和岗位的目标都能和企业的战略目标保持统一，共同为实现企业的战略目标而奋斗。

（4）平衡计分卡是一个理念很先进的"游戏规则"，表达的是某种规范化的管理制度

平衡计分卡在执行战略的过程中要通过一套完整的统计记录表格记录运作的目标、绩效指标和工作计划等，并要求企业在实行平衡计分卡的时候，要从本单位开始，结合内部环境和外部环境来设计，所以不管是在形式上还是在内容上，每个企业的平衡计分卡并不相同。

5. 平衡计分卡的使用范围

平衡计分卡的适用范围很广，主要覆盖服务业、工业生产制造业、上市公司和改制企业等。现阶段，我国有很多外企尤其是跨国公司（包括在中国的分支结构）也都是采用这个管理系统。但是，采用平衡计分卡的不仅仅是公司，医院、政府部门甚至是警察局等非营利企业也都采用平衡计分卡系统。

（三）关键成功因素法

1. 关键成功因素法概述

关键成功因素法是信息系统开发中的规划法，是 1970 年由哈佛大学教授威廉·泽尼（William Zani）提出来的。

关键成功因素指的是对企业的成功起重要作用的要素。关键成功因素法指的是根据企业成功的最主要的要素来规划系统的需求。

关键成功因素指的是在讨论产业的特征和企业的战略间的关系的时候，一般是和本身的特殊能力相结合，和环境中的重要要求或条件相对应，以获取好的绩效。

关键成功因素法是在系统信息需求中通过关键成功要素进行规划的方法。在目前的系统中，总是有多个变量影响系统目标的达成，其中有很多个因素是主要的和关键的，也就是成功变量。关键成功因素法一般通过识别关键成功要素找出目标所需的关键信息点，并确定好系统在开发中的顺序。

2. 关键成功因素的来源

关键成功因素是建立在企业的目标、策略或目的的基础上的。企业想持

续发展，就要把握好这些少数的关键成功因素，否则难以达成预期目标。对于同一产业中的不同企业，其关键成功因素也会有所不同。其来源主要有以下几点：

（1）个别产业的结构

产业不同，产业自身的结构和特质也不同，其关键成功因素也不同，这些都决定了产业自身的经营特性。企业对这些要素要给予高度的重视。

（2）产业中的地位

企业的产业地位决定于过去的历史和现阶段的竞争。在产业中，每家企业的竞争地位不同，其关键成功因素也存在差异，这使得由一家或两家大公司占据主导的产业中，领导厂商的行动给产业内的小公司带来了较重大的影响，所以对于小公司而言，大公司的竞争者的策略是其是否能生存和发展的主要决定因素。

（3）环境因素

企业外在环境的改变对企业的关键成功因素的构成起着重要作用。比如，在市场的需求波动较大的时候，存货控制是高层主管看作成功关键的一个要素。

（4）暂时因素

关键成功因素很大一部分是因为某些特殊理由发展出来的，且大都是在某个特定时期内对企业的成功产生重大影响而被建立起来的。

3. 关键成功因素的确认方法

关键成功因素的确认主要采取下面 8 种方法：

（1）产业 / 企业专家法

该方法主通过请教产业专家、企业专家或有知识有经验的专家来获取专家的智慧、获取客观数据中无法获取的信息。不足之处就是这些信息在进行实证验证的时候较困难。

（2）环境分析法

该方法主要研究正在影响企业或将要影响企业的在政治、社会和经济等方面存在的力量，也就是说，要对外在环境今后所产生的变化有所重视。

（3）竞争分析法

该方法主要分析企业在产业中该如何保持竞争力，但它的发展受特定因素的制约。

（4）产业结构分析法

迈克尔·波特（Michael Porter）所提出的产业结构"五力"分析架构是这项分析的基础。这个架构包括五个因素，每个因素和其他因素之间的关系都能提供相对客观的数据和事实，以检验及确认产业的关键成功因素。产业结构分析法还有一个优点，即这个架构能提供相对完整的分类，还能以图形的形式找出产业结构要素及其之间的关系。

（5）企业本体分析法

这项技术是针对特殊企业而制定的，主要对某些方面加以分析，如优劣势的评估、资源的组合和策略能力的评估等。这些功能的扫瞄，有利于关键成功因素的发展，但是是在耗费时间且数据相当有限。

（6）产业领导厂商分析法

产业领导厂商的行为模式是产业关键成功因素的信息的重要来源。所以通过分析领导厂商可以帮助确认关键成功要素，但对于其成功的解释仍会受到限制。

（7）市场策略对获利影响的分析法

针对特定的企业，采用战略与绩效分析的研究报告结果进行分析。这项技术的主要优点为其实验性基础，但是存在"一般性的本质"上的不足，即没有办法指出这些数据是否可直接应用于某一公司或某一产业中，也无从知晓这些因素的相对重要性。

（8）突发因素分析法

这项技术是针对特定企业来说的，是在对企业熟悉的专家的协助下完成的。虽然比较主观，但是能揭示一些其他客观技术所不能察觉到的关键成功因素，而且没有功能的限制。

4.关键成功因素法的步骤

关键成功因素法主要由下面几个步骤组成：

第一，确定企业或管理信息系统的战略目标。

第二，识别所有的成功要素，特别是分析战略目标的影响因素和子因素。

第三，确定关键成功因素。行业不同，其关键成功因素也存在差异。即使是同一个行业的企业，因为其所处的外部环境和内部环境不同，其关键成功因素也不一样。

第四，明确各关键成功因素的性能指标和评估标准。

关键成功因素法所开发的系统的针对性很强，能较快取得收益。在关键成功因素法的应用过程中，当关键成功因素具备后，又会出现新的关键成功因素，这时就要重新开发系统。

行业关键成功因素是在竞争中获取胜利的最主要的环节，一般通过判别矩阵的方法来定性识别行业的关键成功要素。其通过集中讨论的方式对矩阵中的每个因素进行打分，采用两两比较的方式，如 A 因素比 B 因素重要就打 2 分，一样重要就打 1 分，不重要就打 0 分。在对矩阵的所有格子打分后，进行横向加总，以科学地进行权重上的分配。权重最高的影响因素是行业的关键成功因素。运用判别矩阵方法设计的行业关键成功因素分析表如表 5-1 所示。

表 5-1　行业关键成功因素分析表

得分矩阵	权　重
A 因素得分矩阵 =（1，1，2，0）	0.25
B 因素得分矩阵 =（1，1，2，0）	0.25
C 因素得分矩阵 =（0，0，1，0）	0.062 5
D 因素得分矩阵 =（2，2，2，1）	0.437 5 （D 因素为关键成功因素）

二、物流绩效评价实施方法

（一）目标管理法

1. 目标管理的由来

目标管理（Management Bby Objectives，简称 MBO）是 20 世纪 50 年代中期出现于美国，以泰勒（Taylor）的科学管理和行为科学理论（特别是其中的参与管理）为基础形成的一套管理制度。通过这项制度，企业的员工亲自参加制定工作目标，实现自我控制，并完成相应的工作目标。对于员工的劳动成果，因为有明确的目标作为考核标准，所以对员工的评价和奖励也更为客观且合理，这样能在很大程度上激励员工完成企业目标。这种管理制度在美国的应用很广泛，尤其是适用于主管人员的管理，所以被称为"管理中的管理"。

准确表明目标管理的创始人是谁是不容易的，但是大家都认可彼得·F·德鲁克（Peter F.Drucker）对目标管理的发展。1954 年德鲁克在《管理的实践》中提出了目标管理和自我控制。后来他又发展了这个主张。他认为，企业的目的和任务是要幻化成目标的，企业的各级主管都要对下级的目标进行管理，以促进企业总目标的完成。如果某个范围内的特定目标不存在，那么这个范围就会被忽略。如果目标不统一，却来指导各级主管人员的工作，那么企业的规模越大，人员越多，就越有可能发生冲突。德鲁克的主张在管理学界和企业界中的影响很大，对形成和推广目标管理起了巨大的推动作用。

第二次世界大战后，西方经济迅速扩张，企业也要采用新的方法来调动员工的积极性，以此提高企业的竞争力，从而出现了目标管理，此方法一经提出就在美国得到了广泛应用，日本、西欧等国家也大力仿效。

2. 目标管理的概念

目标管理的具体形式有很多，但内容是一致的。目标管理是一种程序化的管理模式，它是企业中上下级共同协商后的结果，在某个时期内能确定好企业的总目标，并且把这些目标当作对单位或个人的奖励或评估的标准。目标管理的概念包括下面几个方面。

（1）目标管理是参与管理的一种形式

目标的制定者也是目标的实现者，这里的目标是上级和下级共同确定的目标。先要确定好总目标，然后分解总目标，一级一级地展开目标，并采用上下协商的方式来制定企业中每个部门、车间甚至是员工的目标。通过分目标来保证总目标的完成，用总目标来指导分目标，形成"目标—手段"的关系链。

（2）强调"自我控制"

德里克是极力提倡目标管理的。他认为员工是自愿负责的，是要在工作中发挥自己的聪明才智和创造才能的。如果我们控制的对象是社会中的某个个体，那么我们应控制的是行为所产生的动机，而不是行为本身，即通过控制动机来达到控制行为的目的。目标管理的宗旨是通过自我控制来取代压制管理，它促使管理者能够有效控制自己的成绩。这种自我操控性能让员工自己的动力更加强烈，让他们能尽自己的最大努力来完成工作，而不是得过且过。

（3）促使权力下放

企业的主要矛盾是集权和分权之间的矛盾。只有控制失控了，才会对授权产生影响。目标管理的推进有利于矛盾的协调,让权力能够下放,在有效控制的基础上营造更为活跃的工作氛围。

(4)注重成果第一的方针

通过系统化的管理模式来评价员工的表现,一般是根据印象、评价者的思想和其对某些问题的态度等进行评价。当实行目标管理后,因为其目标考核体系完善,所以能够通过员工贡献的多少来评价一个人。目标管理还要求企业的目标联系个人目标,以增加员工在工作中的满足感。这有利于调动员工的积极性,增强企业的凝聚力。

3.目标管理的基本过程

因为企业的性质不一样,目标管理的步骤也不完全一致,但是一般可以分为下面四个步骤。

(1)建立一套完整的目标体系

目标管理要建立一套完整的目标体系。这是从企业的最高主管部门入手,从上到下来一步步确定目标。上下级的目标之间通常是一种"目的—手段"的关系,某个目标是要用一定的方式来完成的,这些方式是下一级的次目标,根据一级级目标推下去,直到作业层的作业目标,从而构成了锁链式的目标体系。

(2)制定目标

制定目标的工作就像所有工作计划一样,都需要事先宣传和拟订前提条件。如果事先所做的工作不正确,那么就不能指望下级主管人员制定合理的目标。另外,在目标的制定中要进行协商,要鼓励下级主管人员根据指导方针来树立自己的目标,然后由上级批准。

(3)企业实施

目标既然定下来了,主管人员就要把权利下放,只进行重点的综合管理。目标是依靠执行者来完成的,如果明确了目标,上级主管仍像过去那样凡事亲力亲为,这样就不符合目标管理,也得不到目标管理的效果。当然,这不是说上级确定好目标后就不管不顾了,上级的管理应该是主要表现在指导、协助、提出问题和创造好的工作环境等方面。

(4)检查和评价

关于各级目标的完成,要先规定好完成的日期,定期检查,可自检、互检或责成专门的部门检测。检测的依据是确定好的目标。关于最终结果,则要根据目标来评价,并根据评价结果进行奖励和惩罚。经评价后,目标管理就进入到了下一个循环管理的过程。

4. 目标管理应注意的问题

（1）目标体系横向流程化构建

目标体系的横向流程化是建立在它内在的合理性的基础上的，即要以体现在流程上的价值增值过程作为目标构建路径和目标标识，作为保证目标体系合理性的重要依据。另外，横向流程化的目标体系是否合理还表现在它的"公平"上。目标管理的横向公平是指在同等级别的员工中制定公平而合理的目标。中国的企业仍然存在"重权尚均""患不均"的现象。在同一企业内或在企业的同一部门中，员工往往喜欢和自己最亲近的人比较，如发现别人比自己好，就会觉得分配工作有失公平，员工的积极性就会受到影响。如果员工的积极性受到影响，那么就和目标管理最开始的目的不一致。所以，要让员工从心智模式上认同某个部门或某个职位，不让员工因横向比较而关注目标的大小和难易，最好是让员工知晓和理解其所在部门或岗位的价值和其在整个价值体系中所处的位置和意义。

（2）目标体系纵向逻辑化构建

目标体系的纵向合理性主要表现在层级目标是否具有逻辑性。企业是由一层一层的组织结构构成的整体，而一个层下面又分为几层。目标随着这种纵向的结合便相应构成了企业的目标体系。企业目标的实现是在各层目标的基础上建立起来的。如果企业的目标体系在逻辑关系上得不到统一，那么就不会对企业的结构产生直接影响，但会影响企业的核心竞争力，更会对企业的竞争优势产生影响。所以，从形式上来说，核心能力是企业在目标的追逐中逐渐形成的，但其本质上是由目标的方向、路径和逻辑关系等因素决定的。这些因素是目标逻辑性的重要组成部分，所以在建立目标体系的时候要注意纵向逻辑是否合理。

（3）企业目标与员工个人目标在目标体系中的关系处理

企业在制定目标体系的时候要看其和员工个人的目标是不是一致。员工是企业目标的载体，他们也有自己的想法和目标。只有当两者完美契合的时候，才能爆发出创造力和创新力，这是企业价值创造的来源。如果员工是想发展他的事业，那么他就会调整自己的目标，使自己和企业的目标保持一致；如果员工的个人目标和企业的目标相差太远，那么员工工作的完成情况可能不会太好，严重的还会导致员工离职，这是企业的损失。对于忠于企业的员工，企业并不需要给他们什么，而他们会为企业努力工作。这是企业愿意看到的。所以，在制定目标的时候，企业占有主导地位，但是也要考虑员工的个人目标。

（4）如何设立目标

管理者可让员工先设定好目标，这个过程要好于员工只是知晓目标。让员工设定好目标，就是让员工了解自身的价值所在，并明晰目标方向，而完成目标的过程就是管理者和员工之间的承诺的实现。

员工可能不了解市场，不了解他的需求，不了解他要执行的任务。但是，员工一定要想方设法了解自己，了解自己所处的环境，了解自己在企业中的价值，这样才能发挥员工的主人翁意识，使其完成企业所制定的目标。

管理者制定好目标体系后，在执行目标的过程中要适时进行指导和调控，不是说制定目标后，管理者就可以不管不顾了，而是要把目标责任到人，并对其进行一定的指导。这样所起到的作用是显著的。员工面对的问题，有时是经验方面的，有时是个人能力方面的。不管企业和员工各自制定了什么样的目标，都是从企业的整体利益出发来完成企业的整体任务的。还存在一种误解，认为目标管理只注重结果而忽视过程。实际上，目标管理往往更看重对过程的管理。

（二）关键事件法

1. 关键事件法概述

在人力资源管理中，分析人员可以通过向员工询问一些问题来了解其对解决关键事件所需的能力和素质的认识，并让员工对这些能力和素质进行重要性评价，这种收集职务信息的方法即为关键事件法。

关键事件法又称关键事件技术（Critical Incident Technique，简称CIT），是指确定好最主要的任务后进行行动，以便能更好地完成这项任务。关键事件是使工作成功或失败的行为特征或事件（如成功与失败、盈利与亏损、高效与低产等）。关键事件法要求管理人员、分析人员和本岗位人员详细记录好工作中哪些是关键事件，并收集信息来分析这个岗位的特征和要求。关键事件法是在1954年由美国学者福莱·诺格（John C.Flanagan）和伯恩斯（Baras）共同创立的，具体是指上级主管记录好员工在工作中的关键事件，主要记录两种：做得特别好的和做得不好的。时间一般是半年或一年。通过积累下来的记录，由主管和被测评员工详细讨论，提供相关证据。关键事件主要是有以下要点：观察、记录其所做的事情；有关工作做得好坏的关键性的事实。关键事件法的原则是表明员工和职务之间的关系，并以最重要的那部分来评价其结果。先从领导、员工或其他对该职务熟悉的人开始，收集很多职务行为方面的信息，然后得出特别好或特别坏的职务绩效。这考虑到了了职务的动态特征和静态特征。对于每件事情的描述包括下面几项内容：第一，事件背后产生的背景或原因；第二，员工特别有效或多余的行为；第三，关键行为的后果；第四，员工是不是能支配或控制上述后果。

收集完这些关键事件后，对它们进行分类，并总结出职务上的行为要求和关键特征。通过关键事件能得到职务的静态信息，继而了解职务的动态特征。

2. 关键事件法的优缺点

关键事件法的主要优点是研究的焦点集中在职务行为上，这个行为是能观察的、可测量的，而且通过职务分析可以确定行为可能存在的利益和所发挥的作用。

关键事件法具体来讲有以下几个优点：第一，为管理者向员工解释绩效考评结果提供了一些事实上的依据。第二，保证管理者在考察员工的绩效时主要依据员工在整个年度中的表现（因为这些关键事件是在一年中累积起来的），而不是员工在某个短时段内的表现。第三，通过记录下动态关键事件，可以使管理者获取一份员工是通过何种途径消除不良绩效的具体案例。

这个方式的缺点主要有两个：第一，费时。要花费很多时间来搜集关键事件，并进行分类和概括。第二，关键事件是指对工作绩效有效或无效的事件，这里并没考虑绩效的平均水平。对于工作来说，最主要的是要描述"平均"的职务绩效，而通过关键事件法很难和中等绩效的员工评价相联系，因此就不能完成全面的职务分析工作。

3. 关键事件法在员工绩效管理中的作用

绩效管理是人力资源管理中最关键的内容，其主要是为了企业的发展而在管理者和员工之间相互沟通的基础上所建立起来的，是经过绩效计划、绩效考评、绩效的实施和管理、绩效考评结果的应用和绩效改进等环节，持续提高和改进员工、部门和企业等的绩效，完成企业的战略目标，促进员工的发展的一种管理活动。绩效管理过程模型如图5-3所示。

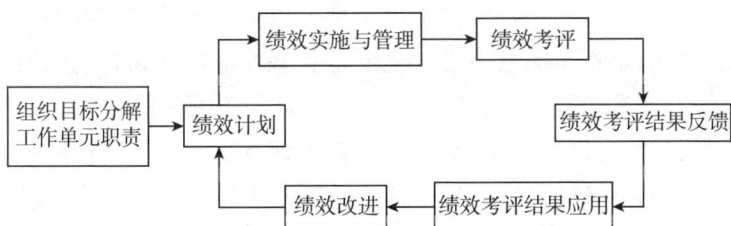

图 5-3 绩效管理过程模型

关键事件法在员工绩效管理中所起的作用主要集中在下面几点。

（1）提供绩效考评的事实依据

在绩效实施过程中，要详细记录好员工在工作中所表现出来的关键事件，以便以后查找。对于判断员工的绩效考核是"优秀""良好"还是"差"，需要以数据为证据，而不是凭感觉。这些关键事件不但能有效评估员工的绩效，而且能作为晋升和加薪等的根据。

（2）提供绩效改善的事实依据

绩效管理的目的之一是改善员工的绩效和工作能力。在改进绩效的过程中，当管理者在分析员工哪些方面做得不好或如何改进时，要和具体的事实相结合来说明其在现阶段的不足、如何改进和提高。比如，主管人员认为员工在待人接物方面需要改进，他可以举例加以说明："我们发现你在对待客户的时候非常积极主动，这是对的、值得提倡的，但是你选择哪种方式来服务客户应该由客户自己做出选择，这是他们的权利。我发现你给客户介绍的时候往往喜欢替客户做决定，如有一次……我觉得这样做不太好，你觉得呢？"这就给员工指出了他的具体问题，有助于其改善和提高绩效与工作能力。

（3）提供优秀绩效的事实依据

管理者不但要指出员工需要改善的地方，而且在表扬员工的时候应能够举出具体的事例，而不是泛泛而谈。所以，在传达给员工"管理者对他们的每一件做得好的事情都很清楚"的信息时若能提供具体的案例，则员工将更加努力工作。

4. 应用关键事件法应注意的事项

在员工绩效管理过程中，要想发挥关键事件法的作用，就要在应用这个方法的时候把握以下原则。

第一，所记录的"事件"是关键事件，也就是典型的"好的"或"不好的"事件。判断是不是关键事件，主要是看事件的特征和影响性质。其记录的关键事件一定是和被考评者的关键绩效指标相关的事件。

第二，关键事件法一般是和其他绩效考评方法结合起来使用的，不单独作为绩效考评的工具，其目的是为其他考评方法提供事实上的依据。

第三，记录下的关键事件指的是员工的具体行为，要把事实和推测区分开，不能加入考评者在主观上的评价。

第四，关键事件的记录存在于整个工作期间，不能只是集中在工作最后的几个星期或几个月内。

第五，关键事件法是基于行为的绩效考评方法，尤其是适用于于那些不仅仅以结果来衡量工作绩效，而且注重重要行为表现的工作岗位。

（三）倾向评分配比法

配比，又叫匹配，指的是为了凸显研究因素的效果，而对某些特征进行相一致的比对，排除掉那些混杂因素的干扰。配比是控制混杂偏倚的常用方法。配比又被称为频数配比和个体配比。频数配比（frequency matching）又叫成组配比，指的是对照者中的重要混杂因素要和处理组的统一。比如，研究某个组在人群中的效应，如果男性在其中占比为 30%，那么在选择对照组的时候，男性占比也要为 30%。个体配比（individual matching）是以个体作为单位进行的匹配，即处理组的每个个体对应对照组中的一个或几个，他们在某些特征上具有相似性。比如，一个处理组个体对照 1 个，那么配比就是 1：1，如果 1 个处理对象配 2 个或 2 个以上的对照，就为 1：m 配比，如 1：2、1：3。

1. 倾向评分配比的概念

倾向评分配比（Propensity Score Matching，PSM）就要是通过倾向评分值找出处理组相同或相似背景的个体，让两组混杂变量慢慢变得均衡可比，这是个体配比的一种方法。和传统的个体配比进行比较，倾向评分配比的特征是配比的时候混杂了很多要素但不增加配比的难度。传统的分层配比法指的是根据每个不同的变量进行分层后的匹配，如需平衡的变量较多，那么分层数就会成倍增加，这往往很难实现。马氏配比是计算两个对象的马氏距离然后进行配比，运算量随着配比数的增加而增加，同时马氏距离均值在不断增加，这样将降低了配比效果。倾向评分配比则是把所有的协变量综合为一个尺度变量，所以协变量的个数的增加不会增加配比的难度。虽然倾向评分配比能够平衡尽可能多的变量，但其永远只局限于已知的混杂变量，而许多未知的混杂变量可能仍然会对最后的结果产生影响。所以，组和组之间的均衡性不会完全达到随机对照研究上的均衡性。

2. 倾向评分配比的原理

现阶段倾向评分法配比有很多种方法，如马氏矩阵配比法、最邻配比法、局部线性回归配比法等。本书介绍的是应用最多的最邻配比法和马氏矩阵配比法。

最邻配比法指的是从对照组中找出 1 个与处理组个体倾向评分值最相近的个体作为配比对象，是倾向评分配比中最基础的，也是最简单的一种形式。具体方法如下：先根据协变量计算倾向评分值，把处理组的观察对象和对照组的分开。然后，根据倾向评分值把观察对象根据分值的大小进行排序，从处理组中选出研究对象 1 个，从对照组中找到和处理对象相似的 1 个对象作为配比个体。比如，当对照组中的倾向评分差值相同的个体同时有 2 个或 2 个以上的时候，就会根据随机的原则进行选择。

配对成功的对象从源人群中移去后，进入下一个对象的配比过程，然后完成所有对象的匹配。配比的时候一般要根据精度来精准配比，如配比的精度倾向评分值的差小于 0.01 或 0.001。如果研究者想要得到某个变量的精确配比度，就要先对这个变量进行分层，然后对每个层次的人群进行倾向评分配比，再合并配比人群，这样就会得到两组分布完全相同的配比人群。这种方法保证了重要变量的精准匹配，但也有一定的要求，那就是精确匹配的因素不多，而且需要大量的样本。

马氏矩阵配比是通过矩阵计算两个对象之间的马氏距离的一种匹配方法。马氏距离的提出者是印度统计学家马哈拉诺比斯（P. C. Mahalanobis），它表示的是 m 维空间中 2 个点之间的协方差距离，能排除掉变量间的相关性的干扰，而且与量纲无关。其表示马氏距离的公式具体如下：

$$d(i, j) = (u-v)^T C^{-1}(u-v) \qquad (5-1)$$

其中，i 表示处理组研究对象，j 表示对照组研究对象，$d(i, j)$ 表示马氏距离，u 表示的是处理组中的配比变量值，v 表示的是对照组中配比变量的值，C 是对照组中全部对象配比变量的协方差段阵。通过倾向评分配比结合马氏配比法可增加某个重点变量平衡的能力。其结合方式分为两种：一种是在评估马氏距离的时候，结合倾向评分值和其他重点平衡变量进行马氏配比；另一种是首先在一定精度的倾向评分差值范围内选择对照组中的全部可匹配的对象，然后根据少数重点变量计算马氏距离，选择马氏距离最小的对象作为最终的对照。这种方法要求马氏距离的变量不要太多且此方法实现过程较为复杂。

3. 倾向评分配比对资料的要求

要想合理地使用倾向评分配比法，就要先明确哪些资料适合倾向评分配比法。一般来说，下面几种情况比较适合。

第一，处理因素（或病例）的人数要远远少于非处理因素（或对照），这样就能保证对照人群足够多，可以用来选择和配比，而且对照人群的人数越多，配比效果越好。

第二，需要平衡的因素较多。比如，在畸形儿基金会（March of Dimes）的一项关于过期分娩儿童的研究中，仅平衡因素和交互项目就有 20 个，而且很多变量间的差异非常显著。

第三，研究的结局变量调查费用高、难度大，选择部分比的观察对象能够保证研究的可行性，结果也较准确。

（四）360° 反馈法

1. 360° 反馈法概述

360° 反馈评价又叫全方位反馈评价或多源反馈评价。在传统的绩效评价中，采用的是由受评者的上级对受评者进行评价，360° 反馈评价则是由受评者的上级、客户、下属和同事等和他关系密切的人分别以匿名的方式进行评价。当然，也包括受评者本身的自评。接着，专业人士根据相关人员对受评者的评价和受评者自己的评价进行对比，进而提出反馈，以帮助受评者提高自身的能力水准和业绩。360° 绩效反馈考核如图 5-4 所示。

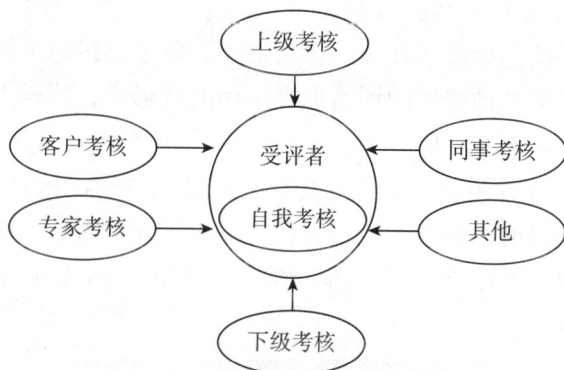

图 5-4　360°绩效反馈考核

360°反馈评价法一经面世就得到了广泛应用，特别是世界 500 强企业都采用了这种方法。但在国内，这种方法却遭遇了滑铁卢。有些公司虽然在这上面投入了很多钱，但是收效甚微，甚至产生了反作用——造成评价者和受评者关系紧张，给公司带来了负面影响。360°反馈评价在国内被叫作 360°考核。用词上的差别是观念不同的反映，可能正是这个差别导致 360°反馈评价在中国还有很长的一段路要走。所以，在国内采用 360°反馈评价法时一定要特别小心。

2. 360°反馈评价的操作过程

（1）准备阶段

准备阶段的工作很重要，它对评估过程是不是顺利和评估结果是不是有效影响深刻。在这个阶段，主要是让所有使用这个评估法的人，包括所有的评估者和受评者，以及可能和评估结果有关的管理人员，都能正确理解 360°反馈评价法的目的和作用，以建立其对这个评估法的信任。

（2）评估阶段

评估阶段主要包括以下工作：

第一步，组建 360°绩效评估队伍。事先征得受评者的同意，保证受评者对最后的结果表示认同和接受。

第二步，对评估者实施 360°评估反馈技术的培训。为了不让评估结果受评估者的主观影响，企业需要对评估者进行培训，帮助他们熟悉这项技术并能正确地加以运用。在理想状态下，企业最好能按照本公司的情况建立自己的能力要求模型，并设计 360°反馈问卷。

第三步，实施360°评估反馈。分别由上级、下级、同级、本人和相关客户根据各个维度标准进行评估。在评估中，除了上级对下级的评估结果不能保密之外，其他几种类型的评估最好采用匿名形式，这样人们提供的结果才会更加真实，效果也会更好。

第四步，统计并报告结果。在提供360°评估报告时要保护好评估者的匿名权和评估结果的科学性。比如，报告中每类评估人数最少为3人，如果这类评估者人数不够，则要和其他类合并，而不能以单独评估的方式给出结果。

第五步，企业管理部门对反馈问题提出相应的措施。

（3）反馈和辅导阶段

该阶段十分重要的一个环节是给受评者提供辅导和反馈。来自上级、下级、同事、自己和客户等的反馈能够让受评者更全面地了解自己，不但可以了解自己的长处和短处，而且能明晰公司和上级对自己的期望和现阶段自己所存在的问题。我们的经验是在第一次进行360°评估和反馈项目的时候，最好联系专家或顾问，展开一对一的反馈谈话，以指导受评者阅读、理解和利用好360°评估和反馈报告。除此之外，聘请外部专家或顾问易形成"安全"的氛围，有利于与受评者之间实现深入的交流。

（五）等级评估法

1.等级评估法概述

等级评估法又称为等级鉴定法，是历史最悠久、应用最广泛的员工考核技术。通过这种评价方法，评价者可先确定好业绩考核的标准，然后对每个项目，列出几种让评价者选择，而在考评汇总时，可将被考评岗位的工作内容划分为相互独立的几个模组，并且在在每个模组中用明确的语言描述完成该模组工作需要达到的工作标准。在划分标准的等级时，主要分为不合格、合格、良、优等几个等级，考评者多通过受评者的实际工作表现来评估每个模组的完成情况，综合后所得到的成绩就是这名员工的考核成绩。

2.等级评估法的注意点

具体来说，等级评估法要从下面三个方面考虑。

第一，每项选择含义的明确程度。

第二，上层管理人员在分析结果的时候分辨理想答案是不是清晰。

第三，对评价者来说每个评价项目的含义的清晰度。

这种方法的成本低，易使用。假如优秀是 5 分，良好是 4 分，满意是 3 分，尚可是 2 分，不满意是 1 分，在给各个评价标准设定权重后，可用员工的业绩评价结果的综合值在员工间进行横向比较。

3. 等级评估法的优缺点

（1）等级评估法的优点

等级评估法的优点主要是简单易行、适应能力强，不易发生趋中、严格或宽松的误差，并且评估成本不高。

（2）等级评估法的缺点

等级评估法由于其成本较低，能够发现问题出现的领域，逐渐成为一种历史最悠久、应用最广泛的员工绩效评估方法。同时，它有很多不足和缺陷，具体如下：它给每个指标所指定的权重一般是评价人员根据自己的想法指定的，随意性强、主观性强，不可避免地会产生一定的误差；如果员工提出异议，评价者就很难给自己的结论提供强有力的证据，这就造成了对员工的反馈或者指导效果不好，在奖金的分配制度上发挥的作用也很有限。

（六）强制分布法

1. 强制分布法概述

强制分布法也叫硬性分配法、强性分配法，指的是考核结果根据正态分布的规律，先确定评价等级和每个等级在总数中所占比例，然后把员工的绩效强制划入一定等级，再评价员工。强制分布法能让员工的绩效考评结果更加合理，给员工的奖惩提供更充分和适当的依据，让企业的薪酬成本从整体上得到控制。尤其是和员工的淘汰机制相互结合后，其对员工的激励更强，鞭策效果更明显。该方法采用的是正态分布原理，也就是"中间大、两头小"，要先确定好评价等级和各等级在总数中所占的比例，然后根据受评者的绩效优劣把他列入某个等级。例如，要求考核者将 10% 的人评为最高分一级，20% 的人评定为次高分一级，40% 的人评为居中的一级，再将 20% 的人评为次低分一级，最后将 10% 的人评为最低分一级。评分比例如图 5-5 所示。

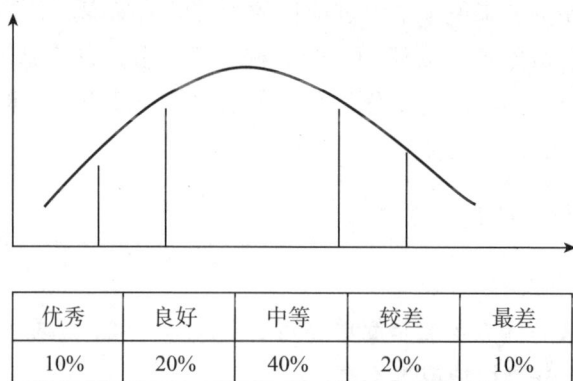

优秀	良好	中等	较差	最差
10%	20%	40%	20%	10%

图 5-5　评分比例

2.强制分布法的步骤

为了弥补强制正态分布考评方法的不足，也是为了更好地结合员工的个人激励和集体激励，这里采用团体考评制度改进硬性分配。实施这种考评方式的步骤具体如下。

第一步，确定 A、B、C、D 和 E 每个等级的奖金分配点数，每个等级间点数的不同应该具有充分的激励效果。

第二步，由每个部门的每个员工根据业绩考核标准不同，对自己之外的其他员工实行百分制的评分。

第三步，对称地去掉很多个最高分和最低分，得出每个员工的平均分。

第四步，汇总部门中所有员工的平均分，再计算其和部分员工人数的商值，从而得出所有员工的业绩考评平均分。

第五步，考评得分是用每位员工的平均分除以部门平均分所得到的值。考评标准分值接近于 1，说明员工应得到的是中等考评分，而那些考评标准分如果大于 1 的员工，应得到的是良或优的考评，那些考评标准分小于 1 的员工，应得到的是及格或不及格的考评。在某些企业中，要想强化管理人员的权威，就要在计算员工的最终考评结果的时候，应用到员工的团体考评结果和管理人员的考评结果的加权平均值。需要注意的是，管理人不应该有过重的权重。每个考评等级间的数值界限由管理人员对过去员工的业绩考核结果的离散度确定。通过这种方法能合理地确定被考核员工的业绩考评结果的分布形式。

第六步，根据每位员工所得到的考评等级来分配奖金点数，并计算出部门的奖金总点数，然后结合可分配的奖金总额对应算出每个奖金点数的金额，最后得出每位员工应得到的奖金金额。其中，每个部门的奖金的分配总额是由每个部门的主要管理人员在相互考评后得出的。

三、物流绩效评价模式方法选择

根据企业的实际情况，如何选择有效的绩效考核的模式和方法，是企业人力资源主管和直线主管很关心的一个话题。

绩效考核的模式一般分为下面几种。

KPI 模式以企业运作中能量化的指标为主，旨在提高绩效考核的客观性和可操作性；BSC 模式是从企业的战略出发，不管是现在还是未来，其考核中除了结果的考核，还包括过程的考核，这种方式是和企业的长远利益相一致的，如果企业刚开始成立则此方法不太适用；MBO 模式是层层分解目标，并把目标责任到人，强化了企业监控与可执行性；360° 绩效反馈评价则是以能力的开发角度为出发点，评叙中高层主管对企业的评价，能够克服评价的单一性局限。

每种绩效考核法都是一种具体的管理思想的体现，都有一定的合理性和科学性，但是每种模式又存在着它的局限性和使用范围与条件。

（一）从绩效考核模式方法本身的特性看

KPI 和平衡计分卡主要是从绩效考核模式来说的，是把企业的战略发展变成企业和员工的具体行为，以满足大企业对管理的策略需要。虽然中小企业在管理上有策略上的需求，但是其更注重目标所得到的结果。和中小企业对成长的策略要求不同，大企业更注重管理能力的提高。360° 反馈评价是一种有效的能力开发制度，将这种制度和主管的述职评价有机结合起来，能够更全面地指导主管的工作方法、技能和策略，并评价一个主管是不是能够胜任其岗位工作。

中小企业更看重的是创新能力，360° 反馈出的评价也不一定很有效。在应用绩效考核的过程中，很多大企业因为员工较多，所以需要激活他们的活力，保持企业的活力，这就要求他们采用一些方法来激活企业，如强制等级分布法或排名法。比如，联想采用的是 5% 淘汰和末尾淘汰制，但对于中小企业，这种方法也起不了什么作用，所以其一般采用的是目标选择法或标准评价法。

（二）从绩效考核体系运作的成本角度看

绩效考核体系的价值是指绩效考核所产生的经济收益比投入的成本要高。一般来说，绩效考核的成本主要有管理运作的成本、企业的成本和考核信息的收集和管理成本。企业规模的大小和绩效考核的成本有关。比如，收集信息的成本、量化评价考核法的评价成本要高于定性评价法，但是定性评价又会因信息传递中的失真较大而增加成本，而且企业的规模越大，绩效考核的信息传递的失真就越大，所以定性评价有时甚至比量化评价成本更高。所以，很多大企业常采用量化形式，如许继集团就是发展了一套量化的人事考核模式。量化考核模式开发能通过 KPI 和平衡计分卡相互结合的模式来发展，通过等级评定和排名的方式实施。

当然，要想提高绩效考核的有效性和效率，企业的内部是有必要建立有效的信息系统支持的。中小企业组织扁平化，信息失真性小，管理层次少，在绩效考核中可以考核更多的信息，因此会采用目标管理法。当然，KPI 模式的采用和借鉴也是十分有效的。

（三）从绩效考核的文化背景角度看

绩效考核反映的是公正、客观、公平。对于具有一定的中国文化背景的大企业来说，其人际关系复杂，特别是"老好人"现象很突出，这使绩效考核流于形式，而失去了活力。这种现象不但存在于国有企业中，而且存在于一些民营企业中。当然，KPI 模式讲究的是量化管理，都是用数字来说话，这样就能解决"老好人"这个问题。360° 反馈评价在中国发展不太好，也是源于中国的文化思想的影响，因为我们要求将 360° 反馈评价法作为能力开发的一种工具，而不是和报酬联系在一起。

当然，中小企业的人际关系比较简单，在考核模式和选择方法的过程中灵活性更大。总体来看，绩效考核模式的选择是一个灵活多变的过程，适合的就是最好的。对于一般企业来说，可以平衡计分卡思想作为本源，开发 KPI 体系，以目标管理法贯彻落实该项政策。员工以直线主管评价为主，主管以述职评价为主，并通过 360° 反馈评价法鼓励所有员工参与到绩效考核中来。

第六章　物流绩效管理系统

第一节　物流绩效管理系统概述

一、物流绩效管理系统基本理论

（一）绩效管理系统

目前，正值全球化发展与我国经济转型后的的关键时期，面对挑战和机遇，很多企业都在积极探索如何改善企业的整体绩效和提高企业的竞争力。于是，如何建立科学、有效的绩效管理系统成为人们关心的话题。在绩效管理系统的引进和开发中，有些企业取得了一定的成果，但是不同企业的发展状况、企业氛围、企业文化、企业的结构和管理都是有差异的，在绩效管理系统的建立过程中，不能一味照搬其他企业的绩效管理系统，因为适合其他企业的绩效管理系统不一定适合自己的企业。

（二）绩效管理系统的发展

绩效管理系统的发展是一个长期演变的过程，从最开始的结果管理慢慢地变成了以行为过程的管理为主的方式，最后使两者有效结合，这是和企业的长期发展战略目标相一致的。

20世纪初，杜邦公司和通用汽车公司开发出的投资回报模型被应用于多部门公司的整合管理。到了20世纪中叶，多部门公司又把预算当作管理体系的中心。到了20世纪90年代，公司的财务体系在不断扩大，绩效管理开始把和股东价值有关的财务测量方法包括进来，从而开启了基于价值和经济附加值的管理模式。

在知识竞争的时代，很多企业意识到就算是最好的财务体系，也不能包括绩效的全部动态特征，所以不能对行为或过程实行控制和管理。在20世纪80年代，全面质量管理理论出现，这个理论注重的是控制企业生产中的每个环节并加强管理。自全面质量管理理论产生后，每个企业都意识到它是宣传口号和组织原则。每个企业也开始相继追逐国家质量奖，如美国的马尔科姆·鲍德里奇（Malcolm Baldrige）国家品质奖、欧洲的 EFQM 卓越奖和日本的戴明奖（Deming Prize）。

只靠质量和财务指标是不能全面衡量企业绩效的，有些企业获得了国家质量奖，但是其在财务上容易陷入困难的境地。为了改变这种境况，企业在财务和质量上采取了一些措施，开始把目光投向到一些非财务因素，这些财务因素关系企业的生存和发展，对企业的业绩和财务状况起到了一定的改善作用。比如，哈佛商学院教授罗伯特·卡普兰（Robert S. Kaplan）和诺兰顿学院的执行总裁戴维·诺顿（David P. Norton）就总结了 Advanced Micro Devices、美标、苹果电脑、南方贝尔、美国信诺保险集团（CIGNA）、康诺（Conner Peripherals）、克雷研究公司（Cray Research）、杜邦、电子数据系统、通用电气等十二家大型企业的绩效管理系统的成功经验，并且在这个基础上于 1992 年提出了平衡记分卡。平衡计分卡是一套新型的绩效管理机制，它有效地结合了静态的财务指标和动态的非财务指标，主要是为了弥补以财务指标为主的绩效管理系统中的不足，帮助企业改善困境，再创佳绩。同时，平衡计分卡在不断地发展和充实。《哈佛商业评论》认为，平衡计分卡是这些年影响力最大的管理学说。根据权威调查表示，《财富》排名前 1 000 名的公司中，有 55% 以上已经开始实施平衡计分卡。

（三）绩效管理系统的要素

绩效管理是主管和员工之间为了某种利益而达成的协议的动态过程。这个协议对员工的工作职责、双方的协同、工作绩效的考量和障碍的排除等问题要求明确。如果脱离了绩效管理体系，考核就很难发挥其功能，甚至有的考核会被称为"浪费时间""形式主义"。这主要是因为没有员工参与进来，双方之间缺乏持续、动态的沟通。绩效管理实质上是以持续、动态的沟通来完成部门或企业的目标，并且让员工得到发展。

完整的绩效管理系统由下面几个部分组成。

1. 绩效计划

很多人认为绩效管理体系中最主要的是绩效考核，其实，如何制订绩效计划才是最重要的。因为绩效计划能帮助员工找到自己的人生规划，认清自己现在所处的位置和以后要发展的方向，具有一定的前瞻性，而绩效考核则是在完成绩效后的评价和总结，具有回顾性。

2. 动态、持续的绩效沟通

经理和员工在实施计划的过程中要随时保持联系，全程追踪计划的开展，排查出相应的障碍，并制订计划。这是绩效管理体系中的灵魂与核心。

3. 绩效评价

绩效管理体系内的绩效考核是在融洽和谐的气氛中完成的。这主要有两方面的原因：一是在充分参与绩效计划和沟通的基础上，员工能够感受到绩效管理给他们所带来的好处，从而全力支持绩效工作，少一些戒备，多一些坦率；二是考核的成绩是意料之中的，因为在平时的沟通和交流中，员工就清楚自己这段时间做了些什么，而绩效考核只不过是对平时所讨论的内容进行一个总结和复核。这时，经理的身份发生了改变，不再只是一个考核者，而变成了员工的帮助者和伙伴。当然，经理也要用数据、事实来表明自己的观点。如果能认真沟通绩效计划，那么在考核的时候产生严重分歧的可能性就小了。需要注意的是，如果采用等级评定考核法，就要对各等级进行可操作性的解释，然后再进行评价。管理者在数字上不要太计较，要知道绩效管理中重要的是沟通的质量和水平，而不是绩效考核。

4. 绩效诊断与辅导

一旦发现员工绩效不高，最重要的是探究其原因。绩效不佳主要分为两大类：一是自身的能力不够或不是很努力，属于个体因素；二是工作的流程不太合理、具有很严重的官僚主义，属于企业或系统因素。绩效诊断是先从企业或系统的因素入手，再考虑个体因素。员工是原因查找的主要渠道，但是最好创造出一个接纳的环境，能够真正解决问题，保证员工不会因为说真话而受到惩罚。一旦查出了原因，经理就要充当员工的导师、帮助者，和员工一起解决困难，这就是辅导。

5. 又回到起点——再计划

当完成上面的所有步骤后，绩效管理的一轮工作就算完成了，接着开始下一轮新的绩效评价。

二、物流绩效管理的系统过程

物流绩效管理系统包括五个部分：绩效计划、持续不断的沟通、信息收集、绩效考核、绩效的诊断和提高。

（一）绩效计划

绩效管理开始于绩效计划。在这个阶段，管理员和员工在沟通后需明确下面的问题：

（1）员工的主要工作是什么？

（2）衡量员工的工作（标准）是什么？

（3）每项工作的时间期限是多久？

（4）员工的权限有哪些？

（5）员工需要哪些支持与帮助？

（6）经理该怎样帮助员工实现目标？

（7）其他相关的问题，如培训、技能、知识、职业发展等。

一般来说，有效的绩效管理目标要具备下面几个条件：

第一，为公司的战略规划和远景目标服务。

第二，专门为员工而做的职务说明书。

第三，目标有一定的挑战性，具有激励作用。

第四，目标符合 SMART 原则。

（二）持续不断的沟通

沟通是管理中的必备手段，在绩效管理中起到关键作用。一般来说，沟通要符合下面几个原则。

1. 沟通应该真诚

所有的沟通都是以真诚作为基础的，都是为了预防问题和解决问题而做的。真诚的沟通是要尽量从员工处获取信息，帮助员工解决问题，所以要不断提高经理的沟通效率和技巧。

2. 沟通应该及时

绩效管理具有一定的前瞻性，在出现问题的时候或之前就要把问题扼杀在摇篮中，所有沟通的另一个原则是及时性。

3. 沟通应该具体

沟通要有针对性，因为有很多不同的问题需要区别对待，如果只是一般的沟通，不但没效果而且没效率。所以，管理者要珍惜沟通的机会，具体问题具体探讨。

4. 沟通应该定期

管理者和员工要共同约定好时间间隔，保持沟通的连续性。

5. 沟通应该具有建设性

沟通的结果是要有建设意义，即给员工今后的绩效在改善和提高上提供建设性的意见，帮助员工提高绩效水准。

（三）信息收集

因为绩效目标是以绩效的评估作为考量基础的，所以如何收集员工的绩效信息资料就是一件很重要的事。这时，管理者需要观察员工的表现和行为，并记录好领导和员工的沟通结果，让员工签字，避免在年终考核的时候出现意见分歧。在做文档记录的时候，最好能保证绩效评估时不会出现什么意外，让评估的结果做到有据可查，同时保证结果的公平性和公正性。

（四）绩效考核

绩效考核一般是在年末举办的，员工的绩效目标是什么样的、完成的进度如何、企业的绩效管理的效果怎样，这些通过绩效考核便可一清二楚。绩效考核的过程也是一个总结提高的过程。对过去的结果进行总结，并分析问题产生的原因，制定相应的对策，这有利于企业提高绩效管理水平。另外，绩效考核的结果也是企业进行薪酬分配、培训发展和职务晋升等活动的重要标准。

（五）绩效的诊断和提高

世界上不存在完美的绩效管理体系，不管是什么绩效管理体系，都需要改进和提高。所以，在评估完绩效后，需要全面审视企业的绩效管理的政策、方法和其他细节，增进企业的绩效管理水准。

第二节　物流绩效管理系统设计

一、系统设计问题分析

在对一些物流企业的绩效管理进行研究的基础上，本书认为现阶段物流企业的绩效管理主要是有三个方面的问题，具体如下。

（一）考核机制问题

物流企业的绩效评价标准和企业的文化理念是相违背的，企业的核心价值观没有有效的传递系统。最主要的问题是在绩效的考核系统中没有融入企业文化。

企业的绩效管理和战略实践脱节，战略没有落地工具，绩效管理没有方向。这主要是因为没有建立战略性的绩效管理系统。

企业、个体、部门的目标脱节，没有办法实现企业绩效、个人绩效和部门绩效间的联动。这是因为没有正确分解企业的绩效目标。

从绩效管理的目标和思想上可以看出，物流企业在现阶段的绩效考评制度中考评过多，而管理的提升不多，在绩效管理中缺乏和员工间的沟通，不能有效提升员工的绩效水平与能力。

（二）考核指标问题

考评指标数据一般是从财务结果得来的，在时间上要滞后一些，对公司本期的考评意义不大，缺乏绩效目标牵引和对过程的监控。

在设计考评要素和指标的过程中要重视它的通用性，要区分部门不同、管理阶级不同、职位不同的人的工作内容和业绩标准上的不同。

定性考评和定量考评没有很好地结合在一起，使考评过程中过于关注定量指标的完成情况，而没有对定量指标进行定性分析。

现阶段很多企业对于胜任能力指标的概念还很模糊，没有量化和细化这个指标，或者定义不准确，最后使对员工的胜任能力的考核成为主管和考评者在主观上的评价，很难让员工信服，更别说发挥激励性和战略性的导向作用了。

（三）考评结果运用问题

现阶段，我国企业中考评结果的运用效果不是很好，考评的配套机制不够完善，不利于优秀员工的脱颖而出，也不利于发挥企业员工的主动性、积极性和创造性。

在企业中，一些员工对考评工作存在片面认识和误区，这些员工认为考评只是为了监控或考核他们，这说明企业在对考评的宣传导向上做得不到位，今后还需要进行更多种不同形式的宣传和引导，让员工意识到考评只不过是一种方式，其最终还是为了总结成功的经验、发现存在的问题和提出改进的建议等，以便于有效提高公司的整体运营水平，而不只是为了考核。

二、物流绩效管理系统设计的总体思路

（一）物流绩效管理系统设计的观念

在研究物流绩效管理体系的过程中，有必要把它作为一个相对较独立的子系统来对待。所以，在设计物流绩效管理系统的时候，不但要保证系统要素的完整性，而且要保证各系统要素之间的相关性。如果系统要素不是很完整，那么缺乏任何一个基本要素都会对物流绩效管理系统的战略实施效果和效率产生影响；如果系统要素之间不协调甚至存在矛盾，那么也可能限制物流绩效管理系统作用的有效发挥。

所以，要科学而合理地设计物流绩效管理体系，就要具备以下观念。

第一，权变观念。企业是环境的产物。企业的管理如果不能适应背景和环境的变化，就会被其他企业所超越而面临淘汰。所以，在企业管理系统中，作为相对独立的子系统，物流绩效管理系统的设计要和企业的背景相一致。

第二，整合观念。物流绩效管理是保证企业完成其目标的保障机制，要想发挥它的作用，就需要制订战略计划、互相沟通等，还需要物流绩效管理系统和其他各子系统间保持高度的一致性。

第三，系统观念。物流绩效管理是企业管理中相对独立的子系统，其是由评价目标、评价标准、评价指标和评价方法共同组成的。这四个要素是相互统一、相互影响的，由绩效计划、绩效考核、绩效管理和实施、绩效的反馈和面谈等部分组成，是绩效管理循环的具体表现。所以，在设计物流绩效管理体系的时候，不仅要注重物流绩效管理系统的整体性，还要关注系统要

素的内部逻辑性。物流绩效管理系统设计所应遵循的三大观念之间的关系如图 6-1 所示。

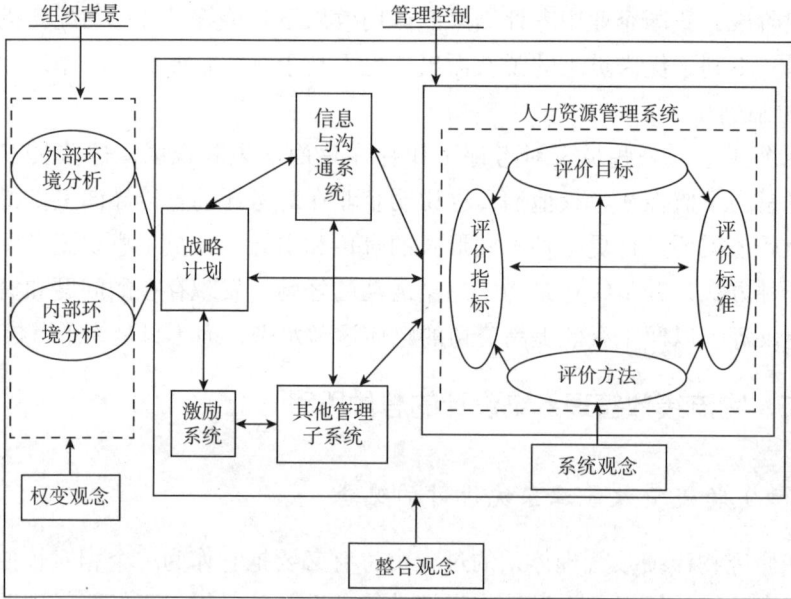

图 6-1　物流绩效管理系统设计观念之间的关系

（二）物流绩效管理系统设计的框架

根据上述三大设计观念，如要设计的物流绩效管理体系更加合理且科学，就要先分析其设计环境，然后设计它的设计流程，接着明确物流绩效管理体系的设计内容。物流绩效管理系统的设计框架源于以企业内外部环境为设计起点的企业战略制定所遵循的权变观念，并利用系统观念与整合观念，通过对设计的环境、流程与内容的研究建立物流绩效管理系统的设计框架，具体如图 6-2 所示。

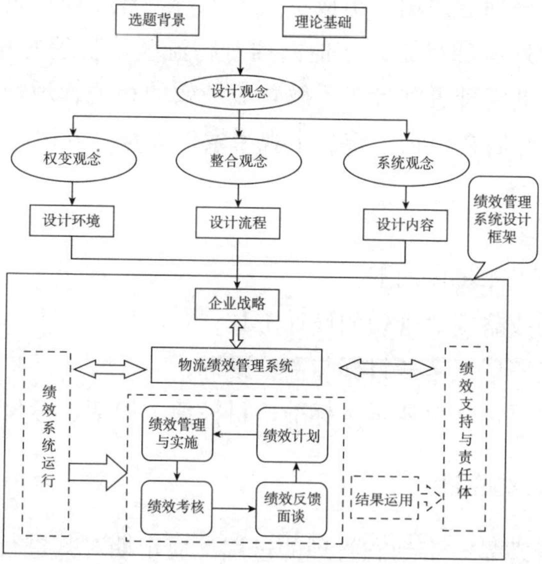

图6-2 物流绩效管理系统设计的框架

（三）物流绩效管理系统设计的步骤

完整的物流绩效管理系统设计可以分为四个阶段。

1. 准备阶段

准备阶段主要包括以下工作。

第一，成立前期项目组。由总经理担任组长，项目组成员由企业管理顾问，以及来自市场、营销、战略、人力资源、财务、研发等方面的负责人组成，以保证项目组成员在业务知识方面的互补性。

第二，收集、研究相关资料。设计战略绩效管理系统是为了达成企业战略目标，因此项目组必须深入研究企业和行业的相关背景资料，包括行业发展与竞争状况、企业使命、价值、战略、竞争地位、核心竞争力等问题，形成对物流绩效管理系统设计思路的统一认识。

第三，宣导沟通。项目组在公司内部利用定期或不定期的刊物、信件、公告栏、会议等形式在整个公司范围内通报这一项目，并通过沟通使各级管理人员、员工了解公司的远景、战略、目标、项目实施的意义和目的。

第四，优化业务流程。在设计物流绩效管理系统之前应先进行业务流程优化，确保公司业务流程以客户为中心。

第五，开展培训。由项目组成员（人事行政部经理和企业管理顾问）负责培训公司的管理者和员工，让他们拥有物流绩效管理的知识和操作技能，其主要是为了促进管理者和员工了解物流绩效的相关管理知识，知晓物流绩效管理的理念，然后在考核中减少主观因素的影响，方便后续工作的开展。

2. 设计阶段

设计阶段的工作具体如下：

第一，选择战略绩效管理的设计工具；

第二，制定三层级考核目标与衡量指标；

第三，设计目标评价要素（标准、目标值、周期、考核主体等）。

3. 审阅与调整阶段

物流绩效管理是一个动态管理的过程，应定期对其进行审阅与调整。物流绩效管理方案运行周期设定为一年，每个运行周期结束后由物流绩效管理评审小组（由高管和人事行政部组成）进行定期的年度审阅，回顾上一年物流绩效的完成情况、物流绩效管理中存在的问题，并进行方案调整，调整后的方案报总经理办公会批准执行。

4. 战略反馈阶段

对战略进行优化与调整是企业实行物流绩效管理的目的和宗旨，因此企业在每个绩效运行期末进行制度化的战略评估与反馈，在日常的绩效管理中对由绩效管理反馈出的重大战略问题也应进行相应的调整。

（四）物流绩效管理系统设计的内容

物流绩效管理系统设计是系统能够正常、有效运作的基础，主要包括考核指标设计和目标要素设计两个方面。

1. 考核指标设计

考核指标设计主要包括以下内容。

（1）确定指标体系

项目组经过多方研究论证，决定建立基于 BSC 的 KPI 体系。这样，不仅可以把企业的战略目标转化为一套系统的绩效测评指标，还可以解决企业现行绩效管理指标体系中的主要症结。

（2）设计绩效指标

通过绩效指标的确定将个人目标、部门或团队目标与企业战略目标结合起来。

2. 目标要素设计

目标要素设计包括制定衡量标准、确定目标值、考核者选择、方式设计、周期拟订等内容。

三、物流绩效管理系统指标体系设计

在物流绩效管理指标体系设计中，最重要的是设计不同考核主体的考核指标。因为考核指标直接决定了考核的结果能否客观地反映考核主体的工作绩效，指标设置的好坏直接影响物流绩效管理的成败。

（一）指标体系结构设计

根据物流活动的业务特点，设置基于 BSC 的 KPI 指标体系。该体系是一个复合层次结构，纵向上划分为三个层面：企业层、部门层和岗位层。具体的层数与企业结构密切相关。横向上按照平衡计分卡的思想，结合企业的具体情况，从企业战略出发，确立了考核维度：首先，企业层平衡计分卡的客户、财务、内部流程和学习成长用 KPI 的方法进行指标提取；其次，根据企业的平衡计分卡，结合部门考核特点制定职能部门和业务部门的平衡计分卡考核维度，从中提取相应的指标；最后，根据员工考核特点制定岗位的平衡计分卡维度，并据此提取相应指标。

这几个层级的平衡计分卡与关键绩效指标并不是单独存在的，而是由一条主线连在一起的，这条主线就是企业战略。各层级指标之间不是简单的叠加关系，而是战略协同关系。通过 BSC 和 KPI 方法分解指标并建立指标协同关系可以保证企业每个层面的工作都是沿着战略的方向在努力，从而形成合力，聚集资源。

（二）关键绩效指标的来源

企业绩效指标主要来源于企业战略。部门绩效指标主要来源于对企业绩效指标的分解、职责与计划、学习与成长、临时任务。其中，业务部门绩效指标更多地来源于对企业绩效指标的分解；职能部门绩效指标更多地来源于职责与计划；而各岗位绩效指标，主要来源于对上级指标的分解、职责与计划、学习与成长、临时任务。一般情况下，岗位越是接近基层，绩效指标就会越多地来自职责与计划，越接近高层就会越多地来自上级绩效指标的分解。

（三）关键绩效指标设计

1. 企业绩效指标设计

企业绩效指标设计一般应遵循如下步骤：

（1）确定 BSC 维度

BSC 维度可以在经典 BSC 的基础上结合企业特点，寻找企业关键业务驱动板块，建立客户导向的运营机制，为客户创造价值，在提供优质产品和服务的前提下，开发更多的新客户，并保持原有客户。企业层面 BSC 考核维度是财务、客户、内部业务流程、学习与成长四个方面。在此基础上寻找关键成功因素，制定相应策略，绘制战略地图。然后按照关键绩效指标设定的原则和方法，确定企业层面的关键绩效指标。这四个方面的因果关系如下：学习与成长—内部业务流程—客户—财务—学习与成长。

（2）确定关键成功因素

关键成功因素是指对企业擅长的、对成功起决定作用的某个战略要素的定性描述，它是企业实现战略目标的关键领域，反映了企业期望达到的目标。

企业的战略主题是追求有质量的持续增长。在财务板块中，关键成功因素是收入增长与投资回报；在客户板块中，关键成功因素是代表成长潜力的市场增长，而市场增长又源自超前技术、客户关系与优质服务；在内部业务流程板块中，关键成功因素是标准化流程再造、技术能力与技术创新；在学习与成长板块中，关键成功因素是人才培养、激励机制与有利于创新的环境。企业物流战略地图如图 6-3 所示。

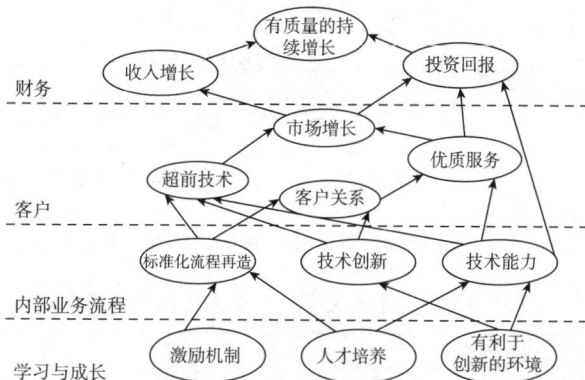

图 6-3　企业物流战略地图

（3）确定关键绩效指标

每一个关键成功因素都可以得到一组相应的考核指标，可将来自所有关键成功因素的考核指标组成企业指标库。经过上述步骤形成的绩效指标体系比较庞杂，需要对其进一步分析和筛选，去掉相互重复、岗位无法完全控制或计算过于复杂的量化指标。同时，结合考核当期的工作重点进行指标选择，从中选出对企业经营和经济效益影响较大的指标作为企业初步的关键绩效指标。下面简述具体的选取方法。

第一步，选取财务维度关键绩效指标。由于开发新产品是企业的关键战略要素，因此项目组特别指定了新产品销售收入增长率作为一个财务指标来考核企业的创新能力，以投资报酬率来考核企业的成长潜力。

第二步，选取客户维度关键绩效指标。因为企业的战略是质量型的持续增长，所以新产品的市场份额是企业的一个重要战略目标。要维持现有产品的市场份额，企业需要提高客户满意度以留住老客户，开发新用户。从这一层面看，应从客户的角度选取关键绩效指标，如客户的保持率、市场的增长率和客户的投诉率。

第三步，选取内部业务流程维度关键绩效指标。把是否通过物流服务认证作为流程再造的关键绩效指标，将新产品研发周期与服务质量、专利技术申请数量作为考核创新能力的关键绩效指标。

第四步，选取学习与成长维度关键绩效指标。将关键人才流失率、关键人才招聘到岗率与培训时间作为这一维度考核的关键绩效指标。

关键绩效指标设定如表 6-1 所示。

表 6-1　关键绩效指标设定

BSC 维度	关键绩效指标
财务	新产品销售收入增长率、投资报酬率
客户	客户保持率、客户投诉率、市场增长率
内部业务流程	是否通过物流服务认证、新产品研发周期、专利技术申请数量
学习与成长	关键人才流失率、关键人才招聘到岗率、培训时间

（4）明确考核对象

企业绩效的考核对象是总经理。

2. 部门绩效指标设计

由于 BSC 在其设计观念上更侧重企业绩效，因此部门与岗位绩效应在支撑企业战略目标的基础上更多地考虑部门与岗位的职责与计划，结合部门与岗位的情况进行维度和指标设计。公司内一线（业务）部门与二线（职能）部门在考核维度、权重、考核指标等方面均存在一定的差异。

部门绩效指标设计一般应遵循如下步骤。

第一步，确定业务部门的 BSC 考核维度。根据业务部门的特点，企业将这类部门的维度确定为显性业绩维度，主要考核由企业战略分解到部门的绩效指标，体现了部门绩效对企业绩效的支撑。另外，业务部分的考核维度还包括体现部门发展潜力的学习与成长维度。

第二步，确定职能部门的 BSC 考核维度。职能部门的 BSC 考核维度与一线部门大体相同，包括显性业绩维度、职能与计划维度、学习与成长维度，但两类部门对上述维度考核的侧重点有所不同。在此基础上，职能部门增加了联系计分维度，这一维度是为了加强职能部门对业务部门的支持，建立职能部门与业务部门的协同关系。

第三步，确定各维度间的因果关系：学习与成长—职能计划—联系计分—显性业绩—学习与成长。

第四步，确定部门考核关键绩效指标。按照企业的战略目标，根据战略协同原理，在部门之间进行再分配，使部门成为单位的关键指标体系，在沟通、讨论和征询相关部门的意见后，再对此进行调整、整理和汇总，最后形成部门显性业绩考核的关键指标。通过对部门和岗位的职责与计划的确定和分析设定其他维度的关键绩效指标。

第五步，明确考核对象，部门绩效考核对象是部门经理。

部门关键绩效指标的设定具体如表6-2所示。

表6-2　部门关键绩效指标设定（以仓储部和人事行政部为例）

业务部门（仓储部）			职能部门（人事行政部）		
BSC考核比例90%	BSC维度	关键绩效指标	BSC考核比例80%	BSC维度	关键绩效指标
	显性业绩	7R指标		显性业绩	关键人才流失率、关键人才招聘到岗率
	职能计划	任务完成水平		职能计划	成本费用率、新员工转正率
	学习与成长	核心人员培训时数、学习交流		学习与成长	学习委员制度推行、内部导师制度、培训计划达成率
				联系计分	公司与各部门绩效考核落实情况
临时任务比例10%	临时设定		临时任务比例20%	临时设定	

3. 岗位绩效指标设计

岗位绩效指标设计一般应遵循如下步骤：

第一步，确定岗位的BSC考核维度。根据所在部门与岗位特点，确定企业业务与职能部门各岗位通用的三个BSC考核维度：上级维度（来自直接上级或所在部门的关键绩效指标的分解）、职能计划维度、学习与成长维度。另外，对职能部门员工增加了联系计分考核维度；两类部门的员工均在BSC考核之外设定临时任务项作为补充。

第二步，确定岗位考核关键绩效指标。需要考核的岗位有三类：总经理（高管层）承担企业绩效指标再加上个人学习与成长指标；部门经理（主管）承担所在部门或团队绩效指标再加上个人学习与成长指标；基层员工的关键绩效指标。值得注意的是，基层员工的关键绩效指标的设定一定要由管理者和员工讨论确定，因为越是基层职位，就越难与部门关键绩效指标直接相关联。在这种情况下，由管理者和员工共同制定绩效指标和标准较为妥当，员工的参与可以激励他们完成目标，有利于减少双方在考核时的冲突。

岗位关键绩效指标设定如表6-3所示。

表6-3 岗位关键绩效指标设定

平衡计分卡比例90%	上级维度	配送计划达成率、管理费用控制率
	职能计划	紧急订单响应率、车船满载率、送货准时率、平均配送费用
	学习与成长	参加培训时数
临时任务项比例10%		临时设定

至此，企业战略导向的三层级指标体系已经初步建立，但这些指标是否符合要求，还要经过进一步测试、筛选和审定。

（四）关键绩效指标测试与管理

1. 关键绩效指标测试

关键绩效指标是否有效，不能凭简单的主观判断确定，应该通过一系列的测试程序进行判断，这是很多企业忽略的一个方面。企业一般运用SMART原则对指标进行测试，这主要是为了确保这些关键绩效指标能够全面、客观地反映被考核对象的绩效。关键绩效指标测试包括单个指标特性测试和指标相互关系测试。

（1）单个指标的特性测试

测试内容：单个指标的特性测试重点在于测试单个指标的有效性。每个指标必须被证明具有以下八个特征：可理解、可控制、可信、可实施、可衡量、可低成本取得、与目标一致、与整个指标体系一致。以上特征中如果有一项被测试为"否"，那么该指标就应被更正或修改，并且重新测试。如果全部特性皆被测试为"是"，那么就说明该指标可行。特性测试合格的指标可以进行指标相互关系测试。

测试程序：可以运用以下程序来确定指标是否具有某种特性。可以用流程图表示这种思路，以新产品销售收入增长率指标的可控性测试为例进行说明，具体如图6-4所示。

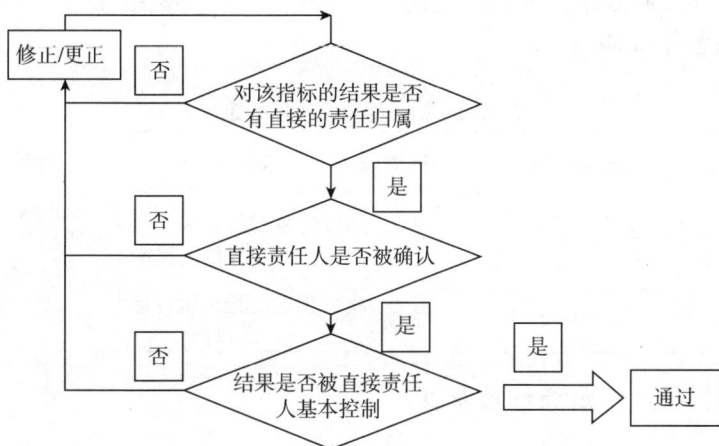

图 6-4　单个指标的特性（新产品销售收入增长率的可控性）测试流程

一般依此办法对该指标其他七项特性进行测试。通过测试的指标进入指标相互关系测试，未通过测试的指标要进行调整和修正。

（2）指标相互关系测试

这一环节的测试主要是检查整个指标体系的平衡性和一致性。BSC 的指标体系本身就具有平衡性和一致性，因此各层级内基于 BSC 的 KPI 体系不需要再进行该类测试。对通过测试的指标库进行管理，对未通过测试的指标要进行调整和修正。

2. 关键绩效指标管理

有效的指标体系建立后，就要对纳入指标库的所有绩效指标进行归档和规范录入，建立一份指标清单，以便对指标连续性监控。这有助于对指标的理解，对数据的收集、处理和报告，以及对指标的修改。

四、战略绩效目标要素设计

（一）确定绩效指标的定义

经过上面的步骤，得到了一个关键绩效指标体系，其是由财务指标和非财务指标构成的。这些指标因为和企业各部门的业务范围有关，所以有必要得到明确。对于绩效指标的明确、统一的认知，能让其在考核中不会因考核主体对指标理解上的不同而使考核得不到公正的对待，影响了物流绩效管理体系的整体实施效果。下面以配送部分定量和定性考核指标的定义为例进行说明，如表6-4所示。

表6-4　配送部分绩效指标定义

岗位名称	指标名称	指标类型	指标定义	计算公式
配送	任务完成率	定量	任务实际完成量与计划完成量的比率	任务完成率＝（实际完成率÷计划完成率）× 100%
	任务完成水平	定性	在规定配送服务标准以内	无

（二）确定绩效指标的标准

1.绩效标准的含义

在制定绩效指标时，不仅要设计绩效指标，还要确定绩效标准。通常说来，指标包括用来评价和衡量工作的某些方面、具体解决"评价什么"的问题，而根据的标准是要达到怎样的水准、解决受评者"做多少，怎样做"的问题。各级主管必须清楚地认识到这一点，只要确定一个目标，就必须有衡量目标的标准，否则就无法进行控制。

2.确定绩效标准的原则

确定绩效标准应遵循如下原则。

（1）可行性原则

根据其设定的绩效标准，部门或员工在正常的市场条件下和企业的投入中通过努力达到其目标。

（2）多层次原则

多层次原则即每个指标的层次标准有很多，一般有三个，即界点（基准值）、起点（底值）、争点（努力值），其所对应的标准是良好、及格、优秀。

（3）相关、协调原则

相关、协调原则是指每个岗位的绩效标准、不同层次间的标准相互之间保持统一性和协同性，发挥其作用。

（4）协商原则

通常来说，绩效标准的设定是要求考核者和受评者能够保持一致的意见。根据激励理论，受评者只有亲自选择好了绩效目标，才能有效激励其发挥最大化的作用。

（5）稳定原则

经审定后，如果其市场变化不大，没有发生不可抗力事件等，绩效考核标准是不需要调整拟定的目标值的。

3. 确定绩效标准的依据

确定绩效标准的依据主要是企业的年度经营计划、岗位说明书和工作计划、企业和部门的财务预算、标杆单位的同类岗位的目标值和市场环境的改变等。

4. 绩效标准的类别

绩效标准是分析和考核全体员工的标准，分为相对标准和绝对标准。对于定量指标来说，其设定的是努力值、底限值和基准值三个标准，并根据其设计的公式把考核的成果变成考核的得分；对于定性标准来说，企业的评分标准可采用行为锚定法、关键事件法等方法来制定。企业的绩效标准考核等级共分五档，分为达标的 A（达到努力值）、B（达到基准值）、C（达到底限值），以及未达标的 D、E 两档。

5. 绩效标准的确定

企业首先取得企业历史和目前的绩效数据、行业内外的借鉴信息等相关数据，再据此设立初步的长、短期目标值；其次，根据企业资源配备与限制条件调整企业基准目标值；再次，各部门根据企业基准目标值拟定本部门长、短期基准目标值；最后，经企业总经理办公会审议，上报董事会审批确定。

确定基准目标值后，在基准目标值的基础上进行相应浮动，确定各指标的努力值和底限值。以新产品销售收入增长率指标为例，其基准目标值为30%，努力目标值为40%，底限目标值为20%。该指标低于20%则不达标。

（三）确定绩效指标的权重

1. 权重的定义

指标的权重是指给予这个指标一定的系数，表明这个指标在整个指标体系中所具有的重要性和对整体绩效的贡献度。确定好绩效指标的权重意义重大，这也是物流绩效管理的主要实施阶段。通过权重的确定能突出管理的重点，表达所意图引导的价值理念，指导员工的行为，对评价结果产生影响。

2. 确定指标权重的原则

（1）以战略目标和经营重点为导向的原则。
（2）指标权重与企业发展阶段相匹配的原则。
（3）指标权重与股东目标相匹配的原则。
（4）系统优化的原则。
（5）考核者的主观意图结合客观情况的原则。

3. 确定指标权重的方法

确定权重有多种方法，如评分法、直观判断法、德尔菲法和层次分析法等。这些方法各有各的优点和缺点，企业可以根据实际情况选择较容易操作且相对客观的专家评分法确定各绩效指标的权重。专家组由企业和部门的有关领导、相关行业的专家教授组成，由其对每个指标大类、指标大类内各绩效指标依次进行打分，得分越高，重要性越大。每个专家都单独对指标进行打分，最后统计各指标大类与指标的分数，以此确定绩效指标的权重。

4. 确定指标权重的步骤

假定在部门与岗位考核维度中临时任务项与 BSC 的权重已经确定（其权重确定方法与本节所述的权重确定方法相同），本节的权重确定仅涉及各考核维度与单项指标的权重。具体步骤如下：

第一步，指标重要性评分。各位专家独立对考核维度与每个单项指标的重要性打分并说明理由。

第二步，汇总分数。在专家评分后，对考核维度与单项指标的分数分别进行加总统计，得出各位专家对每个考核维度与单项指标的评分总和。以财务维度为例，企业有 10 位专家参与此项工作，该类共有两个指标，分别是新产品销售收入增长率和投资报酬率，对财务维度专家评价汇总情况如表6-5 所示。

表 6-5　专家评价汇总（以财务维度为例）

指标类别或指标名称	专家1	专家2	专家3	专家4	专家5	专家6	专家7	专家8	专家9	专家10	总分
新产品销售收入增长率	A_1	B_1	C_1	D_1	E_1	F_1	G_1	H_1	I_1	J_1	X_1
投资报酬率	A_2	B_2	C_2	D_2	E_2	F_2	G_2	H_2	L_2	J_2	X_2

$$X_1 = A_1 + B_1 + C_1 + D_1 + E_1 + F_1 + G_1 + H_1 + I_1 + J_1 \qquad (6-1)$$

$$X_2 = A_2 + B_2 + C_2 + D_2 + E_2 + F_2 + G_2 + H_2 + I_2 + J_2 \qquad (6-2)$$

$$CF = X_1 + X_2 \qquad (6-3)$$

式中，X_1、X_2 为单项指标总分，CF 为财务维度总分。依此法确定各维度与单项指标总分。

第三步，确定各类考核维度的权重（以企业财务维度为例）。财务维度在企业层面绩效指标体系中的权重（CFW）计算公式为

$$CFW = (CF / W) \times 100\% \qquad (6-4)$$

式中，W 为公司层面四个维度专家评分汇总分数之和。依此方法可以确定各维度的权重。

第四步，确定单项指标在所属维度内的权重（以新产品销售收入增长率指标为例）：

$$CF_1 = \left(X_1 / CF\right) \times 100\% \qquad (6-5)$$

式中，CF_1 为新产品销售收入增长率指标在财务维度中的权重。依此方法可确定各单项指标在所属维度内的权重。

第五步，确定单项指标在指标体系中的权重（以任务完成率指标为例）。员工任务完成率在指标体系中的权重为所属考核维度（显性业绩）的权重（40%）与该指标在显性业绩维度内的权重（75%）之积（30%）。指标权重分配表中，"显性业绩""职能计划""学习与成长"三项占平衡计分卡的权重分别为 40%、30%、30%，具体如表 6-6 所示。

表6-6　配送指标权重分配

BSC 各维度权重 /%		指标名称	指标权重 /%
平衡计分卡权重 90	显性业绩 40	客户需求响应时效	10
		任务完成率	30
	职能计划 30	技术文档资料规范性	10
		任务完成水平	20
	学习与成长 30	参加培训时间	15
		学习情况	15
临时任务项权重 10		暂无	

（四）确定绩效考核的周期

为了节约企业的有形成本和无形成本，企业绩效考核周期设定坚持结合高频度的柔性管理和低频度的硬性考核原则，以适当地拉长员工的考核时间。但在平时的管理中，管理者要坚持绩效管理的认知，观察员工的表现，及时做出反馈。考核周期分为两种：定期考核和不定期考核。定期考核依据考核期不同可划分为季度考核、半年考核和年度考核。

企业的高层管理者主要负责企业的战略规划和日常经营，需要的是概念技能，因此对其的考核应该以企业经营的结果为导向，侧重结果考核。企业的经营成果一般需要相对较长的时间体现，因此考核周期也相对较长，采用的是年度绩效考核。企业的中层管理者主要负责企业战略的执行和基层人员的督导，需要的是人际交往技能和技术技能，因此对其的考核应该以工作目标为导向，结合其所负责的企业绩效，而考核周期则根据企业经营的业务性质，以半年为宜。企业的基层员工处于企业的执行层面，主要任务是完成具体的工作计划并对工作完成的质量负责，因此对其的考核适合按季度进行。为了确保及时沟通与纠偏，各考核周期中均有制度化的中期回顾，并要求考核者建立文档记录沟通的内容。

（五）确定绩效考核的主体

1.确定考核主体的因素和原则

绩效考核主体是指评价受评者的人。考核的主体在选择上不但是由受评者的工作性质决定的，而且要从实际情况出发，和考核的内容要一致。比如，考核成本和企业效益间的关系、企业的内部人际关系和企业文化等方面的问题。

2.考核主体的确定

在企业中，受评者不同，其选择的考核主体也不同，以借此来客观而公正地评价受评者。企业绩效和部门绩效由总经理办公会负责考核，人事行政部负责考核数据资料的收集汇总工作。岗位绩效的考核由各部门经理负责，各部门经理或指定的相应责任人负责收集员工日常绩效数据。岗位考核由本人自评、直接主管一级评价、分管领导（总经理办公会成员）二级评价组成。考虑到企业情况，暂不设立部门间、员工间互评，涉及满意度考核的部门或个人以投诉率作为满意度的依据。总经理办公会成员和部门经理除对所在部门或分管领域业务进行考核外，还要进行民主评议。

3.考核主体权重的确定

因为各种考核主体的职位有高有低，他们对受评者具有不同的观察角度，所以在定量指标的分析或对定性指标的评价上可能有所不同，因此要对考核主体赋予相应的评价权重。企业考核主体与权重分配情况如表6-7所示。

表6-7 考核主体及权重分配

考核对象	考核主体权重			
	民主评议	分管领导二级考评	直接主管一级考评	考核对象自评
总经办成员	40%	40%	0	20%
部门经理	20%	60%	0	20%
其他员工	0	35%	50%	15%

五、物流绩效管理体系流程设计

（一）构建胜任力模型

胜任力模型指的是在工作环境一定的情况下，驱动个体取得优异成绩的一系列特征组合，是员工通过多种方式所表现出来的知识、个性、技能和内驱力等。因为胜任力的特征就是紧密联系工作职位，行业不同、环境不同和文化背景不同，胜任力的要素也各异，所以胜任力模型的构成也有差别。因为企业处于一个不断发生改变的环境中，要根据环境的改变而实行自我调整，所以作为企业的员工也要去适应这种改变。在这个基础上建立的胜任力模型不但要和岗位绩效密切相关，而且要从企业的战略目标和文化背景考虑，在提高岗位绩效的基础上，达到深化企业文化、实现战略目标和提升企业核心竞争力的目的。

在构建岗位胜任力模型时，需要对胜任力模型的不同方面进行划分。比如，从三维的角度考虑，胜任力分为技术能力、核心行为能力和职位差异能力三种。其中，技术能力指的是对企业专业领域所掌握的技术知识、行业知识和过程能力等，考量的是对知识的把握度。核心行为能力是指在其所从事的岗位中，其所表现出来的文化和核心价值观的能力和行为，如创新力、团队合作等。职位差异能力指的是为了职务的需求所采取的动机、内驱力和个性等具有差异化的能力。对于胜任力要素来说，如处于同一维度，就要根据能力的层级不同进行划分，保证行为不同所对应的胜任力要素能级也不同。对于如何界定每个能级，则要满足量化和能测量的要求。

（二）评估员工胜任力

胜任力要素分为显性要素和隐性要素，其所对应的行为表现形式存在差异。所以，在评估员工的胜任力的时候，对于不同的胜任力要素，采取的测评方式也要不同。现阶段的胜任模型基础上所建立起来的三维视角理论把胜任力划分为三个维度：技术能力、核心行为能力和职位差异能力，以此评估员工的胜任力。

技术能力是外显性基准胜任力，易测量，而且能在学习中获得。技术能力上的评估能够以专业化的方式进行测评，而且能和受评者的直接主管联系起来综合评估。需要注意的是，专业化的考核内容和方式需要和受评者的实际工作相互结合，以保证测评的效度。

内隐性鉴别胜任力包括职位差异能力和核心行为能力，不是通过短期直接测量获得的。核心行为能力和职位差异能力的评估可采用360°反馈评价法来评价。360°反馈评价法对于受评者来说是一种全方位的评价法，要求受评者的直接上级、交叉部门的同事及上级、下属等都对受评者实施评价，最后根据每个层次的评价结果不同来分配受评者的相关工作的不同权重，最后得出评价结果。当然，成本的差异和其他各方面因素的影响使岗位员工在评价内隐性鉴别胜任力的时候不会都采用360°反馈评价法，还能用直接主管评定法和自我评定法评测受评者的内隐性鉴别胜任力。同时，要实时地对直接主管的评定和受评者的自我评定分配不同的权重，以保证评测的客观公正。

（三）设定员工绩效目标

绩效目标的设定一定要和企业的战略目标、部门的岗位目标、员工的个人职业生涯发展相联系，再通过平衡计分卡和关键业务指标等在遵循SMART（Specific、Measurable、Attainable、Realistic、Time-Bound）原则的基础上构建可行的、合理的，由团队、企业和个人三个层次所构成的绩效指标体系。这不但能保证员工的工作目标匹配其企业的战略制度，给企业的整体战略目标造势，而且能帮助员工提升胜任力，有利于其职业生涯的开展。在胜任力基础上建立起来的绩效管理体系中，员工的绩效目标不但有个人胜任力目标，而且有工作任务目标。

（四）绩效的过程监督辅导和绩效考核

在胜任力的绩效管理体系中，对员工的绩效考核不但包括员工的工作业绩，而且包括员工的胜任力的发展。这是在过去绩效管理系统中所没有的。在过去，员工的绩效管理体系只对员工的工作业绩进行考核和评估，这表明企业关心的是员工过去的表现，是对员工和企业目前状况的判断，不能很好地预测今后的绩效和发展。在胜任力基础上建立起来的绩效考核不但关注员工目前的工作业绩，而且对员工的个人胜任力的发展和培养也很关注，而通过员工的长期发展能很好地预测员工今后的绩效。在胜任力基础上建立起来的绩效考核机制不但包括评估员工的胜任力要素，而且包括对前期、后期的胜任特征的对比评估，在和员工的个人职业生涯的发展规划相结合的基础上，找出需要培养和提升的胜任力要素，对其进行针对性的辅导和培训，以满足企业的需要，实现员工的个人发展。

（五）沟通和反馈

沟通和反馈是胜任力绩效管理体系能够保持动态化发展的最重要的因素。绩效管理不是一次性工作，而是需要随着工作的持续展开，不断地加以改进。整个绩效管理体系是一个动态的、循序渐进的过程。上、下级之间的绩效沟通和反馈不但是上一周绩效管理的总结，而且为下一周绩效管理的工作做准备。随着企业内部和外部环境发生了改变，企业对员工的胜任力提出的要求不同，所以胜任力模型也处在不同的变化中，需要修改和加以补充。

绩效沟通和反馈能让企业的需求不断进行调整，进而渗透到胜任力模型中，以满足员工在企业的发展和对企业的需求。

一般来说，上下级之间能通过面谈方式（正式和非正式的）找出员工的不足和优势，找出达成绩效目标的关键要素和非关键要素等影响因素，找出在今后工作中需要改进和调整的方式方法，制订合理的绩效考核计划，从而采取有针对性的培训方式帮助员工总结前期工作，并和其自身的实际情况相结合，更加科学地制订工作计划。

在持续沟通和反馈的基础上，管理者能够对员工今后的工作提供好的指导和建议，帮助员工提升工作热情、激发潜力，促使员工不断提升自己的能力。整体来看，绩效管理体系是在胜任力的基础上建立起来的，是一个反复循环的过程，企业能通过整个管理体系的循环来完成动态化的、持续的管理。在胜任力基础上所建立起来的绩效管理体系流程具体如图6-5所示。

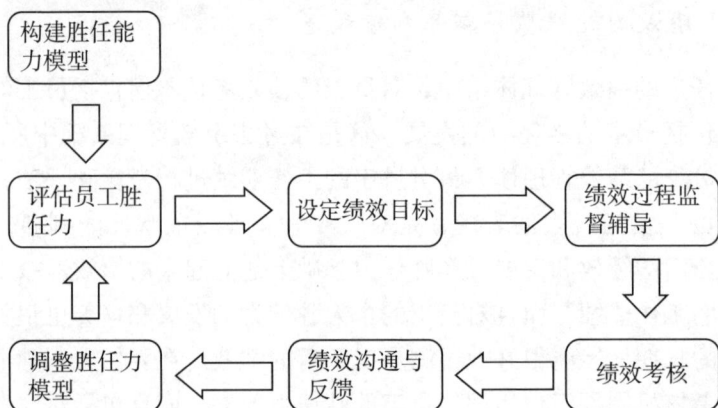

图 6-5　基于胜任力的绩效管理体系流程

第七章　新时代绩效评价研究

第一节　物流服务绩效评价

一、物流服务绩效评价概述

（一）物流服务绩效评价的含义

在既定标准下，对一定时期内物流企业或服务人员的服务工作状况进行评估即物流服务绩效评价。具体包括收集、分析、评价相关服务质量和效果，并进行及时反馈，从而总结经验教训，确保更加精准地实现服务目标。

（二）物流服务绩效评价的内容

目前，企业常用价值量、实物量指标和劳动量指标反映服务效果，并以此实现对物流服务绩效评价的具体内容的考核与核算。具体考核内容由以下两点构成。

1. 服务质量的评价

物流企业或服务人员对顾客需求的满足程度可以用服务质量衡量。一般情况下，服务质量决定了顾客满意度。服务质量包括服务设施质量、服务产品质量、劳务质量（如服务态度、服务技巧、服务方式、服务效率、礼节礼貌和环境氛围）和顾客对服务的期望等，既有有形的服务，又有无形的服务。因此，既可以通过定量指标进行考核，又可以通过定性指标进行分析。

2. 服务效益的评价

企业在对顾客提供服务的过程中会消耗或占用社会劳动，在此基础上也会形成经营成果，两者的对比关系即服务效益，该指标反映了投入与产出的关系。企业营业收入、成本费用、利润等经营状况，与赢利能力、偿债能力、社会贡献等具体考核内容构成了服务效益的评价。

（三）物流服务绩效评价的方法

对物流服务绩效进行评价时，可以根据具体目标和所了解的企业情况采用多种方法，具体展示如下。

1.对比分析法

通过两个或者两个以上的因素之间的对比来体现服务绩效的方法是对比分析法。这是一种比较简单的方法。具体可运用于如下几个方面：

（1）计划实现程度

计划实现程度主要考核服务计划的完成情况，分析超额完成或未完成计划目标的原因。用公式表示为

$$计划实现程度 = \frac{服务实绩}{服务计划} \qquad (7-1)$$

（2）服务发展状况

用本期有关指标与上期或历史同期的有关指标对比，说明服务状况的发展水平与趋势。用公式表示为

$$服务发展状况 = \frac{现期额}{历史同期额} \qquad (7-2)$$

（3）企业服务先进程度

用本企业服务指标与本地区或国内外同行业相同服务绩效指标对比。这一指标与本地区同行业比较，可以反映本企业的市场占有程度；与国内外其他企业比较，可以反映本企业落后或先进程度。用公式表示为

$$企业服务先进程度 = \frac{本企业某指标实际水平}{国内外其他企业某指标实际水平} \qquad (7-3)$$

（4）结构对比

结构对比即对比某个指标的组成部分占该指标的比重变化，用以分析服务指标或现象的内部构成及其变化趋势，如营业收入增长与利润增长速度。

2.评价分析法

将评价对象分解成几个主要因素，按照各因素对服务的重要程度进行打分，最后汇总分数，并用该分数考核评估对象的优劣，这种评价方法叫作评价分析法。举例来说，对服务质量进行评估时，可以将其分解成服务产品

质量、工作时间、服务态度等几个主要因素，在相关标准下结合实际情况对各因素进行打分，然后合计总分，并以此来评价物流服务绩效的好坏程度如何。

3. 因素分析法

因素分析法是找出能够对物流服务活动产生影响的因素中互相影响的几个，先把一个因素当作自变量，把其他各因素当作常量，测定该因素对物流服务绩效的影响有多大，然后替换，即把另一个因素当作可变量，把其余因素作为常量，依序进行，直到所有因素测定完毕。这种方法能够对物流绩效服务产生差异的原因做出具体说明，但使用这种方法对因素进行替换时，替换顺序有两点需要注意：一是应依据因素之间的相互关系，二是应根据该因素所处的主次地位。

4. 比率分析法

先通过一定的方法计算出数值比率，再对其进行分析比较的方法称为"比率分析法"。具体有下列几种分析方法。

（1）构成比率分析

以全体计数为100，计算出各部分所占比率。这种分析方法能够分析物流服务绩效评估构成内容是否合理，以及会按照什么样的趋势发展。

（2）趋势比率分析

趋势比率分析也称"动态相对数分析"，即以基期为100，计算以后各期发展趋势。

（3）相关比率分析

以某项指标与其相关的其他指标进行对比，并求出比率，可用于评价物流服务绩效的水平。比如，将收入指标与费用指标对比，可以发现物流服务工作中的薄弱环节。

以上方法可以用来考核物流服务工作成果。除此之外，还有一些方法可以用来评估物流服务绩效。

5. 尺度评价表法

尺度评价法是一种比较简单、常用的方法。表现形式各不相同，但基本上都要选取有关绩效的若干评价因素，有的是工作方面的因素（如服务质量、服务数量），有的是个体方面的因素（如工作经验、适应性、积极性和合作精神等）。然后，根据一定标准将每种因素划分为若干等级，如从"不满意""较满意"到"很满意"等，并且定义出这些因素和等级的具体含义。

6. 排列法

排列法是指通过对考评对象的相互比较，以其绩效的相对优劣程度确定相应的等级或名次，即确定全体被考评对象的绩效优劣顺序。

7. 平行比较法

平行比较法的基本原理就是按照所有考评指标，把考评对象与其他考评对象一一进行对比，然后把所得结果进行综合，从而确定其在某种指标方面的次序。

8. 强制分布法

强制分布法就是在考评前，人为地使整个考评结果呈正态分布（或称钟形分布）。这种方法要求先确定好各等级在总数中所占的比例，然后按照员工个人绩效的相对优劣程度，将每个员工强制列于其中的一定等级中。

这些方法都可以对员工的工作行为进行考核。

二、物流服务绩效评价的标准

评价者基于对战略发展目标和未来企业发展规划的考虑制定了被评价对象必须要达到的物流服务绩效评价标准。这个标准能够为各评价指标提供数据支撑。因此，确定评价指标标准在构建评价体系时有着不可忽视的重要作用。定量指标和定性指标都可以在物流服务绩效评价指标体系中发挥自身优势。目前，常见的指标标准具体包括以下几大方面。

（一）历史标准

以历年数据为衡量标准，对比当前数据，分析企业当前物流服务绩效是否有增长，这种标准叫作历史标准。对比时需要注意，要剔除不合理因素的影响，如物价变动、计算口径等。综合来看，历史标准较为权威、客观且操作简单，但是也存在较多的不可比因素，不能进行横向对比。

（二）计划标准

计划标准是先制定物流绩效体系中相关指标的目标值，并以该目标值为标准与实际数据进行对比，判断物流服务绩效评价客体是否完成计划与完成的效果如何，从而发现问题并改善。但是，这种计划标准有很多弊端。首先，标准的准确性很难把控，标准太高或太低都会影响评价结果，失去评价意义；其次，计划标准的确定需要花费较长时间与较多成本，而且制定过程中容易受主观影响而失去客观性。

（三）平均标准

一定区域内全社会的物流服务绩效水平的平均程度就是该区域的平均标准。与该平均标准相比，可以全面反映企业实际的绩效水平。

（四）行业先进标准

以物流服务者中有名望、服务水平一流的企业的绩效水平为标准，利用标准杠杆的原则，与企业实际物流服务指标数据进行横向比较，这种方法即行业先进标准下的评价。其优点在于能够凭借较强的时效性和可比性对企业物流服务的改进进行准确且直接的反映。

（五）客户标准

以客户要求为标准，对客户期望进行量化，最后由企业外部人员进行制定的标准叫作客户标准。企业将实际物流服务绩效数据与该标准进行比较，从而得出客户对企业物流服务的满意程度，帮助企业管理者优化物流功能与服务。

三、物流服务绩效评价的体系设计与不同角度

（一）物流服务绩效评价体系的设计

物流服务绩效评价能够对企业物流服务的全过程进行有效监督和控制，企业物流服务的完成情况如何、目标是否具备可行性，企业资源利用情况如何，以及是否具备发展潜力等都可以通过评价体系反映，不仅如此，体系评价结果能够为企业激励机制的实行提供必要依据。因此，准确、全面和及时的绩效评价体系是进行企业物流服务质量管理必不可少的内容。以下是物流服务绩效评价体系必须具备的要素。

1. 评价制度

科学的评价制度能够保证企业管理工作的多层次、多渠道、全方位、连续性进行，对企业管理具有重要意义。评价制度要明确评价工作的指导原则和目的，明确管理人员的责权范围和奖惩措施，以此保障评价结果的客观性和有效性。

2. 评价主体

企业内部人员、客户、社会公众、政府部门构成了企业物流服务绩效评价体系的评价主体，每个主体都发挥着不可代替的重要作用。首先，企业内部人员可以直接参与绩效评价工作，能够对整个物流服务过程进行评价；其次，客户作为物流服务的享用者，能够真实判断物流服务质量，发现薄弱环节；再次，社会公众能够对企业信用进行评价，从而反映企业绩效水平；最后，政府部门能够对全行业的企业进行评价，有利于企业进行横向对比，分析自身在行业中的地位如何。

3. 评价指标

评价指标能够反映企业在物流服务活动中的关键因素。对于企业来说，完善的立体评价指标体系的建立是十分必要的，该体系能够对企业物流服务绩效水平进行多层次的反映，评价结果更加客观真实。选取评价指标时要注意以下几点：一是要有明确的目的，能够被大部分评价主体理解和接收，并且具备实际操作性；二是要尽可能量化指标，使反映结果更加客观。若某些关键因素无法量化，则可以对其进行定性描述。

4. 评价标准

目前，对物流服务绩效进行评价的标准有企业历史标准、计划标准、平均标准、行业先进标准、客户标准等。

5. 评价方法

科学的指标评价方法能够提高评价结果的真实性和有效性，因此评价方法也是物流服务绩效评价体系的重要内容。目前，统计法、排列法、要素比较法和价值分析法等在企业中得到了较为普遍的应用，这些方法的适用范围不同，并且各有优缺点。在选取时，企业要根据指标的不同特点和实际情况选择最恰当的评价方法。

6.绩效分析

绩效分析是对各因素之间的内在联系进行认真分析，并判断企业物流服务目前存在的问题，提出优化方法，分析发展趋势。分析结果要生成结论性报告，便于管理者做出决策。

7.评价方面

（1）企业内部绩效评价

企业内部绩效评价是物流服务企业绩效评价的重点，具体的评价内容包括企业运营状况以及资源、赢利能力等。该评价通过比较企业现有绩效水平与同历史或目标水平为管理者提供决策依据。企业内部绩效评价主要从成本、资产、客户服务和作业等方面进行。

（2）企业外部绩效评价

企业外部绩效评价通过评估企业的形象、信誉、市场地位等内容在一定程度上为企业发展战略的制定提供依据，这对于提高企业物流服务质量而言是必不可少的。

评价主体的反馈信息是企业进行外部绩效评价的重要依据，常用的评价方法包括设定标杆、与先进企业进行对比等。

（二）物流客户服务的绩效评价

客户是物流服务的直接体验者，企业服务质量越高，客户满意程度也就越高。在一定程度上，高质量的物流客户服务能够巩固原有客户并不断开发新用户。从企业管理角度看，客户的直接参与增加了物流客户服务绩效评价的工作难度。目前常用客户满意度、库存可得率、客户投诉处理时间等进行评价。

（三）物流服务主要活动的绩效评价

物流服务主要活动内容具体包括运输、仓储和库存等，对这些活动的评价即物流服务主要活动的绩效评价。服务活动水平的高低直接反映企业物流服务水平的高低。

目前，很多企业都设计了比较科学的绩效评价体系，并将这项管理工作形成制度固定下来，成为及时了解企业的运营状况、调整和优化运营计划的十分重要的内容。

对企业内部和外部的绩效两大方面进行评价能够全面反映物流服务企业的绩效水平。

四、物流服务绩效的评价指标

（一）物流客户服务绩效的评价指标

企业物流服务越完善，企业的竞争优势越明显。其中，影响物流服务的重要因素之一就是客户服务水平。企业与客户在客户服务过程中产生产品交易，从而实现产品增值。物流客户服务保障客户及时获得所购产品，可得性、作业绩效、可靠性等指标可以衡量物流客户服务质量。下面介绍几种评价服务绩效的常用指标。

1. 缺货频率

产品存货可得性无法满足客户需求时会发生缺货现象，缺货频率这一指标可以计算缺货发生的概率，是衡量存货可得性的起点。

2. 送货出错率

在一定的评价期间，送错货的次数与送货总次数的比值称为送货出错率，该指标能够反映企业服务的准确程度。若企业送货出错率越低，则表明其服务质量越高，造成的损失也就越小。

3. 订单处理时间

在一定评价期间，客户从下单到收到货物的时间即订单处理时间，该指标用于考核客户服务时间。缩短订单处理时间能够提升客户对物流服务的满意度，有助于巩固原有用户并开发新用户，从而提升企业竞争力。

4. 准时送货率

在一定评价期间，准时送货次数与送货总次数的比值称为准时送货率。准时送货率越高，表示企业能够满足顾客承诺的能力越强，在一定程度上说明企业信用度越高。物流企业及时满足对客户的承诺能够提高企业竞争力。

5. 客户满意度

客户满意度是对客户对物流服务满意程度的概括，常用方法包括问卷调查、回访和座谈等，但是这些方法的可操作性差，易受主观因素的影响，不容易把握。因此，在实际操作时，可以将客户满意度这一指标进行拆分，同时结合其他指标，从多角度反映客户的满意程度。

6. 库存可得率

企业能否及时满足客户需求，可以用库存可得率这一指标进行衡量，若客户需求量较大，超过了企业库存，则会发生缺货。

7. 订单处理准确率

一段时间内，无差错的订单处理总数与订单总数的比率即订单处理准确率。该指标能够衡量供应链反应的可靠程度，并且两者为正相关关系。

8. 客户投诉处理时间

客户投诉后，企业采取相关措施以重新满足客户需求花费的时间，即客户投诉处理时间。一旦发生客户投诉，企业应该以最快的速度响应，解决客户问题，提高客户满意度，挽救企业形象，防止事态进一步发展。

（二）物流服务主要活动的绩效评价指标

1. 运输服务绩效评价指标

如今，企业常用的运输服务绩效评价指标有如下几种。

（1）平均运送时间

企业在一定时间内，将货物从运输起点运至终点所消耗的平均时间即平均运送时间。若企业采用了多种运输方式，则利用门到门运送时间来衡量比较合适。

（2）运送时间的变化率

对运输服务的不确定性进行评价可以采用运送时间的变化率这一指标。通过多种运输方式进行多次货物运输，所消耗的时间会有一定的波动，而凭借实际运送时间与平均运送时间之间的对比可以衡量运送时间的变化率。

（3）货物损坏率

在一定时期内，损坏的货物的总金额与货运总金额之间的比值即货物损坏率。

（4）装载效率

车辆实际装载量与车辆装载能力的比值即装载效率。

（5）运力利用率

在一定时间内，企业实际运输量与总运输量之间的比值即运力利用率。需要注意的是，运输量要以吨／千米为计量单位。

（6）运输费用水平

企业运输费用的总额与货物价值总额之间的比值为运输费用水平。

2. 仓储服务绩效评价指标

目前，企业常用的仓储服务绩效评价指标有以下几种。

（1）货物完好率

该指标是对仓储服务绩效进行评价的基础，可以表示为

$$货物完好率 = \left(1 - \frac{一定时期货物损坏灭失金额}{该时期仓储货物总金额}\right) \times 100\% \qquad （7-4）$$

（2）仓库利用率

仓库实际存储的货物数量或者体积与该仓库可存储货物数量或者容积之间的比值即仓库利用率。

（3）货物错发率

货物错发率指一定时期内货物出现错发的总量与该时期货物吞吐量之间的比率。

（4）货损货差赔偿率

货损货差赔偿率指一定时期内由于货损货差赔偿的总金额与该时期业务收入总金额之间的比率。

（5）设备时间利用率

企业在一定时期内所拥有的全部设备的实际工作时数与设备总工作能力之间的比值即设备时间利用率。

（6）仓库吞吐能力实现率

该指标指一定时期内仓库的实际货物吞吐量与仓库设计吞吐量之间的比率。

3.库存服务绩效评价指标

目前，企业常用的服务绩效评价指标有以下几种。

（1）库存周转率

企业的库存周转率可以在一定程度上反映库存管理的水平，库存周转率可以用公式表示为

$$库存周转率 = \frac{一定时期内库存总金额}{同期平均库存总额} \times 100\% \qquad （7-5）$$

（2）库存结构合理性

库存结构合理性是反映企业库存产品或原材料的种类、数量是否合理的指标，计算公式为

$$库存结构合理性 = （1 - \frac{长时间积压货物总额}{库存货物总额}） \times 100\% \qquad （7-6）$$

（3）供应计划实现率

供应计划实现率指一定时期内实际供应货物总金额与计划供应金额之间的比率。

（三）物流服务效益指标

1.经营状况指标

目前，企业常用的经营状况指标有以下几类。

（1）营业收入类指标

在了解产品或服务价格，以及所提供的服务数量的基础上，统计企业营业收入。

（2）营业成本与费用类指标

企业在经营过程中会产生活劳动、物化劳动等消耗，如接待客户时会产生一定费用；营业时会有能源、物耗等费用；除此之外，还有人工、办公旅差、摊销等管理费用与财务费用。这些费用即营业成本与费用类指标。

（3）经营利润类指标

在上述两种指标的基础上对其进行分析比较，从而反映企业服务活动所产生的经济效果如何的指标，即经营利润类指标，具体用数学表达式表示为

$$经营利润 = 营业收入 - 营业成本 - 营业费用 - 营业税金及附加（7-7）$$

2. 赢利能力指标

目前，企业常用的赢利能力指标有以下几种。

（1）资本利润率

该指标可以反映资本的获利能力。用公式表示为

$$资本利润率 = \frac{净利润}{资本总金额} \times 100\% \qquad （7-8）$$

（2）营业利润率

该指标能够反映剔除非营业成本时，企业通过经营获取利润的能力，即企业的盈利水平。该指标的计算公式为

$$营业利润率 = \frac{营业利润}{全部业务收入} \times 100\% \qquad （7-9）$$

（3）资本保值增值率

该指标能够反映资本完整性，即能够对企业资本的运营效益与安全状况进行反映。用公式表示为

$$资本保值增值率 = \frac{期末所有权益总额}{期初所有权益总额} \times 100\% \qquad （7-10）$$

（4）总资产报酬率

企业在一定时期内获得的报酬总额与资产平均总额之间的比值即总资产报酬率。该指标能够对企业的资产运营效益进行评价，代表了净资产和负债等全部企业资产的总体获利能力。总资产报酬率可以用公式表示为

$$总资产报酬率 = \frac{利润总额 + 利息支出}{平均资产总额} \times 100\% \qquad （7-11）$$

3. 社会贡献水平

目前，企业常用的衡量社会贡献水平的指标有以下两种。

（1）社会贡献率

社会贡献率反映了物流服务企业运用其全部资产为国家或社会创造或支付价值的能力。用公式表示为

$$总资产报酬率 = \frac{企业社会贡献总额}{平均资产总额} \times 100\% \qquad （7-12）$$

式中，企业社会贡献总额是企业为国家或社会创造或支付的价值总额，包括工资、劳保退休统筹，以及其他社会福利支出、利息支出净额、应交营业税金及附加、应交所得税、其他税收和净利润等。

（2）社会积累率

社会积累率反映的是企业社会贡献总额中用于上交国家财政的资金的比重，包括应交增值税、营业税及附加、应交所得税和其他税收等。用公式表示为

$$社会积累率 = \frac{上交国家财政总额}{企业社会贡献率} \times 100\% \qquad (7-13)$$

第二节　循环物流绩效评价

循环物流绩效评价是指客观判断循环物流的业绩和效益。评价时要有科学规范的评价方法作为支撑，对评价对象进行定量或定性的对比分析，进而真实客观地反映现实情况，便于管理者预测未来的发展前景。循环物流绩效评价的意义体现在以下几个方面。

首先，循环物流绩效评价能够对循环物流的实际运行效果进行有效判断。对于网络中的各个运行主体，或者当前或潜在的投资者以及其他相关人员来说，通过循环物流绩效评价能够及时了解网络的运行状况和经营成果，并对循环物流的运行实绩进行合理的评价。

其次，循环物流绩效评价为挖掘网络潜力、改进企业经营管理和实现系统目标奠定了重要基础。该评价能帮助管理者认识到网络中可利用的其他资源，不断挖掘内部潜力，总结提高系统效益的各种方法，实现循环物流的综合最优目标，即环境效果、资源利用和经济效益最大化。

最后，对于实施网络决策来说，循环物流绩效评价为其提供了重要依据。该评价可以了解循环物流在各个具体方面的能力强弱，如运行质量、服务质量、经营状况等，而企业管理者可以根据这些指标调整物流投资策略、进行业务流程再造或者技术更新等。

一、循环物流系统绩效评价的特点

（一）综合性

评价标准，即对绩效优劣进行衡量的价值标准，是绩效评价最先需要考虑的问题，也是衡量绩效目标实现程度的尺度。若只考虑经济利益这一单一价值尺度，则绩效评价指标有利润、产量、成本等多种形式。这些形式有利有弊，优点是操作时直接且便利，不足之处在于评价结果不够客观、全面，因此不适用于对相关绩效进行评价。

循环物流的绩效评价相较于传统物流绩效评价来说，对物流的整体运营情况是从宏观战略的角度进行的。传统物流绩效评价侧重于对经济利益和物流服务水平的考查，循环物流的绩效评价在此基础上突出了对整个物流范围内的环境状况（如环境保护）和资源状况（如资源利用等）方面的考查。可见，循环物流的绩效评价过程更加注重多目标管理，时间、质量、成本等多方面的目标必须同时满足。基于此，绩效评价也必须考虑到多个角度，其必要的考虑因素如图 7-1 所示。

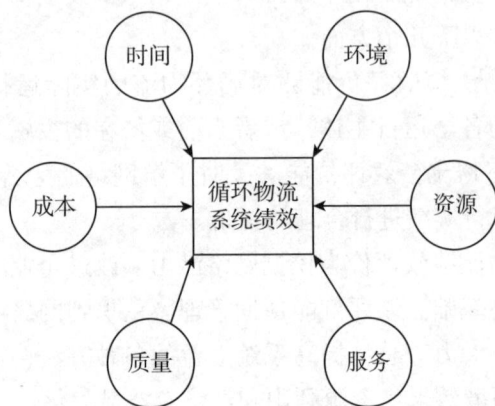

图 7-1　循环物流绩效评价的考虑因素

由于需要考虑多种因素，系统的综合评价模型的建立十分有必要，应在此基础上，对各因素进行定性分析。

（二）模糊性

决策信息的不确定性在实际物流绩效评价过程中时有发生，具体来讲，对决策信息有重要意义的评价指标值和权重值的存在形式不统一，数字形式或语言形式都存在。另外，数据结构的精确程度也无法衡量。造成这种情况的原因有以下几种：

第一，评价指标涉及众多因素，通常概括为经济因素和非经济因素。通过统计的方法，有的指标可以得出精确数值，有的指标却难以用数值表示。对于决策者来说，得到结构化的且能够反映全部信息的数据难以在客观条件下实现，这将给决策带来难度。

第二，不论是结构上还是功能上，循环物流都呈现出复杂性。另外，指标评价者的思维也具有一定的模糊性。因此，大多数评价者在对评价指标进行描述时会选择用区间数形式。

第三，指标本身属性存在较大差别，因此客观度量指标权重也较为困难。

综上所述，相比于传统意义上的单向物流网络，循环物流进行绩效评价时模糊性更明显。因此，本节将绩效评价问题的重点情形放在指标权重未知、指标信息为区间值上。

二、循环物流绩效评价思路

在一定的原则下，依据科学完整的指标评价体系，采用有效实用的方法，定性或定量地对企业绩效进行客观评价，从而为企业决策提供建议，这就是循环物流的绩效评价目的所在。

依据采纳标杆管理的思想，可对企业循环物流在各方面的绩效表现与行业领先水平进行横向对比。

基于此思想，将循环物流绩效评价的研究思路确定如下。

第一，在循环经济理论的指导下，先对循环物流绩效指标体系框架进行设计，接着明确相应的影响因素与合适的量度方法。

第二，如果指标权重未知，同时指标属性值为区间数时，物流绩效评价模型的建立应该以区间数为基础。这种情况需要注意三个问题：①建立区间数的描述模式时需要复合量化；②选取方法对指标权重进行计算时要以综合效应信息熵为基础；③建立综合评价模型。

第三，应用综合效应评价模型，横向对比待评价的循环物流的整体绩效表现与行业内标杆水平，找出差距，分析原因并探究优化对策。

基于上述讨论，循环物流的绩效评价过程如图 7-2 所示。

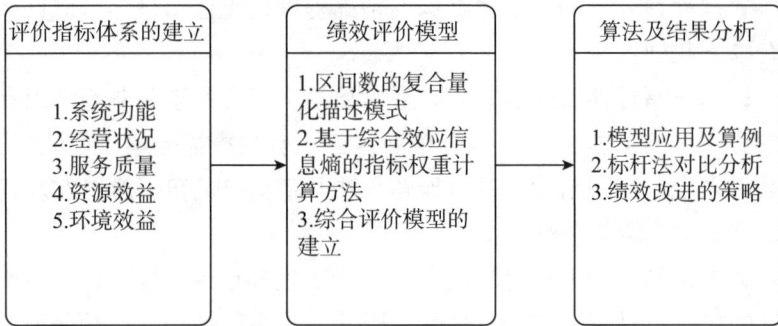

图 7-2　循环物流绩效评价过程

三、循环物流绩效评价模型构建

循环物流的绩效评价是综合评价问题，评价过程涉及多种因素。根据上节所述，由于各种不可避免的原因，无法得到具有确定数值的决策信息，相反，只能用区间数形式来表达。另外，评价指标的权重也经常存在未知性，或者难以量化，在这种情况下，讨论循环物流绩效的评价问题不仅具有重要的理论意义，还具有重大的现实意义。

（一）区间数的模糊化和规范化

假设集合 $P=\{P_1, P_2, \cdots, P_m\}$ 表示参与绩效评价的循环物流，绩效评价指标体系为 $C=\{C_1, C_2, \cdots, C_n\}$，指标的属性值为区间数 $[a_{ij}, b_{ij}]$，有

$$C_{ij} = a_{ij} + \theta\left(b_{ij} - a_{ij}\right) \qquad (7-14)$$

式中，$\theta \in [0,1]$（θ 代表评价者的乐观程度，该值直接影响模糊化的结果），C_{ij} 为区间数的主值，(a_{ij}, c_{ij}, b_{ij}) 为 P_i 关于 C_j 的三角模糊数。

为消除不同量纲对决策结果带来的影响，可进行规范化处理。设 I_1 代表效益型指标集，I_2 代表成本型指标集，两者具体数学表达式如式（7-15）和式（7-16）所示：

$$\left. \begin{array}{l} u_{ij}^L = a_{ij} \Big/ \sqrt{\sum_{i=1}^{m}\left(b_{ij}\right)^2} \\[3mm] u_{ij}^m = c_{ij} \Big/ \sqrt{\sum_{i=1}^{m}\left(c_{ij}\right)^2}, j \in I_1 \\[3mm] u_{ij}^U = b_{ij} \Big/ \sqrt{\sum_{i=1}^{m}\left(a_{ij}\right)^2} \end{array} \right\} \qquad (7-15)$$

$$u_{ij}^L = \left(1/b_{ij}\right)/\sqrt{\sum_{i=1}^{m}\left(1/a_{ij}\right)^2}$$

$$u_{ij}^m = \left(1/c_{ij}\right)/\sqrt{\sum_{i=1}^{m}\left(1/c_{ij}\right)^2}, j \in I_2$$

$$u_{ij}^U = \left(1/a_{ij}\right)/\sqrt{\sum_{i=1}^{m}\left(1/b_{ij}\right)^2}$$

（7-16）

形成规范后的三角模糊数 $u_{ij} = \left(u_{ij}^L, u_{ij}^m, u_{ij}^U\right)$，其中 u_{ij}^U u_{ij}^m u_{ij}^L 0。则循环物流 P_i 对 $C = \{C_1, C_2, \cdots, Cn\}$ 的整体属性向量为 $u_i = (u_{i1}, u_{i2}, \cdots, u_{in})$，$i = 1, 2, \cdots, m$；$j = 1, 2, \cdots, n$。

（二）决策信息的量化描述

对模糊数进行排序是模糊数理论中重点研究的问题，在解决模糊优化问题时能够发挥重要作用。如今，在实际工作中，普遍采用的方法是先通过适当变换将模糊数映射为实数，然后比较并排序。以本问题为例，下面进行简要叙述。

设 $L(\lambda):[0,1] \to [a,b] \subset [0,\infty)$，如果 $L(\lambda)$ 是逐段连续且单调不减的函数，那么 $L(\lambda)$ 是水平效应函数。设 E' 为实数 $\boldsymbol{R}$ 上的模糊数全体，对 $A \in E'$，若 $A_\lambda = [\underline{a}(\lambda), \bar{a}(\lambda)]$ 表示 A 的 $\lambda-$ 截集，令 $L^* = \int_0^1 L(\lambda)d\lambda$，有 A 的集中量化值 $I_L(A)$ 和 A 的不确定度 $U_L(A)$ 如下式：

$$L^* = \frac{1}{2L^*}\int_0^1 L(\lambda)[\underline{a}(\lambda) + \bar{a}(\lambda)]\mathrm{d}\lambda$$

（7-17）

$$U_L(A) = \int_0^1 L(\lambda)[\underline{a}(\lambda) - \bar{a}(\lambda)]\mathrm{d}\lambda$$

（7-18）

可以证明，对三角模糊数 $A = (a,b,c), \alpha \in [0,\infty)$，当 $L(\lambda) = \lambda^\alpha$ 时，不难看出，在满足水平效应 $L(\lambda)$ 时，$I_L(A)$ 进行了集中量化，该指标是刻画 A 的位置的主指标，$U_L(A)$ 则是一种辅助指标，用于描述 A 的可信赖程度能否用 $I_L(A)$ 代表。$I_L(A)$ 与 $U_L(A)$ 两个函数之间相互联系、补充且制约，因此 $I_L(A)$、$U_L(A)$ 是 A 的一种复合量化值。此时，基于综合效应函数的策略，构造一种复合量化方法，既能反映集中量化值 $I_L(A)$，又能兼顾不确定度 $U_L(A)$，这种方法具体可用下式表述：

$$S_L(A) = S[I_L(A), U_L(A)]$$

（7-19）

根据最大综合效应函数的性质，可以证明，对任意 a，b，κ，$\beta \in [0,\infty)$，最大综合效应函数的具体表达式如下：

$$S(x,y) = x\left[(1+ay)(1+K \cdot e^{-\beta*})\right]^{-b} \qquad （7-20）$$

（三）指标权重的确定

根据熵的客观赋权法，对指标权重进行明确。根据 $I_L(A)$、$U_L(A)$、综合效应函数 $S[I_L(A)、U_L(A)]$，对属性指标 C_j 输出的综合效应信息熵进行计算：

$$H_j = \frac{1}{\ln m} \sum_{i=1}^{m} S_j\left(I_L(A),U_L(A)\right) \ln S_j\left(I_L(A),U_L(A)\right)，j=1，2，\cdots,n \qquad （7-21）$$

则属性值的权重向量：

$$W_j = \left(1-H_j\right) / \sum_{j=1}^{n}\left(1-H_j\right)，j=1,2,\cdots,n \qquad （7-22）$$

（四）综合效应评价模型

在综合效应函数 $S_{ij}\left(I_L(A)、U_L(A)\right)$ 和指标权重 W_j 的基础上，建立如下循环物流 P_i 的绩效综合效应评价模型：

$$E\left(P_i\right) = \sum_{j=1}^{n} W_j S_{ij}\left(I_L(B),U_L(B)\right) \qquad （7-23）$$

（五）模型应用及算例分析

仍然是对前面所提的循环物流 P 展开分析。假设完成循环物流规划，并且对整合的配送或者回收中心完成构建之后，计划对循环物流 P 的绩效进行评价。基于此，选择标杆 P_1（循环物流的先进水平）和 P_2（循环物流领域内的平均水平）作为评价的参考依据。

1. 对算法与求解算法进行设计的具体步骤

依据循环物流绩效指标评价体系，选择运行质量、服务质量、经营状况、资源利用和环境效益五个指标，在分析并量度其影响因素的基础上，得到 P 在这五个指标的属性值区间数。

对第一步得出的属性值进行整理，得到初始决策矩阵，具体如表7-1所示。

模糊化和规范化上述矩阵，取乐观系数 $\theta=0.25$，计算得到规范化决策矩阵，具体内容如表 7-2 所示。

令 $a=0.05$，$b=0.08$，$\kappa=0.8$，$\beta=0.5$，计算出集中量化值、离散度、综合效应值矩阵，分别如表 7-3、表 7-4 所示。

根据综合效应值计算信息熵，然后计算权重值，具体如表 7-5 所示。

最终绩效评价结果在表 7-6 中呈现，对评价结果进行排序：$P_1 > P > P_2$。

表 7-1　初始决策矩阵

标　杆	运行质量 C	服务质量 C	经营状况 C	资源效益 C	环境效益 C
P_1	[5.86，5.99]	[2.77，2.96]	[2.56，2.96]	[2.88，2.93]	[3.58，3.69]
P_2	[4.36，4.71]	[2.06，2.15]	[1.91，2.70]	[2.12，2.74]	[2.78，3.43]
P	[5.07，5.24]	[2.69，2.89]	[2.62，2.81]	[2.65，2.82]	[2.74，3.30]

表 7-2　规范化决策矩阵

标　杆	运行质量 C_1	服务质量 C_2	经营状况 C_3	资源效益 C_4	环境效益 C_5
P_1	[0.633 7，0.656 0，0.673 7]	[0.594 1，0.634 0，0.676 4]	[0.523 1，0.615 8，0.716 5]	[0.587 3，0.633 9，0.658 3]	[0.594 4，0.659 4，0.696 7]
P_2	[0.471 5，0.495 6，0.529 7]	[0.441 9，0.467 6，0.491 3]	[0.390 3，0.488 5，0.653 6]	[0.432 3，0.500 1，0.615 6]	[0.461 6，0.537 0，0.647 6]
P	[0.548 2，0.569 2，0.589 3]	[0.577 0，0.616 0，0.660 4]	[0.535 4，0.618 2，0.680 2]	[0.540 4，0.590 0，0.633 6]	[0.455 0，0.526 1，0.623 1]

表 7-3　集中量化值、离散度矩阵

	集中量化度 I_L					离散度 U_L				
P_1	0.655 3	0.634 4	0.617 2	0.630 2	0.654 8	0.006 7	0.013 7	0.032 2	0.011 8	0.017
P_2	0.497 3	0.467 3	0.499 6	0.508	0.542 9	0.009 7	0.008 2	0.043 9	0.030 5	0.031
P	0.569	0.616 9	0.614 7	0.589	0.530 4	0.006 9	0.013	0.024 1	0.015 5	0.028

表 7-4 综合效应值矩阵

标 杆	运行质量 C_1	服务质量 C_2	经营状况 C_3	资源效益 C_4	环境效益 C_5
P_1	0.655 2	0.634 4	0.617 1	0.630 2	0.654 8
P_2	0.497 3	0.467 2	0.499 6	0.508	0.542 8
P_3	0.569	0.616 8	0.614 6	0.589	0.530 3

表 7-5 权重值矩阵

因 素	运行质量 C_1	服务质量 C_2	经营状况 C_3	资源效益 C_4	环境效益 C_5
权重	0.199 3	0.203 1	0.201 2	0.197 2	0.199 2

表 7-6 循环物流的绩效结果及排序

因素	P_1	P	P_2
绩效评价结果	0.638 3	0.502 8	0.584 1
标杆对比结果	$P_1 > P > P_2$		

从表 7-6 中可以得出，相较于平均网络 P_2，循环物流 P 的综合绩效表现较高，但是与领先水平网络 P_1 存在一定的差距。因此，P 有进一步优化的空间。

对 P 的具体绩效表现进行进一步分析，在表 7-4 的基础上，对各因素的绩效进行评价，其结果如图 7-3 所示。

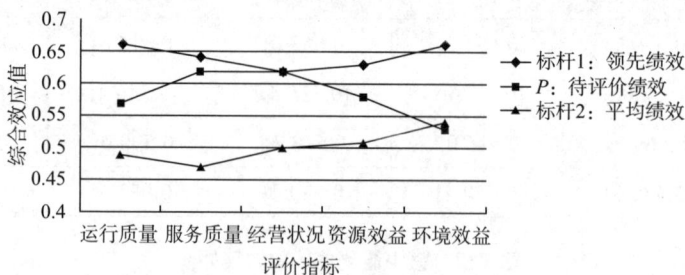

图 7-3 各因素绩效评价结果

2. 结果评价与绩效改进思路

从图 7-3 中可以看出，从经营状况角度分析，循环物流 P 已经基本接近行业领先水平，同时服务质量基本与行业标杆接近。从运行质量和资源效益角度分析，循环物流 P 处于行业中上游水平，与标杆Ⅰ相比，还有较大的进步空间。从环境效益角度分析，循环物流 P 略低于行业平均水平，表明该网络对环境产生了较大的负面影响，达不到循环物流的本质要求，因此对其进行整顿和改进的需求十分迫切。

出于描述方便的考虑，将循环物流 P 在各方面的绩效水平直观地从以下三个层次进行判定：①A级（基本满意），主要指经营状况、服务质量两大指标。②B级（有待改进），主要指资源效益、运行质量两个指标。③C级（亟需整顿），主要指环境效益指标。

依据 P 的实际情况，其一般性的绩效改进思路如下所述。

（1）C级

①从宏观战略角度，企业应该复盘整体战略，以循环物流的基本理念为依据，结合可持续发展的要求，将环境保护战略提高到一定高度。②从管理和技术角度，企业应明确网络运行过程与生态环境的主要联结点，找出目前循环物流工作的瓶颈、突破口和关键问题，将污染物排放水平控制到较低水准，同时将废弃物处理比例控制在合理范围，使污染物排放达标率得以提高到符合要求的水平，挖掘循环物流对环境的改善潜力。③从微观角度讲，企业可以尝试以下具体措施：首先，要对污染物和废弃物的检查监控机制进行进一步完善，及时发现并集中处理主要污染物和污染源；其次，对于行业先进的生产技术要积极引进，在科学生产方式的指导下，污染物和废弃物的产生和排放能够得到减少；再次，企业对污染物和废弃物的无害化处理水平需要提升，以降低对环境的危害；最后，企业内部的环境管理机制要进行变革，提高相关人员对环境保护重要性的认识，同时提高政策执行力。

（2）B级

首先，对于资源效益这一指标来说，企业对资源的利用水平要进一步提高，对资源的消耗和浪费要尽可能降低。为此，要优化物流运作理念，同时以先进的回收处理技术为重要手段。在执行层面，可以尝试以下措施：①对原材料、包装材料和其他资源进行合理的且高水平的再利用，以循环利用的要求为标准，提高产品再利用的设计能力；②优化产品生产流程，合理进行资源整合，使资源综合利用率得以进一步提升；③建立有效的回收机制，为各逆向物流节点的回收率的提升提高制度保障；④提高相关技术水平，使资源回收过程中各环节的损耗、资源的最终废弃量维持在较低水平。其次，对于运行质量这一指标来说，需要进一步提高网络内部运行水平，从而为正逆向物流的整合度的提升提供保障。为此，企业可尝试以下几点具体措施：①

物流设施承担着正逆向的物流功能，因此要进一步提高相关设施的兼容性；②物流运作时，集中加工和集中配送的比率需要进一步提高；③对正逆向物流运输网络的共享运输路线进行统一规划；④如果物品运输条件不同，为降低空载率，可以使用共同的运输工具。

（3）A级

对于经营状况和服务质量两个指标来说，因为其水平与标杆网络相差不大，所以可以根据企业自身实际情况，结合行业领先水平的经验，进行绩效改进。目前，可以用以下几种常见途径，如财务分析、成长性分析、服务水平监测和客户反馈体制等促进绩效改进。

第三节　供应链绩效总体评价

绩效评价体系的建立与绩效评价方法的确定要与整个供应链相适应，这样才能对其效率和效益进行科学、客观的反映。供应链绩效评价应该遵循多种指标协调最优的原则，常用的指标包括供应链运行质量、供应链系统总成本、供应链系统运营情况、供应链系统柔性等。由于指标之间可能相互矛盾，因此选取指标时要对指标数量进行合理把控，并且要注意选取有代表性且能够量化、能够对供应链绩效进行全面有效衡量的指标，由这些指标组成评价模型对供应链绩效进行总体评价。

一、供应链综合绩效评价的目的与评价原则

（一）供应链综合绩效评价的目的

以供应链综合参考模型中提出的供应链管理战略目的为理论依据，可明确运作供应链时要达到以下目标：

1.减缩时间

缩短生产和物流过程的时间后，信息流和产品流的传递会更加迅速和流畅，具体来说有以下几点好处：供应链中的实体的运转能够更加高效，最终有利于降低库存；能够及时发现供应链中的问题，并不断寻求优化方案；能够提高资金周转率。

2. 提高柔性

柔性响应反映的是企业满足客户非计划需求的正常运作能力，柔性响应越迅速，企业正常运作能力越强。如果客户对产品包装或特性有个性化需求，企业分销中心要能够根据其需求进行操作，并在合理的成本效率下满足客户需求。

3. 减少浪费

供应链内部库存节点的存在容易导致系统积压大量现金，给供应链竞争力的提高带来不利影响，也容易造成浪费。如果供应链能够整体运作，而且将库存集中于关键节点，供应链浪费会得以降低，从而提高供应链绩效。具体途径如下：尽量降低供应链功能重叠、协调运作系统、提高质量等。供应链企业之间进行协调后，能够在运作和系统上实现统一性和一致性，此时期信息传递更加及时高效，并且互动质量更高，从而减少了不必要的行为。资产、产品和体系的高质量运作能够为供应链降低浪费提供重要保障。

4. 资本利润

供应链企业始终以获得资本利润最大化为根本目的。为实现这一目标，降低企业成本、提高边际收益是最常用的方法。另外，相关供应链企业进行集成后会使浪费情况得到缓解，从而改善企业现金流问题；企业柔性响应速度的提高与时间绩效的增强能够巩固原有客户，有利于供应链实现长期盈利。

从本质上看，供应链压缩时间、降低浪费改善了资源浪费的状况，资源利用率得到提高后，供应链利润的提高就有了一定的保留空间；供应链企业的柔性响应增强在一定程度上能够减少客户订单流失问题，降低企业机会成本，从而增加赢利机会。基于以上分析，供应链绩效评价的核心问题即供应链的价值，该价值通过相关的绩效评价体系反映出来。绩效评价体系的建立主要依据当前营利性、增值能力的持续性、增值能力的增长潜力三个方面，与之对应的三个指标分别为货币指标、价值维持指标、价值驱动因素指标。

（二）供应链综合绩效评价的原则

供应链综合绩效评价的原则涉及的范围更广，具体原则列举如下。

第一，对供应链绩效进行评价既要与供应链绩效战略保持一致，又要被各企业的战略所理解和接受。

第二，非财务指标在评价中具有重要地位，因此对于非财务指标也要进行衡量。

第三，绩效评价指标的选择应该易于制定基准。

第四，绩效标准必须接受评价单位的直接控制。

第五，绩效指标应当具备较强的操作性，同时明确目标和计算方式。

第六，绩效指标应能够及时反馈信息，并能够进行评价。

第七，绩效指标应对企业的改进具有监控且持续激励的作用。

第八，相对比例指标比绝对指标更优，客观指标比主观指标更优。

第九，各个指标之间具有因果关系，应尽量避免指标之间的冲突。

第十，指标的选择和绩效评价的方法应该和企业的战略目标保持一致。

供应链成员具有不同的竞争地位和战略方向，因此确定供应链绩效评价存在一定困难。另外，按照企业发展阶段看，企业可分为功能型、集成型、扩展型三种，而根据企业所处的发展阶段的不同，绩效评价的方法可以分为基于部门的方法、基于流程的方法、基于跨企业的方法三种。

目前，大多数企业对绩效进行评价时主要集中于部门，随着以优化和集成供应链为原则的供应链管理的出现和不断完善，可以在原来的基础上评价整个供应链并扩展企业的目标。

二、供应链绩效评价框架体系

（一）供应链绩效评价体系

现有评价体系能够从多方面测评供应链绩效且相关评价指标也已给出，但不同的研究角度和研究目的对供应链评价的侧重方向有所不同，因此无法对供应链绩效的整体进行把握。ROF（Resources Output Flexibility）法对企业资源消耗的成本、供应链的制造和物流的柔性进行研究，试图平衡分析企业资源、产出和柔性这三个角度。然而，该方法的研究重点为企业各自的不同外部因素，供应链内部的相互作用和影响程度如何并未作为研究重点。SCOR（Supply-Chain Operations Reference-model）模型提出的供应链管理模型相对来说较为完整，该模型以四个管理过程为基础，对17个基本的流程模块进行了对比和区分，便于供应链评价进行绩效模块化分析。该模型的优点在于评价内容对供应链运作的全部过程实现了全覆盖，不足之处在于不够重视企业关系和客户满意度的评价。第二届中国精益企业分享论坛考察了 100 个制造企业，相对完整地分析了供应链的运作，分析主要从时间、库存、质量和计划调整四个维度进行。此次考察侧重企业正常运作时所产生的绩效结果，企业在不确定环境下的调整能力未作为考察内容。以上评价方法中并未侧重供应链自身的战略目的。另外，选取的评价指标也更加侧重运作，而没有对技术的创新、能力的集成和供应链的发展性等方面进行充分评价。为了对供应链的运作绩效和成长性进行全面评价，可以采用增强型平衡计分法。

（二）供应链绩效评价选择的方法

基于以上认识，提出下面的绩效评价选择的具体方法。

1. 以功能型评价为基础

目前，大部分绩效评价系统的指标选取以部门为重点，因此不同领域的部门绩效评价系统仅和该领域的目标和任务相适应。在这种情况下，若某部门或个人根据该评价系统对自身绩效进行改进，则会对其他部门的绩效产生较大影响。若各部门之间的绩效评价系统相互独立，则会对整个企业目标的实现产生影响。

从整个供应链出发，若仅考虑功能型评价的使用情况这一角度，则绩效评价更加注重单一目标的改进，因此可能违背供应链整体目标。但若绩效评价是关于供应链节点企业的，则依据评价结果可以诊断系统，从而优化供应链。在供应链的评价内容中加入功能型评价这一指标可以保持目标的一致性，为绩效评价提供基础。

2. 包含基于流程的企业级的绩效评价

打破企业部门之间的孤立壁垒，同时进行绩效评价时严格按照业务流程可以集成供应链运作。为此，全职负责业务流程部门工作的部门或者跨部门工作小组的建立对于企业来说十分重要。具体来说，业务流程由三个方面构成：订单完成周期、新产品研发循环期、总循环期。

在流程性指标的基础上增加功能性指标，可以为业务流程的变动提供支撑，其中功能型指标能够提供诊断信息，从而对整个供应链的绩效产生影响。两类指标之间具有紧密的层级关系。

（三）建立跨企业的评价指标

跨职能流程指标在企业内外部都适用。供应链管理要关注本企业和客户的经营状况、供应商的利润贡献率等，防止因客户经营不善而影响供应链。在实际工作中，下面两种下限指标常用来评价供应链绩效。

一是消费点适用产品服务的可用量。

二是截至客户消费点，产品的总成本。

目前，能够做到对整个供应链绩效进行控制的企业几乎没有，供应链运作时常伴随着增值，但是由于企业界限的存在，增值过程有所延迟。在供应链环境中，传统企业的界限被适当模糊化，即企业间流程进行了适当集成，这有利于降低交易成本。需要注意的是，这种"适度"评估有利于增强有效性，对外部流程进行评价也是供应链管理中必不可少的一部分内容。现有的相关管理的基础有两个：一是合作机制较为广泛且深刻；二是便捷的信息技术平台为之提供了技术支持。

VMI（Vendor Managed Inventory）也称供应商管理库存。与之相适应的评价指标有客户销售率、库存可用量、库存。

CRP（Continuous Replenishment Program）也称持续供给计划。与之配套的评价指标有客户销售率、库存可用量等。

FSP（Functional Sentence Perspective）也称预测共享机制。与之配套的评价指标有预测准确度、订单完成率。

三、加强型平衡计分法

物流评价体系要能够满足综合评价，一方面便于平衡供应链运作过程中的各个方面的绩效评级，另一方面能够对供应链整体战略标杆进行反映。以卡普兰（Kaplan）和诺顿（Norton）的平衡计分法（发表于《哈佛商业评论》）为基础，本书结合供应链特点，提出加强型平衡供应链计分法（EBSC-SC）对供应链进行评价。

卡普兰和诺顿认为诸如 ROI（Return On Investment）等传统财务指标提供的业务绩效信息较为片面且不够完整，会对企业未来商业价值的实现产生阻碍作用。基于此，需要对财务指标进行补充，以反映客户满意度、内部业务流程、学习成长性等方面。平衡计分法能够反映短期目标和长期目标、财务指标和非财务指标、滞后型指标和领先型指标、内部绩效和外部绩效之间的平衡等一系列指标，促进企业战略目标的实现与企业问题原因的实时分析。平衡计分法有以下特征：第一，能够反映企业竞争力的各指标被 BSC 以单一的形式表现出来，避免出现次优行为，利于更全面地理解企业绩效；第二，BSC 以和企业未来信息系统的密切联系为假设前提；第三，将指标分为四种类型，而且每种类型都是对企业绩效特定角度的反映；第四，绩效指标的选择要与企业战略密切联系在一起。

旧有的平衡计分法以三个利害相关的主要群体（股东、客户和员工）为基础，从四个方面反映企业战略的实施。加强型平衡计分法在原有基础上加入了社会因素，这五个方面的主要目标及其相互关系如图 7-4 所示。

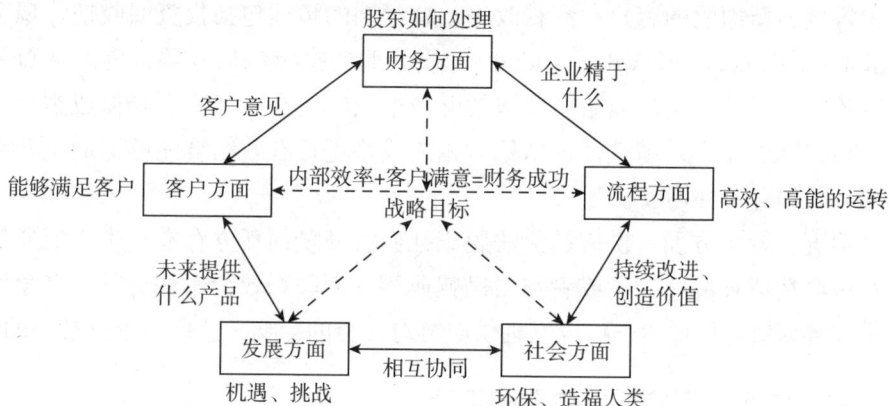

图 7-4　EBSC 五个角度的相互关系

第一，客户方面。提供客户满意的产品或服务有利于企业财务业绩的实现。平衡计分法中提供了两套绩效评价方法：一是反映客户期望绩效的评价指标，如客户保有率、客户获得率、客户满意度等；二是逐层细分第一套指标的各项后制定出评分表。

第二，流程方面。平衡计分法对传统绩效评价进行了突破。传统绩效评价通常为对单一部门绩效的评价，这虽然在一定程度上提升了企业生存能力，但是对于企业独特竞争优势的形成并没有太大的作用。以满足投资者和客户需求为起点，平衡计分法分析了价值链内部的业务总流程，对企业的经营方法的优化提出了解决办法。除此之外，质量导向的评价、基于时间的评价、柔性导向的评价和成本指标四种绩效评价的属性必须在平衡计分法中得以体现。

第三，发展方面。依据此方面，其余三个方面的绩效有望实现突破。平衡计分法更加强调未来投资的重要性，同时更注重投资员工系统和业务流程。在分析内容上，平衡计分法侧重对满足客户或投资者需求的能力和企业现有能力之间的差距进行分析，并采取相应措施进行弥补。例如，员工培训、技术改造等。在评价指标方面，涉及新产品开发循环期、新产品销售比率和流程改进效率等指标。

第四，财务方面。企业对各个方面进行改善都是为了促进财务目标的实现，平衡计分法主要聚焦于财务目标的评价。综合绩效评价制度中评价指标的主要目的是提高财务绩效。依据产品或者服务的生命周期，卡普兰和诺顿选择了成长期、持续期和收获期作为评价指标。具体来说，成长期的指标包括销售量、新加盟的客户、流程改进；持续期的指标包括投资回收期、现金流和 EVA（Economic Value Added）；收获期的指标包括收益量等。从财务角度考虑，经营企业的战略主要包括财产增长、提高生产率、降低成本等方面。在实际工作中，绩效评价指标与相关战略进行有效结合能够适应企业在不同阶段的针对性需要。

第五，社会方面。供应链无法脱离社会大环境而孤立存在，生产流通等过程中会造成环境污染，或者与居民就业等方面联系较为密切。从社会角度对供应链绩效进行评价，可以发现供应链对社会的影响，这也是十分必要的。

四、供应链综合评价体系的构建

（一）加强型平衡供应链计分法框架

依据卡普兰和诺顿的相关观点和 BSC 战略管理框架，本书结合供应链运作框架的特点，提出了 EBSC-SC 的框架。前文具体阐释了供应链管理的五大目标，依据这五大目标对 EBSC-SC 进行以下两个方面的变动：一是对供应链管理企业中具有典型代表性的外部服务型企业进行评价；二是通过供应链运作为客户提供满意服务，同时促进供应链内部企业的交易。

基于上述讨论，本书从五个角度对 BSC—SC 进行评价，即客户导向、财务价值、内部流程、未来发展性和顺应社会。分析该框架的指标可得出诊断性结果。

EBSC-SC 框架扩展了以下几个方面的内容。

第一，新增未来发展性角度，对 BSC 的革新和学习、供应链成员关系、及供应链资源进行评价。

第二，实时检查供应链中所有关键指标。

第三，以实现财务价值为目标，评价内部流程。

第四，新增社会满意指标。

EBSC-SC 框架从五个方面展开评价，具体内容如表 7-8 所示。

表 7-8　EBSC-SC 指标体系的五个评价角度的任务及成功因素

客户导向方面（供应链增值）

任务：在合适的时间、准确的地点，把正确的产品 / 服务以合理的价格和方式交付给特定的客户，以满足和超过客户的期望

关键问题：供应链经营所提供的产品 / 服务是否能增加客户的价值，达到客户满意

关键成功因素：

1. 建立和保持与客户的密切关系
2. 快速响应并满足客户的特定需求
3. 提高供应链客户群的价值

供应链内部运作（流程）

任务：能够在合理的成本下，以高效率的方式进行生产

关键问题：供应链内部流程的增值活动的效率有多高，能否更好地实现核心竞争力

关键成功因素：

1. 低的流程运作成本
2 高的运作柔性——响应性
3. 提高经营中增值活动的比例，缩短生产提前期

未来发展角度（企业、创新）

任务：集成供应链内部的资源，注重改进创新，抓住发展机遇

关键问题：供应链管理系统是否具备这种机制

关键成功因素：

1. 集成合作伙伴，稳定战略联盟
2. 加强信息共享，减少信息不对称，提高信息及时性，降低信息放大效应
3. 研究生产、企业、管理各方面技术

财务价值（供应链整体）

任务：突出供应链的竞争价值，达到供应链伙伴的盈利最大化

关键问题：供应链伙伴对供应链的贡献率是否从供应链整体的角度考虑

关键成功因素：

1. 实现供应链资本收益最大
2. 保证各伙伴在供应链中发挥各自的贡献率
3. 控制成本与良好的现金流

社会满意度（供应链外部价值）

任务：提高资源利用率，减少环境污染，扩大社会就业

关键问题：对社区、环境是否有利

关键成功因素：

1. 资源利用率最高
2. 环境污染最小
3. 提高居民就业率

（二）加强型平衡供应链计分法评价指标详解

本书将对 EBSC-SC 框架中各个角度的目标与任务进行重点分析。这些指标对于供应链管理评价来说不一定是完全适用的，可能不能综合评价某些特定的供应链运作。EBSC-SC 中操作性较强的指标是诊断级的指标，其他大部分指标因为评价较为片面、容易忽视伙伴企业的绩效集成而不常使用。

1. 客户方面

供应链管理中应该把客户管理作为核心，以实现为客户带来稳定持久收益的目标。客户对时间、质量、性能与服务、成本较为在意。企业为满足客户需求所付出的时间可以在循环期依据其给出的相关测度进行衡量；作为竞争关键手段，质量早已引起人们的普遍重视，甚至已经成为供应链战略竞争优势的硬性指标；性能与服务良好能够巩固原有用户并不断开发新用户。对于客户来说，企业提供的产品性能或者服务质量如何，既可以通过第三方或对客户进行调查得出，又可以将企业自身质量与行业内领先水平进行横向比较得出。除以上三个指标外，客户往往是价格敏感型群体，因此对成本也比较关注。整个交易过程中的成本包括产品或服务的价格、交易本身的成本，如对产品的订货、安排货到付款、产品接收、检验处理，以及产品造成的废品、返工等交易成本。如果成本降低，企业能够为客户提供的价值也会增加。基于以上讨论，要选取能够体现客户意志、反映客户需求的评价指标。这些指标既可以是一般性指标，又可以是反映特定范畴的指标。

（1）供应链订单完成的总循环期

该指标能够对供应链整体对客户订单的总体反应时间进行评价。具体内容有订单的接单时间、从投料到生产的时间、从生产到发运的时间、从发运到客户签单的时间、从客户签单到客户收到的时间等，具体如图 7-5 所示。

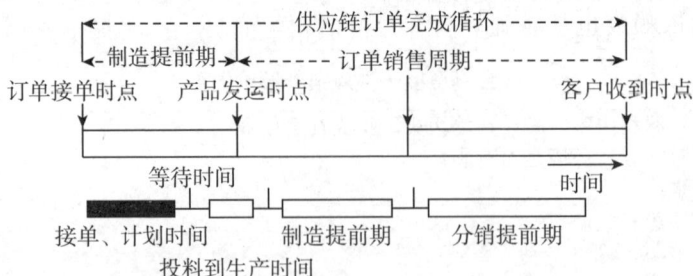

图 7-5　订单循环期的时间构成

从客户服务这个单一角度看，供应链要及时满足客户需求，对订单的接单时间、从发运到客户签单的时间、从客户签单到客户收到的时间进行重点关注。如果总循环期缩减，那么供应链的响应时间也将相应减少，从而为供应链竞争带来一定的优势。循环期进行得越快，表示供应链内部响应越便捷，那么客户响应就越迅速，客户成本就越低，客户价值越高，同时越能够及时优化供应链内部运转。除运作时间之外，运作的可靠性与一致性也是循环期需要重点关注的内容。在实际供应链运作中，订单完成时间经常在各种内外部因素的影响下发生变动。为解决这一问题，跨功能工作团队提出了"制造单元"方法，该方法能够机动地处理客户订单变动，从而有利于降低循环期，在一定程度上提升客户满意度。订单完成的总循环期的评价内容一方面涵盖客户满意度，另一方面涵盖供应链内部运作流程。

（2）客户保有率

企业核心用户为供应链提供了持久利润。巩固原有客户能够最有效地促进企业市场份额的增加。这就需要企业注重维护客户关系，及时满足客户需求，甚至批准客户参与合作项目，以及可以允许其参与产品的开发和设计。客户保有率即留住客户，维持与客户之间的良好关系的概率。在留住客户的基础上，供应链要及时分析现有客户的忠诚度，同时开发新用户。

（3）客户对供应链柔性响应的认同

在供应链提供的运营服务中，该指标用于反映客户对个性化和响应速度的认同程度。利用该指标能够对以下两个目标进行反映：一是基于调查数据的分析，反映客户能否对产品性能等提出个性化要求；二是评价企业能否及时满足客户的个性化需求。综合来说，该指标能够对个性化的自由程度和企业服务的及时性进行反映。

（4）客户价值

企业在向客户提供产品或者相关服务时能否为客户节约或者增值做出一定程度的贡献，这一点可以用客户价值这一指标进行反映。客户价值高，其对供应链的依赖度也就越强。与客户价值相关的另一个指标是客户价值率，这是客户对供应链所提供的服务表示的满意度调查结果与企业提供服务过程中产生的成本之间的价值比。也就是说，客户价值率是调查评价值与每份订单的成本的和。其中，调查评价值常由客户对企业服务的评价的满意值得到。两个指标之间的不同之处在于，客户价值的评价角度包括时间、质量和柔性，而客户价值率的评价角度为客户发生的成本。

（5）客户销售增长与利润

该指标通过客户在供应链产品上的年销售增长和利润率来表现。这类指标能够反映以下三方面的绩效：第一，客户的销售量以年为周期进行增长；第二，企业间的合作关系增强，特定客户服务所获的收益也会提高；第三，增加接受服务的基数。要想创造新的利润点，企业可以增加销售量或者进行新客户的开发。

2. 供应链内部运作方面

将客户绩效的目标转化成供应链内部流程的指标后，客户绩效指标的重要性便凸显了出来。从对客户利益方面、财务价值方面有着最大影响的业务流程中选取相关指标作为 BSC-SC 的内部测量指标，与此同时，要注重核心能力的培养和关键技术的引进。供应链可以对内部流程运作进行改进，以下两种运作可以作为参考：第一，供应链运作现有流程中各大参与方之间的关系有必要及时理顺，以便将经营过程的周期进行进一步缩减，降低成本。从本质上说，供应链哲学主要是将企业内部、企业之间功能进行集成、共享和协调，这样有利于减少浪费，同时提高供应链绩效。供应链流程对各个供应链成员内部与成员之间的生产运作有所涉及，在这种情况下，指标能够将不同成员的绩效进行一定程度的联系，有利于各成员明确运作目标，从而完善供应链流程的整体性，推动整个供应链的改进和优化。第二，供应链要能够在历史数据的基础上对客户需求进行预测甚至影响。不要仅局限于短周期运作，而要积极开拓新的市场，与此同时，要创新产品，吸引更多新客户。

供应链内部流程基本可以分成改良创新、供应链经营过程、客户服务过程（包括售前和售后）三大部分。在普通模式下，供应链的具体运作如图7-6所示。

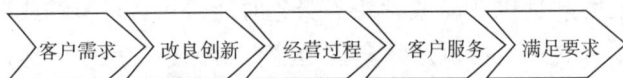

客户需求 ⟩ 改良创新 ⟩ 经营过程 ⟩ 客户服务 ⟩ 满足要求

图7-6 供应链运作的普通模式

在传统意义上，研究开发工作并不是确定供应链价值的基本因素，而是能够对某具体业务提供辅助作用的手段。原因如下：首先，在评价标准难以确定的情况下，无法明确投入和产出之间的关系；其次，企业不够重视产品创新，资金投入较少，而且常常忽视对产品开发设计的业绩评价。然而，对供应链价值实现有着长期影响作用的因素企业必须重视起来。

能够对供应链的价值产生长期影响的因素有以下几个方面。

第一，新产品在销售额中所占的比例。

第二，比原计划提前推出新产品的时间差。

第三，开发下一代新产品的时间。

第四，第一次设计出的全面满足客户要求的新产品百分比。

产品开发过程中有三个不容忽视的关键因素，该衡量方法对三者进行了综合。这三个因素如下：一是公司既要重视开发结果，又要重视回收投资，以便及时收回开发成本；二是强调利润；三是强调时效，以求更早推出新产品。

相对于供应链创造价值的过程，经营过程为短周期过程，具体指企业收到客户订单到企业向客户发售产品和提供服务的整个过程。经营过程的供应链运作要实现缩短提前期、弹性响应、减少单位成本和敏捷结构这四个目标。在此基础上，非财务指标主要有运作质量指标、时间指标、弹性指标和目标成本指标。如今，集成信息系统在供应链管理中的作用极其重要，可以对供应链内部企业进行分解，并且对集成指标进行诊断。当指标中出现异常信息时，该系统能够及时发现出现问题的原因。

第五，供应链有效提前期率。供应链有效提前期率是指供应链在完成客户订单过程中有效的增值活动时间在运作总时间中的比率。有两个重要指标涉及其中，即供应链响应时间和供应链增值活动总时间。供应链响应时间的计算如下：

供应链响应时间＝客户需求与预测时间＋预测需求信息传递到内部制造部门时间＋采购、制造时间＋制造终结点运输到最终客户的平均提前期（或者订单完成提前期）   （7-24）

供应链有效循环期率＝供应链增值活动总时间＋供应链响应时间（7-25）

该指标能够对所减少的供应链内部实际运作的非增值时间和流程浪费的空间进行数值上的反映。一般情况下，企业之间的非增值活动占用了很多传递空间和时间，从而造成资源浪费。为了减少这种情况的发生，必须对企业合作机制进行完善，为信息实时共享提供保障。

第六，库存闲置率指标。与上述指标性质相同，该指标为供应链中库存闲置的时间和库存移动时间的比值。闲置时间指供应链运作中总停滞、库存和缓冲时间，通常情况下是以物料、WIP（Work In Process）、产品的形式存在；库存移动时间是指库存在加工、运输和发运中的总时间。该指标表现了库存在整体供应链运作中占用了多少时间，为提高库存经营效率提供了依据。

第七，供应链生产时间柔性。在内外部因素的影响下，企业及时调整生产计划或进度即为生产柔性。根据 SCOR 理论的相关内容，在市场需求变动下，非计划产量增加 20% 时，企业不得不重新计划和生产，这个过程所花费的时间即为供应链生产时间柔性。供应链整体柔性的提高离不开先进技术，如柔性制造系统、成组技术、计算机集成制造等。相关调查显示，目前能够将整体绩效控制在两个星期以内的称得上是最优秀的制造商。对于一级的制造商柔性来说，限制其柔性进一步增强的唯一因素就是物料，而内部的劳动力和制造能力无法对其形成限制。通常来说，企业与供应商之间的联系越强、一级供应商数量越少，柔性越强，响应越快。同时，要注意采用高效的计划信息系统。

第八，供应链目标成本达到比率。该指标是探究在一定生命周期内，特定产品产出满意利润的概率。基于单一产品和流程的角度，该指标反映供应链的改进能否达到预定目标成本。量化指标能够对业务改进的幅度进行准确分析，说明事物本质。以总成本降低为基本前提，目标成本为提高客户服务提供了最佳选择。客户的要求对供应链竞争提供了约束条件，目标成本实为该约束条件下的运作结果。供应链的主要成本目标是成本合理化。目标成本贯穿供应链运作的整个流程，并且和供应链战略有着十分密切的联系。

第九，供应链运作质量。供应链运作的效率如何，可以通过原材料、WIP、完工产品／服务的质量来反映。如今，供应链质量几乎决定了企业能否生存，因此对供应链进行全面质量管理有利于保障其有效运作，提高客户服务的真实能力。全面质量管理涉及的内容如下：预测、生产运输和售后的效率，产品进入和加工过程中以及完工后的质量、产品设计效率和质量。

第十，订货过程是否完整。标准的订货过程如图 7-7 所示。

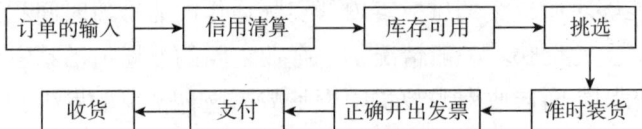

订单的输入 → 信用清算 → 库存可用 → 挑选

收货 ← 支付 ← 正确开出发票 ← 准时装货

图 7-7　订货的过程

完美订货能够衡量订单是否通过了订单管理程序的全过程，能对物流运作质量进行最终测量，该指标不仅关注供应链企业的单一功能，还关注总体整合绩效。一般来说，完美的订货意味着理想的绩效，应当满足以下要求：必须完成所需的各项发送；发送日期与客户日期相比偏差不能超过一天；精确完成订货所需的包装标签、提单和发票等文件；货品保持良好状态。

目前达到 55% ～ 60% 的完美订货绩效的企业是较先进的企业，大多数企业的完美订货绩效不超过 20%。

3. 未来发展性方面

供应链未来发展性的重要性在于其能够与供应链价值产生直接关系。平衡计分法分析了影响供应链竞争力成功的主要因素，但是成功的目标不是一成不变的。在全球竞争日益加剧的背景下，供应链必须不断提高现有流程、产品服务和开发新产品的能力。对供应链进行改进是一个持续动态的过程，可以通过以下四个方面进行：对产品流程进行重新设计；在企业集成的支持下有效调节并整合企业；不断改进信息流管理，促进企业间共享决策信息；随时注意外部潜在威胁和机遇，对核心价值进行重新定义。新产品开发循环期、新产品销售比率、流程改进效率等指标可以对供应链未来发展性进行评价。

（1）产品最终组装点

如今，产品延迟制造因能给企业创造新价值而愈加重要，其重要性可以通过产品最终组装点进行反映。该指标涉及两大因素：一是供应链流程中延迟技术的利用程度，二是产品设计中模块化的评价。产品延迟制造既加大了制造的复杂性，又较好地满足了客户复杂多变的需求，从而不断开发新客户。除此之外，延迟制造产品能够降低不确定性，减少预测失误带来的影响。需要注意的是，延迟针对的是客户对产品的个性化要求部分，产品的其他基础配置可以提前完成。对产品进行延迟制造时，必须联系外部物流的分销渠道，达成业务战略协议，同时利用 CRP 等相关技术将个性化制造部分转移到下游企业。合理且高效的延迟制造管理有诸多好处：对于供应链来说，可以促进流程重组；对于供应链内部企业来说，能够促使交货和组装提前完成。如今，客户个性化需求的增强导致标准化的产品面临较大的市场压力，在这种背景下，延迟制造的重要性越来越凸显。优化产品设计是确定延迟点的重要基础。模块化的产品设计能促进生产的柔性化和标准化的有效结合，同时缩短新产品的设计周期。以现有标准组件的利用率最大化为原则进行新产品的设计，能够在降低资源使用量的同时缩短制造时间、减少生产流程设计环节。上述两种方式分别从流程设计和产品设计的角度对范围经济和规模经济的优势进行了拓展，驱动供应链长期发展。

（2）供应链企业内部的共享数据占总数据量的比重

信息共享能够降低重复和浪费，减少企业成本，对供应链伙伴成功合作起着十分关键的作用。供应链企业成员必须对需求预测、销售点数据、生产安排、战略方向和客户目标等数据实现共享，促进企业集成，辅助团队工作。重要信息的分享程度能够反映该企业实际实施供应链管理的程度。对供应链进行集成有诸多好处，对于客户来说，可以享受更好的服务；对于企业来说，便于新产品的引入；对于供应链来说，能够提升竞争力。然而，供应链集成对供应商的可靠性与快速响应能力有着很大的依赖。信息交换能力越强，供应链企业内部之间的合作意识越强。除此之外，供应链合作伙伴之间对改进共同质量的追求、供应商的早期设计介入程度、双方共同解决问题的努力等因素为供应链竞争力的提高奠定了基础。

（3）团队参与程度

根据哈兰德（Harland）的研究，不同制度与供应链中不同层次位置都会对供应链的运作提出不同的要求。在供应链内部，牛鞭效应、委托代理问题会对供应链企业之间的协调产生一定的影响。企业成员的工作团队可以与供应链运作层直接接触，解决问题并提供满足客户需求的服务。企业伙伴之间在信息的精确化确定与供应链内部人力资源的整合两个方面充分发挥了团队参与的作用。另外，团队参与程度也能够反映供应链企业扁平化的结果和敏捷性。一般而言，可以从以下方面对团队的参与度进行评估：以团队形式制订的业务计划比重；综合项目的数量；利润分成的程度；核心企业和供应链成员之间的团队建设情况。

4.财务价值方面

平衡计分法以财务目标为中心。供应链伙伴目标的实现意味着供应链在财务方面取得了成功：企业成本降低，边际收益率提高；现金流得到优化，收益和回收率更高，从而对财务方面的长期收益有了质量保证。目前，财务指标在对未来企业的盈利能力的直接参考方面的能力较低。供应链资本会对财务价值的效率产生一定影响。本书将以现金流的驱动为基础，对财务进行评价。

（1）供应链资本收益率

该指标等于客户的利润与供应链的平均资产之间的比值，能够反映资产的增值性如何。

（2）现金周转率

该指标贯穿供应链的整个流程，主要用于评价供应链运作过程中的现金周转效率。信息技术越先进、产品流越集成、企业合作伙伴之间的运作越高效，现金周转率越高。

（3）供应链总库存成本

库存包括原材料、在制品、成品、在途的库存成本。库存在传统意义上主要用于对生产进行缓冲，或者对出现的不确定因素进行及时处理。在供应链中，合理高效的库存管理能够大幅度降低整个供应链成本。供应链中的库存成本具体由以下部分组成：①物料仓储、资本化的机会成本；②存储状态与 WIP 的库存成本；③管理库存的管理成本；④完工产品的在造成本；⑤老化、残缺和损坏所造成的风险成本；⑥修理运工成本；⑦订单缺货造成的损失成本。

供应链总库存成本可以分为采购、库存、质量、交货失误等几大方面。其中，采购成本包括订货、发运和进货的总成本；库存成本包括供应链过程中发生的成本以及滞销和在途的库存成本；质量成本是指在供应链运作过程中因质量问题而产生的沉没成本；交货失误性成本主要有缺货成本、误投成本等。对这些指标进行单一评价计算有利于对物流各部分成本绩效进行分析。

（4）供应链的库存天数

该指标对供应链运营中以库存形式存在的资本占用的天数进行了反映。从数值上看，该指标等于某个时期的物料、WIP 和产品在库存中存在的天数。

5. 社会满意度方面

与传统供应链管理不同，受环保、节约资源、增加就业思想的影响，如今的供应链管理内容更加广泛。从管理目标上看，增加社会就业、对环境保护做出一定贡献并实现资源的节约成为必要的管理目标；供应链的"绿色度"成为企业需要重点监管的内容，以达到消耗最少的能源和资源、产生最小的环境污染的目标。从管理内容上看，绿色供应链增加了回收商角色，重用部分零部件或者产品、回收材料、能量，形成了物流"闭环"，其好处有三：一是提高资源的利用率，二是减轻对环境的污染，三是降低制造成本。

如今，供应链的管理虽仍追求利润最大化，但在社会因素和环境因素的影响下，同时强调对社会的贡献。所以，整条供应链中的委托—代理关系不仅存在于核心企业对供应商之间，还存在于社会对供应链之间。基于这个原因，供应链中节点企业的战略管理变得异常复杂且艰难。

（1）环保效率比率

$$环保效率比率 = \frac{本年工业净产值（增加值）}{本年工业生产"三废"排放量} \times 100\% \qquad （7-26）$$

该指标表明每单位立方米"三废"排放量能够提供多少净资产值，指标值越高越好。

（2）原材料、能源利用率

$$原材料、能源利用率 = \frac{本年原材料、能源消耗支出总额}{本年工业净产值} \times 100\% （7-27）$$

该指标表示每单位工业净产值需要消耗的原材料和能源，指标值越小越好。企业对原材料、能源等物化劳动投入的利用效果能够直接影响社会资源配置问题。尤其在目前我国原材料和能源较为缺乏的情况下，更有必要对这一指标进行考核。

（3）原材料、能源再利用率

$$原材料、能源再利用率 = \frac{本年原材料、能源再利用支出额}{本年原材料、能源消耗支出总额} \times 100\% （7-28）$$

该指标用于反映原材料、能源的再利用程度。指标值越高，再利用程度越高。

（4）产品回收收益率

$$产品回收收益率 = \frac{由产品回收带来的净收益}{供应链企业的所有者权益之和} \times 100\% \qquad （7-29）$$

该指标主要反映产品能够带来多少回收效益，有正负之分，指标值小于0，表示成本高于收益；指标值大于0，则表明收益高于成本。另外，该指标值与产品回收效果之间呈正相关关系。

（5）社会就业率

$$万元总资产就业人数 = \frac{供应链上员工总数 \times 10000}{资产总数} \times 100\% \qquad （7-30）$$

该指标常被用于反映社会解决就业问题的能力，指标值越大，对社会的贡献越大。该指标不一定能在资金密集型或技术密集型供应链中充分发挥作用。

基于以上五个方面，EBSC-SC总结了绩效评价方法，对供应链管理所需要的评价与战略运作过程中必须要注重的角度进行了概括。

EBSC-SC计划对评价对象，按照五个方面进行分组，找到评价对象之间的联系，依据供应链的绩效驱动、供应链的绩效持续因素和供应链的获利顺序对评价的各方面进行内在逻辑关系的构建，并体现在战略的因果关系中。如果供应链的某一评价方面存在一定的问题，首先能够认识本角度，其次便于发现因果问题，以防忽视其他评价面，同时有利于供应链成员更系统地认识自己在供应链中发挥的优势。

EBSC-SC 的评价中各个侧重面之间的因果关系如图 7-8 所示。

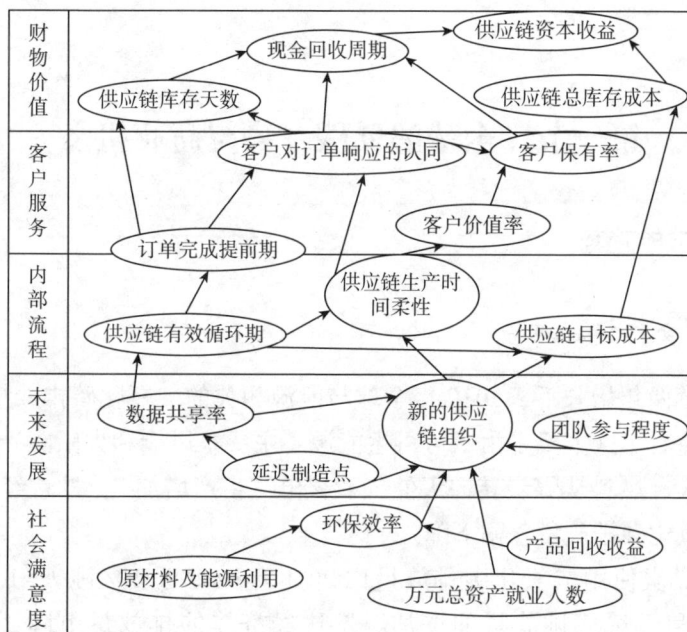

图 7-8　EBSC-SC 的评价侧重面的因果关系

以平衡思想为基础，企业必须保障信息流、物流、资金流能够顺畅流动，同时对供应链决策的过程进行简化，建立有效的协同计划，与供应链伙伴建立并维持有效的关系。如今，管理内核已经渗入了客户的影响，企业必须以集成为基础，在管理的各个层面体现对客户要求的反应，保障客源的扩大。

第八章 21世纪关于低碳物流的展望

第一节 全球的低碳态势与商业机会

一、排放趋势

（一）全球排放趋势

在连续两年增长后，2019年全球与能源相关的二氧化碳排放量在33吉吨（Gt）左右。这主要是由于可再生能源（主要是风能和太阳能光伏）的作用不断扩大、燃料从煤炭转向天然气、核电（生产增加），发达经济体电力部门的二氧化碳排放量急剧下降。

全球煤炭使用二氧化碳排放量比2018年减少近2亿吨（-1.3%），抵消了石油和天然气排放量的增加。发达经济体的排放量下降了3.7亿吨（-3.2%），其中电力部门占降幅的85%。与2018年相比，许多大型经济体的温和天气对排放趋势产生了重要影响，排放量减少了约1.5亿吨。全球经济增长的疲软也产生了一定作用，减缓了印度等主要新兴经济体的排放量的增长速度。

2019年的排放趋势表明，在电力行业的引领下，清洁能源转型正在推进。全球电力部门的排放量下降了约1.7亿吨（-1.2%），其中下降幅度最大的是发达经济体，其二氧化碳排放量目前处于20世纪80年代末以来所未见的水平（当时电力需求下降了三分之一）。

（二）区域趋势

2019年发达经济体经济增长平均速度约为1.7%，但与能源相关的二氧化碳排放总量下降了3.2%。电力行业领跌，目前占发达经济体能源相关排放量的36%，低于2012年42%的高位。

2019年，发电平均二氧化碳排放强度下降了近6.5%，下降速度比过去十年的平均值快了三倍。按绝对值计算，2019年每千瓦时二氧化碳平均排放量 340 克的强度低于所有最高效的燃气电厂。

由于可再生能源的持续增长、煤与天然气之间的燃料转换、核电的增加和电力需求减弱，发达经济体燃煤电厂发电量下降了近 15%。2019 年，发达经济体发电中的可再生能源增长可减少 1.3 亿吨二氧化碳排放。风能在增幅中占比最大，比 2018 年增长 12%。太阳能光伏发电在可再生能源中增长最快，推动可再生能源在总发电量中所占份额接近 28%。发达经济体用于发电的煤与天然气的燃料转换避免了 1 亿吨二氧化碳的排放。比如，美国天然气价格创历史新低，其发电能力尤为强劲；日本和韩国的核电发电量较高，避免了超过 5 000 万吨的二氧化碳排放。

1. 美国

2019 年，美国与能源相关的二氧化碳排放量下降幅度最大，为 4.8 吉吨，排放量减少 1.4 亿吨，降幅 2.9%。目前，美国的排放量比 2000 年的峰值下降了近 1 吉吨，是同期所有国家的最大绝对降幅。2019 年，美国总排放量的下降使发电用煤减少 15%。燃煤电厂面临来自天然气发电的激烈竞争，基准天然气价格平均比 2018 年低 45%。因此，天然气在发电中所占的份额达到 37%。另外，夏季和冬季天气较为温和，对空调和暖气的需求减少，这也导致总体电力需求下降。

2. 欧盟

包括英国在内的欧盟与能源有关的二氧化碳排放量于 2019 年下降了 1.6 亿吨（−5%），为 2.9 吉吨。电力行业推动这一趋势——由于可再生能源增加和从煤炭转向天然气，二氧化碳排放量减少了 1.2 亿吨（−12%）。2019 年，欧盟煤电发电量下降了 25% 以上，气电发电量则首次超过煤炭，增长近 15%。

德国是欧盟排放量下降的领头羊，其二氧化碳排放量下降了 8%，至 6.2 亿吨，这是自 20 世纪 50 年代以来所未见的水平。由于电力需求下降、可再生能源（特别是风能）发电量增加，德国煤电的发电量同比下降 25% 以上。2019 年，德国可再生能源发电量首次超过 40%，超过煤电发电量。

英国在脱碳方面继续取得强劲进展，煤电发电量降至总发电量的 2%。随着北海更多项目的投运，海上风电发电量的迅速扩张是导致煤电发电量下降的一个推动因素。可再生能源为英国提供了约 40% 的电力供应，而天然气供应也与此相近。在年末的时候，可再生能源所占的份额甚至更高，风能、太阳能光伏发电和其他能源在三季度产生的发电量超过了所有化石燃料的总和。

3. 亚洲

2019年，发达经济体以外的排放量增长了近4亿吨，其中近80%来自亚洲。该区域煤炭需求继续扩大，占能源使用量的50%以上，排放量约10吉吨。2019年，日本与能源相关的二氧化碳排放量下降了4.3%，至10.3亿吨，是2009年以来下降速度最快的一年。因为最近恢复运行的反应堆导致核电发电量增加了40%，电力部门的排放量下降幅度最大，这使日本减少了燃煤、天然气和石油发电厂的发电量。2019年，印度的排放量增长温和，电力部门的二氧化碳排放量略有下降。印度其他经济部门，特别是运输业的化石燃料需求持续增长，抵消了电力部门的下滑。东南亚的煤炭需求强劲，排放强劲增长。

二、现代低碳需求与排放模式及区域

在2010年，全球总的二氧化碳排放量约20亿吨，而货运的物流排放量约占7%。在远距离运输中，海运是主要模式。尽管如此，大部分商品还是通过道路运输的，运输量达到了海运吨位的四倍。此外，道路运输具有更高的碳排放强度，因此它在排放量方面占据了主导，占到了物流运输总排放量的65%，具体如图8-1所示。尽管海洋运输排在第二位，但是两者相差仍巨大。从图8-1中也可以发现，虽然航空运输碳排放强度比较大，但是只占据了所有运输排放的5%，航空运输的载重量和吨—公里（tonne-km）的份额是可以忽略的。由于铁路是最有效率的运输方式，其并没有占据排放量和吨—公里比较大的份额。内陆水道也有类似的情况，这也一种非常高效的货物运输方式。

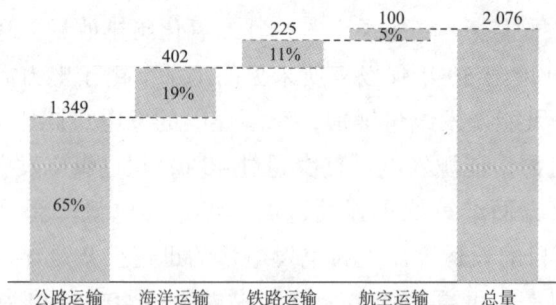

图8-1　目前模型中的物流行业排放（2010年以二氧化碳的百万吨计）

（注：①所有全球国际货运；②所有国内本土货运，包括北美全部国家、欧洲、中国、印度、日本和俄罗斯。）

目前，石油燃料占到所有交通能源需求的 96%，这意味着石油供应中断和价格波动都会对物流行业产生严重的影响。在运输中，货物运输消耗大约总共占石油运输的 30%。目前，欧洲、亚洲和美洲占据了世界上大部分的物流需求，非洲和大洋洲的物流需求可以忽略不计。其中，亚洲由于其制造业蓬勃发展，占据了最大的物流需求份额（图 8-2）。

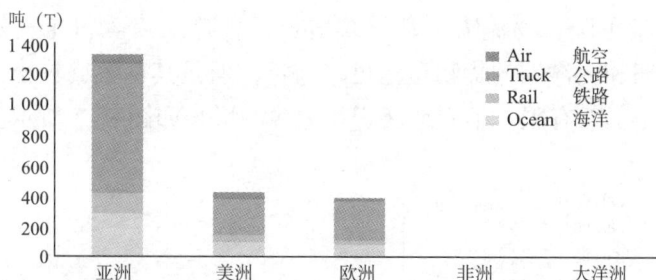

图 8-2　物流排放量的模式和区域分布

（注：①所有全球国际货运；②所有国内本土货运，包括北美全部国家、欧洲、中国、印度、日本和俄罗斯。国际运输被分配给区域间接收货物。）

三、未来低碳需求将持续快速提高

据预测，到 2050 年世界人口将增长 1/3。在 2010—2050 年，其他量没有变化，GDP 和贸易的增长导致吨位运输扩大一倍，并且吨—公里增加了两倍多。发展中国家之间日益增长的货物运输需求也导致贸易距离的延长。卡车运输的总吨数将会增加 2.5 倍，这远远大于其他运输方式的总和（表 8-1）。

表 8-1　人口、国内生产总值和物流需求

类　型	2010 年	2020 年	2030 年	2040 年	2050 年	增长因素
人口 / 亿	6.9	7.6	8.3	8.8	9.1	1.33
GDP/ 亿美元	61 500	92 900	132 900	178 400	222 100	3.61
装货量 / 亿吨	86	120	154	182	207	2.41
需求 / 亿吨·千米$^{-1}$	59 500	7 500	96 600	121 000	152 100	2.56
平均距离 / 千米	692	625	627	665	735	1.06
人均装货量 / 吨	13	16	19	21	23	1.82
人均需求 / 吨·千米$^{-1}$	8 700	9 800	11 700	13 800	16 700	1.92

注：①所有全球国际货运；②所有国内本土货运，包括北美全部国家、欧洲、中国、印度、日本和俄罗斯。

四、地区性增长趋势

未来，世界大部分地区将经历货物运输需求的急速增长，这在一些发展中大国中将更为明显。到 2050 年，亚洲将占据全球吨—公里总需求的 30%。这反映了亚洲强劲的制造业和中产阶级的迅速增长，尤其是在中国和印度。

其他地区也呈现增长态势，但增长速度不如亚洲。美国的物流需求仍将维持较大的比重，到 2050 年，几乎增加了两倍，但是仍不及亚洲。同时，欧洲人口数量下降，物流需求却继续增长，总吨位装运和吨—公里几乎翻倍。尽管非洲和大洋洲的货物运输也将增长，但是其基数比较小，在世界范围内的影响力仍然有限。不同地区货物运输的增长如图 8-3 所示。

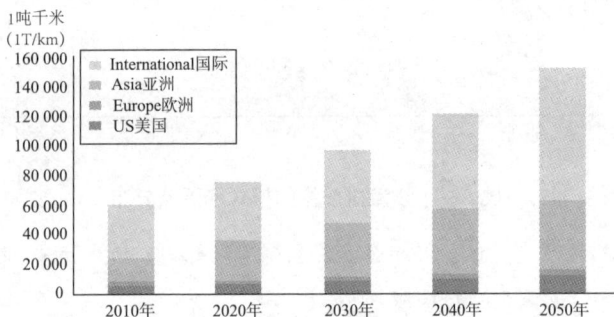

图 8-3　不同地区货物运输的增长

（注：①所有全球国际货运；②所有国内本土货运，包括北美全部国家、欧洲、中国、印度、日本和俄罗斯。）

五、一般性贸易排放

货物运输二氧化碳排放总量包括上游排放，在"常规贸易"情况下，到 2050 年将达到 33 亿吨，而公路运输将占到 3/4 左右。因为航空运输将高于其他三种模式的吨位和吨—公里，其所占比例将会衰减。但是，铁路将保持相对稳定。与其他模式相比，在运输方面，由于低碳强度和经济增长放缓，铁路货运排放总量从占总排放量的 19% 下降到 2050 年的 16%。在一般情形下，贸易中所排放的温室气体如图 8-4 所示。

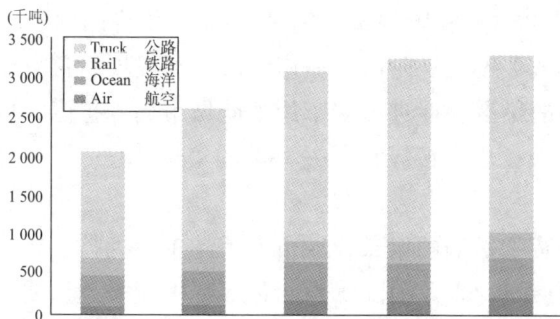

图 8-4　一般情形下贸易中的温室气体排放

（注：①所有全球国际货运；②所有国内本土货运，包括北美全部国家、欧洲、中国、印度、日本和俄罗斯。）

关键信息：

（1）2010年物流业二氧化碳温室气体排放将达到2亿吨，相当于全球气体总排放的7%。其中，公路运输是主要方面。

（2）在2010—2050年吨—公里将增加2.5倍。

（3）亚洲引领了全球的贸易增长。

（4）到2050年，物流排放计划总排放33亿吨二氧化碳。

第二节　全球视角下 2050 年碳排放形势分析

一、城市化与日益严重的交通拥堵

（一）城市化进程的加快

未来几十年，人口将不断膨胀。然而，这种增长是不均匀的。预计大部分人口的增长将会发生在城市地区，进而使城市物流变得更加重要。过去十年，印度超一百万人口的城市数量从35个增加到50个，按照这种增长规模，预计到2031年，印度超百万人口的城市将达到87个。到2025年，随着城市居民数量的增加，预计全球每五人中将有三人居住在城市，到2050年全球7/9的人将居住在城市。

中国的城市化率在1982年是20%，2000年是35%，2016年已经达到57.35%，2018年接近60%。根据联合国的估测，世界发达国家的城市化率在 2050 年将达到 86%，我国的城市化率在 2050 年将达到 71.2%。由此可见，中国的城市化进入关键发展阶段。城市化的迅猛发展直接导致了物流、人流等要素在城市中的集散，促进了城市用地向城市周围扩张，以及城市之间相互辐射作用的增强，更直接导致了一种新的集聚体——"城市群"的出现和发展。

由于人口和货物运输的增长，城市变得越来越拥挤，提高空气质量、经济竞争力和生活质量，以及消除噪声污染等变得越来越重要。除此之外，沉重的交通拥堵也使汽车燃料消耗量增加了 30% 左右。因此，在未来几十年如何找到促进城市运转良好的方法是一个迫切需要解决的问题。成熟程度不同的城市所面临的挑战和其响应方式也是不同的。

通常成熟的城市主要位于发达国家，预计在未来几十年，人口和消费的显著增长将导致人口和货物运输水平的上升。虽然一些基础设施需要升级，但是对于物理基础设施的进一步发展而言，成熟城市的空间相对较小，因此通过提高操作效率以缓解交通堵塞是必要的。更重要的是这些改进也将减少碳排放。

（二）交通拥堵的日益严峻

在成熟的城市中，两个主要挑战在城市化进程中仍然存在，即交通堵塞和空气质量问题。对此，成熟的城市可以采取有效措施，但会出现另一个重要的问题：建立了太多的新的基础设施。在许多发展中城市，执政者努力建设基础设施来适应城市面积的增长速度。在中国，过去的 20 年里城市地区增加了两倍，约 37 000 平方千米。道路的设计往往能够锁住这些城市的物理发展。所以，避免建筑新的基础设施，鼓励减少拥有私人汽车等措施是必要的。

目前，交通堵塞成本正达到新的高峰，几乎是 20 世纪 80 年代的 200% 以上，这导致城市中心区对车辆进行限制，缺乏停车位，仓储成本增长等城市物流费用的攀升、城市货物配送复杂等问题。与过去相比，现在的城市物流与我们的关系更加密切，也变得更加重要。在技术创新的作用下，目前产品的制造模式已经在发生变化，如可通过 3D 打印制造产品。产品生命周期也具备这样的共同特点。所以，供应链的效用必须尽快且有效地适应这些变化。

二、生产与消费模式的变化

预计从亚洲到北美和欧洲运输的货物的体积将显著增加。为了增加对亚洲制造业的供应，需要的拉丁美洲、大洋洲和非洲原材料将会增加。随着这些国家的国内生产总值（GDP）的上升，工业产品中的返回流也会增加。

随着亚洲成为越来越重要的消费地区与生产地区，这里的商品会产生爆炸性的消费和流通。图 8-5 形象化地描述了这些贸易的流动，如果管理得当，这些行业效率将会增加。

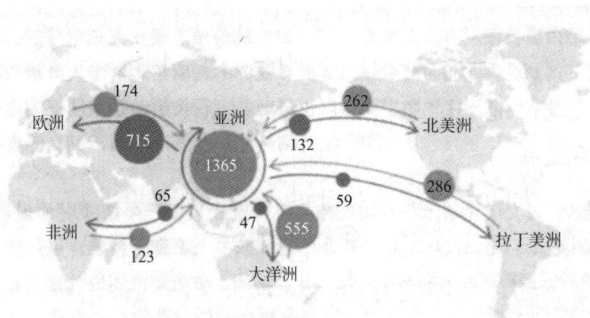

（a）2010 年贸易流动

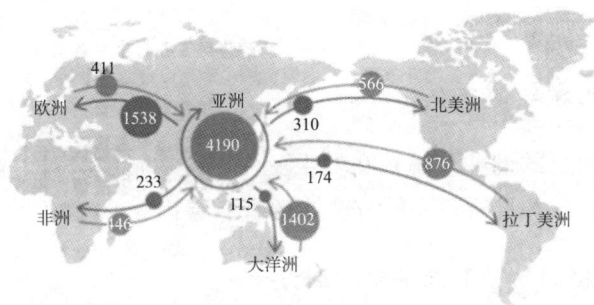

（b）2050 年贸易流动趋势

图 8-5　贸易流动示意图

（一）国际贸易流

管理国际货运量的增长方式，减少碳排放，将为物流运营商带来许多挑战。通常，高效的利用率是物流成功的基本因素之一。然而，不平衡的贸易流动很难实现高效的利用率，这就意味着一些货物不能搭配一个返回负载，这将导致空回程，对于低负载因素而言，其需要重新定位空的容器。

大宗原材料商品将由拉丁美洲、亚洲、非洲和澳大利亚地区运送，集装箱船将与成品一同返回，这就会产生容器兼容性的问题。巴西和中国之间的贸易就能说明问题。2010 年，巴西的出口量远超中国的进口量，但是巴西的工业产品份额不断萎缩。现在，巴西出口的近一半的产品主要是铁矿石和大豆等，中国进口的商品则倾向低附加值商品或复杂的机器工具和装备。

（二）亚洲区域内货运

亚洲区域内贸易已经占据世界贸易 50% 以上的份额。现在，亚洲地区内部贸易的集装箱数量超过亚洲对北美贸易和亚洲对欧洲贸易的总和。由于人口增长与亚洲中产阶级日益增长，亚洲区域内货物运动也将加快。货物运动加快，即所有的商品流动增加，并且流动的商品大部分来自以下物品：①矿物产品；②基本金属产品；③食品和动物产品；④塑料、橡胶、化学物质。

为了处理货运大陆流通量，基础设施需要升级并且资产中需要增加创新和技术含量，如建设现代仓库。例如，据估计，由于缺乏有效的协调和一个温度可控的冷链运输，在印度有 30% 的水果和蔬菜被浪费。统计分析表明，在全球范围内气候变化已经减少了主要粮食作物的产量，并且在印度，气候变暖的趋势对产量已经造成了非常明显的负面影响。这些影响对物流业务的创新来说显得更加重要。

（三）商业环境的变化

物流行业运行的商业环境正在发生变化，这一新趋势对工业发展与转型升级有重要意义，并且所运用的方法能够减少碳排放。

1. 不断变化的政治和经济环境为背景

未来几十年，经济和社会政治环境的许多方面都会改变。增加新兴经济体的工资水平将会改变这个局面，并且此举对鼓励当地生产和价值保留的国家法规、税收和关税政策会产生影响。

许多具体的环境政策措施直接以减少物流行业的碳足迹为目标。国家和国际组织，如国际海洋组织、国际民航组织逐渐利用工业措施，设定相应的目标来改善环境物流业务的性能，如实行新车最低燃油效率标准。

征收碳税及相关费用是一个争议很大的措施。例如，2012 年欧盟决定对所有航空公司入境着陆起飞均征收"航空碳排放"税，。有一个直接公共补贴的措施是针对某些特定技术的，用这些技术可以预测重大的社会效益，这将挖掘出被忽视的市场。目前，许多政府在选定领域内通过减税对使用电动汽车进行补贴，或投资充电站。各国政府也可以直接干预船队的组成。因为新车型更省油，政府的激励旨在增加周转率，实际上就是提升船队的燃油效率。

例如，在阿姆斯特丹、伦敦和斯德哥尔摩这些地区的监管和拥堵税很可能变得更加普遍。斯德哥尔摩的道路定价已经减少了交通量的 20%～25%，并且降低了拥堵的经济成本。基于负载因子的有关智能道路定价在未来可能实现，因为现在使用微波技术更加便利，这种技术能够扫描车辆和在没有打开它的情况下探测其车辆信息。

2. 供应链的改变

供应链方式的改变已经对物流行业产生了影响。一个新兴的趋势是物流行业将变得无形化，实体产品变得很轻或被新的创新成果取代。一方面，这一趋势增加了组件和使用 3D 印刷零件的可行性，致使集中生产不再是必要的。从长远看，预计去物质化能够减少运输和储存的需求，减少能源消耗和排放。另一方面，去物质化包装的作用减少了物流部门的碳排放量，据世界经济论坛估计，每年有望减少排放 300 万吨二氧化碳。

或者最后组装、软件安装等步骤将在运输后完成。这需要物流运作的变化。它也有可能提高物流行业的效率，因为半成品可以比成品更高效地满载装运。

3. 改变物质流：反向链

逆向物流的增长意味着生产者和消费者之间的正常经历正在越来越多地反映相反的方向，这些反向流将提高物流行业的效率。

两个驱动程序的逆向物流的成长是不断增加销售渠道，从而产生高的产品回报率，如互联网业务和电话销售在新商业模式"租赁"中，其产品是在生命晚期进行回收。高科技产业迅速发展，包括消费电子、零售服装，工业产品和汽车的产值增长劲头更是迅猛。2006—2009 年的消费电子行业就是一个非常好的例子。售后服务市场提供其得到的 20.7% 作为回报、修理、翻新和生命末期的管理费用。与此同时，先进的供应链削弱了竞争的增长，使消费者支出疲软，导致价格压力和成熟市场的萎缩。

不断升级的消费水平意味着世界上越来越多的资源被锁定于产品中，需要节约材料，回收它们并将它们带回到循环中。这正变得越来越紧迫。即使在今天，大部分的金属材料需求能够得到满足：大约 1/3 的铜、2/3 的铅和近一半的铝。但仍要适应处理产量日渐萎缩的原材料，如铟和钴等。关于这一点，日本就是一个例子。作为一个资源相对匮乏的国家，自 1990 年以来日本就奉行严格的材料再利用原则。

4. 风险管理的重要性增加

在全球一体化的形势下，许多风险会被放大。尤其是特别事件的影响，如自然灾害和地理冲突可以通过国际供应链跳弹，增加财政危机、经济差距和极端能源价格波动等全球风险。随着物流行业的风险逐步升级，风险管理将成为越来越重要的学科。

由图 8-6 中可以看到，世界经济论坛 2011 年全球风险调查的数据说明，从可能性和经济影响上看，气候变化是最大的一个风险。未来几十年，全球温度升高的加快可能会破坏生态系统，如改变当地气温、降水模式、食品生产和人类定居点，而且对传输区域会产生影响，具体如下：

（1）海平面上升、频率和规模不断增加的风暴可能会影响港口和沿海基础设施。

（2）风模式的改变可能会影响交通基础设施。

（3）在受影响的区域，冻土边界转移会影响道路、铁路和机场。像加拿大等地区雪的减少会影响"雪道路"（snow roads）的使用。

（4）北极海冰的损失可能会打开新的贸易路线。

（5）由于洪水或干旱增加，人类迁移的变化可能影响贸易模式。

这些风险的增加会导致流程的低效和产品的浪费。当风险没有被最优管理，就可以设置安全库存水平高于必要水平，有时还可以固定产品提前期需求小于所需的时间，以便多余的生产能力可以进行组合。

由于国际环境的影响，物流运营商经常会遇到风险。法律规定、税收或操作许可证方面也存在商业风险，这些风险具有有效的影响。燃油价格就是一个例子，物流运营成本严重依赖燃油价格。如果燃料价格变化，仓库位置、船队的组成或者服务水平可能变得不佳。

目前，整个物流行业的风险是低于其他行业的，并且典型的物流系统通常是被动的，也就是说，忽略了风险因素。随着业界暴露出的日益增加的风险，物流行业的这种情形正在发生改变。总体而言，灵活的物流基础设施将有助于管控风险。

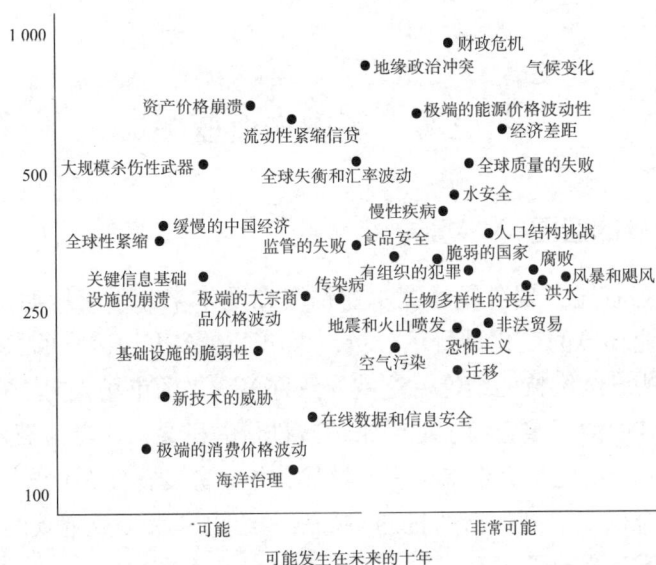

图 8-6　因素影响

关键信息：

（1）随着城市化水平的提高，改善城市物流是必要的。成熟的城市需要额外建立新的基础设施。

（2）从亚洲运送到西方的货物量会增加，来自拉丁美洲、大洋洲和非洲的原材料也会流向亚洲。除非最优的管理，否则这些不平衡贸易流动会降低行业效率。

（3）未来几十年亚洲将经历内部货运运动爆炸，并且需要新的基础设施。

（4）供应链正在改变：物流行业无形化等可以减少能源消耗。

（5）由于原材料回收需求的日益增加的刺激，逆向物流的增长应该提高物流效率。

（6）减少排放，经济环境将对经营者施加越来越大的压力。

第三节 脱碳产业蓝图

一、脱碳的蓝图

前面内容叙述了现阶段物流工业情况以及未来几十年所期望呈现的情景，并对商业环境的变化进行了分析，得出了在多方面因素的共同作用下，传统商业无法继续维持的结论。这就导致许多新兴的市场方向不得不做出改变。例如，其中的一些会为工业带来缩减排量的机会，或者为额外投资带来新的激励。其余的则将会带来更多的挑战，使任务变得复杂化。

本节综合以上提到的新的机遇与挑战，给出未来工业脱碳的路线蓝图，具体分为以下三个阶段。

（一）第一阶段：长期计划

物流产业带来的大量温室气体与产业结构、基础设施、固定资产关联在一起。要想使工业碳排放量得到有效降低，必须将碳排放作为一个长期策略对待。在这一阶段，需要政府和工厂共同配合完成一项工作，它涉及基础设施网络的设计、绝大多数运输模式的用途。

（二）第二阶段：运转效率最大化

与大多数人造温室气体过量排放一样，物流工业造成的过量排放是由于能源的大量消耗。具体可以通过技术、运作、实际操作等方面提高能源利用效率。

（三）第三阶段：燃料中碳含量的改善

其中，包括另一种可以用来降低能源消耗的方法，即降低燃料中碳含量。具体架构如图8-7所示。

通常的商业预测报告

新兴趋势

长期战略规划

操作中优化能源效率

优化燃料的碳排放强度

图8-7 具体架构

二、不同情况带来的影响

对于货运公司而言，可以从贯穿始末的三大方面考虑：公司自身能做什么？什么样的政策可以带来帮助？与其他公司的合作又可以取得什么样的效果？这里提供几个未来四十年间物流工业可能呈现的情景。出于综合考虑，将具体方案按照最坏到最好进行如下排列。

第一，"冰冻科技"计划是指使新出现的交通工具的平均功耗与市场现有交通工具维持一致。在功耗方面，新的代替旧的仅会带来功耗上微乎其微的改善。

第二，"一如既往"方案提倡功耗模式同新兴交通工具在功耗方面协同发展。为了防止政策有变，如碳排放税等政策的出现，需要按照计划强制其保持现有水平。

第三，通过利用经济技术，"工业领头"方案提供给物流供应商挖掘模式的潜力。一个追求工业领导者的公司需要将被大众所熟知的基于现有技术、效率来源的投资选择周期有效地结合起来，以达到公司预期回报率的要求。那么，从中得到的就不单单是可获得或可支付的技术，而是知识与领导力。现在的机遇主要是在现有的车辆、船舶的功耗技术方面，如网络运营模式的最优化、路线的最优化、运输的最优化。燃油税以及烟尘排放税等应维持现有水平，但是生物燃料应当逐步加入到燃料的配置中来。

第四，单纯的"政策支持"路线要求通过调整或设立新的政策来处理现在市场上存在的三大障碍：碳排放量大、船运周转效率低、燃料技术开发放缓。因此，对应从政策下手，将海陆交通工具的报废率调整至 5%，对于可供转型的能源技术予以 50% 的投资补贴。另外，卡车与航空应用的混合生物燃料、柴油机喷射机燃料也包括在内。

第五，"供应链合作"方案主要计算物流服务提供商及其他合作公司通过互相联合获得的收益。一般有三个较为有潜力的领域：垂直供应链的整合有利于创新、包装的去物质化、降低投资；水平联合包括装载的稳固性和整合港贸易；经济方面可实现的反向供应链的发展链。

在以上所提到的方案中，石油天然气的价格将会按照国际能源署预测的那样在未来持续上升。电费也会在 2050 年前达到 50% 的增长。

参考文献

[1] 邓伟根.产业经济学研究 [M].北京：经济管理出版社，2001.

[2] 樊纲.走向低碳发展：中国与世界 [M].北京：中国经济出版社，2010.

[3] 汝宜红.物流学 [M].北京：中国铁道出版社，2003.

[4] 王之泰.新编现代物流学 [M].北京：首都经济贸易大学出版社，2005.

[5] 何明珂.物流系统论 [M].北京：高等教育出版社，2005.

[6] 黄福华.物流绩效管理 [M].北京：中国物资出版社，2009.

[7] 宋华.物流成本与供应链绩效管理 [M].北京：人民邮电出版社，2007.

[8] 张红波，邹安全.物流企业人力资源管理 [M].北京：中国物资出版社，2006.

[9] 霍佳震.物流绩效管理 [M].北京：清华大学出版社，2009.

[10] 马士华.供应链管理 [M].北京：机械工业出版社，2000.

[11] 蒋贵善，王东华，俞明南，等.生产与运作管理 [M] 大连：大连理工大学出版社，2001.

[12] 单汨源.现代物流管理 [M].长沙：湖南大学出版社，2003.

[13] 谭跃进，陈英武.系统工程原理 [M].长沙：国防科技大学出版社，2003.

[14] 刘志学.现代物流手册 [M].北京：中国物资出版社，2001.

[15] 牛文元.中国可持续发展战略报告 [M].北京：科学出版社，2004.

[16] 陈军.低碳管理 [M].北京：海洋出版社，2010.

[17] 戴定一.物流与低碳经济 [J].中国物流与采购，2008（21）：17.

[18] 李蜀湘，陆小成.中国低碳物流金融支持模型研究 [J].中国流通经济，2009（2）：9.

[19] 陶倩.低碳物流的萌动 [J].物流技术与应用，2009（12）：41.

[20] 瑾湖.羁绊低碳物流现象 TOP10 [J].中国储运杂志，2010（3）：22.

[21] 陈剑.低碳供应链管理研究 [J].系统管理学报，2012，21（6）：722.

[22] 汤铃，武佳倩，戴伟.碳交易机制对中国经济与环境的影响 [J].系统工程学报，2014，29（5）：701.

[23] 刘明磊，范英，朱磊.减排政策作用下的新能源内生技术变化建模 [J].系统

工程学报，2014，29（6）：763.

[24] 石敏俊，袁永娜，周晟吕.基于市场机制的碳减排政策：碳税、碳交易还是两者兼之[J].管理科学学报，2013，16（9）：19.

[25] 朱庆华，窦一杰.基于政府补贴分析的绿色供应链管理博弈模型[J].管理科学学报，2011，14（6）：86.

[26] 骆瑞玲，范体军，夏海洋.碳排放交易政策下供应链碳减排技术投资的博弈分析[J].中国管理科学，2014，22（11）：44.

[27] 崔广彬，李一军.模糊需求下物流系统CLRIP问题研究[J].控制与决策，2007，22（9）：1000.

[28] 蔡洪文，张殿业.基于Lagrange松弛分解法的供应链生产-定位-路径集成问题优化[J].中国管理科学，2010，18（3）：53.

[29] 李进，张江华.基于碳排放与速度优化的带时间窗车辆路径问题[J].系统工程理论与实践，2014，34（12）：3063.

[30] 王伟鑫，葛显龙，王旭.碳排放限额约束下项目导向型供应链集成调度[J].系统工程学报，2014，29（9）：799.

[31] 唐金环，戢守峰.基于定量模型的低碳供应链运营管理研究综述[J].工业技术经济，2014，31（7）：136.

[32] 张潜，高立群，刘雪梅，等.定位-运输路线安排问题的两阶段启发式算法[J].控制与决策，2004，19（7）：773.

[33] 林岩，胡祥培，王旭茵.物流系统优化中的定位-运输路线安排问题（LRP）研究评述[J].管理工程学报，2004，18（4）：45.

[34] 张长星，党延忠.定位-运输路线安排问题的遗传算法研究[J].计算机工程与应用，2004（12）：65.

[35] 章海峰，张敏，杨超.一类运输工具带双重能力约束的LRP问题[J].武汉理工大学学报，2006，30（2）：220.

[36] 唐金环，戢守峰，朱宝林.考虑碳配额差值的选址-路径-库存集成问题优化模型与算法[J].中国管理科学，2014，22（9）：114.

[37] 李进，傅培华.具有固定车辆数的多车型低碳路径问题及算法[J].计算机集成制造系统，2013，19（6）：1351.

[38] 郭晶晶，尚猛，贾纯洁，等.新零售背景下对河南省智慧物流的发展形势分析[J].物流工程与管理，2021，43（3）：25-27.

[39] 程艳,尚猛,王茹冰.消费者接受定制化物流服务的影响因素研究 [J]. 现代商贸工业,2021,42（12）:43-44.

[40] 尚猛,马聪,常琼航,等.基于郑州国际物流园的高校物流人才专业素质培养研究 [J]. 现代商贸工业,2021,42（7）:23-24.

[41] 贾纯洁,赵居峰,尚猛,等.基于 AHP 的我国绿色物流发展的影响因素分析 [J]. 中国储运,2021（2）:93-95.

[42] 雷杰,孙慧景,尚猛,等.航空物流领域研究热点及发展趋势分析 [J].中国储运,2021（1）:120-122.

[43] 李丹瑶,尚猛,周娟娟.基于 AHP 的危险货物道路运输风险评估研究 [J]. 中小企业管理与科技（中旬刊）,2020（12）:168-170.

[44] 李梦秋,尚猛,雷杰,等.浅析安阳农产品物流配送的优化路径 [J].商展经济,2020（12）:65-67.

[45] 王新月,尚猛,周娟娟,等.基于因子分析法河南省农产品物流能力评价研究 [J].商展经济,2020（11）:65-67.

[46] 李清水,李登峰,吴坚,等.基于后悔－欣喜值最大一致性的多属性决策及其在区域绿色经济评价应用 [J].数学的实践与认识,2020,50（18）:45-54.

[47] 尚猛,曹峻玮.基于鲨鱼优化算法的农产品物流配送路径优化 [J].扬州大学学报（自然科学版）,2019,22（4）:1-5.

[48] 李辉,汪传旭,徐朗.不同竞争结构下闭环供应链碳减排和低碳推广决策 [J].控制理论与应用,2019,36（10）:1776-1790.

[49] 张柔柔,尚猛,杨庆祥,等.郑州航空港航空物流发展研究 [J].科技经济导刊,2019,27（25）:194-195.

[50] 尚猛,万志鹏,曹峻玮,等.基于改进鲸鱼优化算法的物流路径优化 [J].数学的实践与认识,2019,49（15）:210-218.

[51] 尚猛,康建英,曹峻玮,等.基于改进鲸鱼优化算法的物流配送中心选址策略 [J].计算机应用与软件,2019,36（6）:254-259.

[52] 尚猛,李辉,申容昊.空港经济区航空物流产业发展水平测评指标的探索性研究 [J].商业经济研究,2019（3）:87-89.

[53] 尚猛,李辉,康建英.考虑低碳推广的供应链合作决策与协调 [J].计算机工程与应用,2019,55（23）:235-240,247.

[54] 张力钱，尚猛，饶建军，等.我国航空物流企业发展战略研究 [J].物流工程与管理，2018，40（7）：1–2，11.

[55] 王城婕，尚猛，饶建军，等.对我国航空物流服务与发展趋势协同发展研究 [J].物流工程与管理，2018，40（6）：7–10.

[56] 刘登.基于价值链的制造企业物流成本控制绩效评价研究 [D].桂林：桂林理工大学，2009.

[57] 刘永鑫.基于作业成本法的制造企业物流成本控制研究 [D].北京：北京工商大学，2008.

[58] 兰永红.企业物流成本控制方法及其绩效评价研究 [D].武汉：武汉理工大学，2004.

[59] 王华.企业物流成本控制研究 [D].武汉：武汉理工大学，2004.

[60] 黄由衡.物流成本管理理论及其应用研究 [D].北京：北京交通大学，2007.

[61] 梁丽梅.物流企业综合绩效评价研究 [D].北京：北京交通大学，2009.

[62] 杜敏.以作业为基础的物流成本控制体系研究 [D].武汉：武汉理工大学，2004.

[63] 刘伟华.物流服务供应链能力合作的协调研究 [D].上海：上海交通大学，2007.

[64] 宋勇新.供应链的绩效评价研究 [D].北京：对外经济贸易大学，2006.

[65] 吴晓宗.供应链管理下的绩效评价体系和方法研究 [D].上海：上海交通大学，2003.

[66] 徐海英.供应链绩效管理 [D].上海：复旦大学，2005.

[67] 曲盛恩.供应链绩效评价的系统研究 [D].哈尔滨：哈尔滨商业大学，2006.

[68] 张荣.城市可持续发展动力学模型及评价指标体系研究 [D].郑州：河南农业大学，2003.

[69] 张健.公路快速货运轴辐式网络运载规划研究与应用 [D].济南：山东大学，2008.